Otto Mayr

Arbeit und Arbeitswelt

Grundlagen – Chancen – Praxisbeispiele

Mit Kopiervorlagen

Gedruckt auf umweltbewusst gefertigtem, chlorfrei gebleichtem
und alterungsbeständigem Papier.

1. Auflage 2009
Nach den seit 2006 amtlich gültigen Regelungen der Rechtschreibung
© by Brigg Pädagogik Verlag GmbH, Augsburg
Alle Rechte vorbehalten.
ISBN 978-3-87101-**327**-0   www.brigg-paedagogik.de

Inhalt

Vorwort

Die wesentlichen Inhalte dieses Faches sind in den Lehrplänen aller Bundesländer enthalten, gleich ob sich das Fach jetzt „Wirtschaftslehre", „Arbeitslehre", „Wirtschaft und Technik" oder „Arbeit-Wirtschaft-Technik" nennt.
Vorrangiges Bildungsziel des Faches ist es, dem Jugendlichen frühzeitig bei der Berufsorientierung zu helfen und ein grundlegendes Verständnis der Bedeutung der Wirtschaft für unsere Gesellschaft anzubahnen.

Der zweite Band unserer Reihe „Arbeit und Wirtschaft" beinhaltet den Bereich Arbeit und Arbeitswelt. Alle Aspekte dieser Thematik werden angesprochen und führen zu einem umfassenden Einblick in das Thema.
Ein funktionierendes Wirtschaftssystem ist von elementarer Bedeutung für den Fortbestand einer Gesellschaft, für Wohlstand und sozialen Frieden. Wirtschaftliche Zusammenhänge beeinflussen das Leben der Menschen in hohem Maße.

Dieser Band soll dazu beitragen, die Bedeutung der Arbeit für die Gesellschaft und für den Einzelnen deutlich zu machen. Die Bedeutung der Arbeit wird ebenso dokumentiert wie die Rolle der Firmen in der Arbeitswelt.
Die Darstellung der modernen Arbeitswelt mit den daraus resultierenden Veränderungen in Arbeit, Technik und Beruf soll das Augenmerk auf eine sinnvolle Auseinandersetzung mit diesem Thema richten.
Die Schüler/-innen verstehen das Zusammenspiel verschiedener Abteilungen eines Betriebs bei der Herstellung und dem Vertrieb eines Produkts; sie begreifen den Betrieb als Ort des Arbeitens und Wirtschaftens.

Auch das Thema Arbeitslosigkeit wird unter sehr unterschiedlichen Sichtweisen untersucht. Dabei ist auch ein Blick auf die Struktur und die Entwicklung des regionalen Wirtschaftsraumes von besonderer Bedeutung.
Der Wirtschaftsstandort Deutschland wird im Rahmen des europäischen Arbeitsmarktes und der Auswirkungen der zunehmenden Globalisierung umfassend dargestellt.

Den Schluss des Bandes bildet das Konzept zu einem Projekt, das die Schüler/-innen immer wieder begeistert: Sie stellen Produkte für einen Markt her.
Alle Aspekte, die zu beachten sind, finden Sie in diesem abschließenden Bereich.

Zum Gebrauch des Buches:
Arbeitsblätter fassen wesentliche Teile des Inhalts zusammen. Info-Blätter enthalten Informationstexte und zusätzliche weitere Informationen und Aufgaben. Die Folien können Sie aus den Einstiegsseiten erstellen.

Um den Lesefluss nicht zu behindern, verwende ich in dem vorliegenden Buch oft die maskuline Form der Personenbezeichnung. Die feminine Form ist damit selbstverständlich mitgemeint. Das trifft ebenso auf den umgekehrten Fall zu.

Otto Mayr

Thema 1: Die Bedeutung der Arbeit

Lernziele

1. Die Schüler sollen sich bewusst machen, was man unter dem Begriff „Arbeit" verstehen kann.
2. Die Schüler sollen Arbeit und Arbeitsplätze im privaten Haushalt beschreiben können.
3. Die Schüler sollen Arbeitsstätten im heimatlichen Wirtschaftsraum beschreiben können.
4. Die Schüler sollen erkennen, was „Arbeit" für den einzelnen Menschen bedeuten kann.
5. Die Schüler sollen die Bedeutung der Arbeit für die Gesellschaft erkennen.
6. Die Schüler sollen die Arbeit als einen der vier Produktionsfaktoren kennenlernen.
7. Die Schüler sollen ein Gefühl für die Problematik der Arbeitslosigkeit entwickeln.

Medien

Folie, Informationsblätter, Arbeitsblatt, Texte

Einstieg in das Thema

Die Sorgen der Bürger/Die Hierarchie der menschlichen Bedürfnisse (Folie, S. 8)

Erarbeitung

Arbeit – was ist das? (Info-Blatt, S. 9)
Arbeit und Arbeitsplatz im privaten Haushalt (Info-Blatt, S. 10)
Arbeitsstätten im heimatlichen Wirtschaftsraum (Info-Blatt, S. 11)
Welche Bedeutung hat die Arbeit für den einzelnen Menschen? (Info-Blatt, S. 12)
Arbeit als Mittel der Existenzsicherung (Info-Blatt, S. 13)
Arbeit als Mittel der Selbstbestätigung (Info-Blatt, S. 14)
Arbeit als Dienst am Mitmenschen (Info-Blatt, S. 15)
Die Bedeutung der Arbeit für die Gesellschaft/für die Wirtschaft (Info-Blatt, S. 16)
Die Bedeutung der Arbeit (Arbeitsblatt, S. 17)

Texte zur weiteren Erschließung des Themas:
Der Bonifaz meint …, S. 19
Rekord im Durchhalten, S. 20
Wo Deutschlands Arbeit bleibt, S. 21
Früher galt: Wer arbeitet, ist wenig wert, S. 23

Lösungen zu Seite 14: a) 3   b) 5   c) 8   d) 6   e) 1   f) 9   g) 4   h) 7   i) 2

Die Sorgen der Bürger/Die Hierarchie der menschlichen Bedürfnisse

Die Sorgen der Bürger

Die wichtigsten Themen zum Jahreswechsel 2006/2007

Arbeitslosigkeit	**71 %**
21	Gesundheitswesen, -reform
9	Politik(er)verdruss, Affären
7	Steuern, Steuererhöhungen
7	Rente, Alterssicherung
7	Soziales Gefälle
6	Kosten, Preise, Löhne
6	Familie, Jugend, Kinder
6	Bildung, Schule
6	Wirtschaftslage

Mehrfachnennungen

Quelle: Forschungsgruppe Wahlen

© Globus 1044

Die Hierarchie der menschlichen Bedürfnisse

5. Stufe: Bedürfnis nach Selbstverwirklichung: Entfaltung der eigenen Fähigkeiten und Möglichkeiten.

4. Stufe: Achtungsbedürfnisse: Bedürfnis nach Anerkennung, Macht, Einfluss und Ansehen.

3. Stufe: Soziale Bedürfnisse: Kontakt zu anderen Menschen, Zusammengehörigkeit, Streben nach Aufnahme in bestimmte Gruppen.

2. Stufe: Sicherheitsbedürfnisse: Wunsch nach einem sicheren Arbeitsplatz, nach sicherem Einkommen, sicherer Altersversorgung.

1. Stufe: Grundbedürfnisse: Essen, Wohnung, ausreichender Lebensstandard, Wohlstand, Vermögen.

Arbeit – was ist das?

  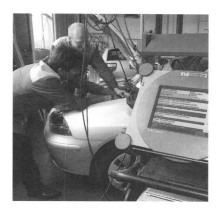

Arbeitsaufgaben:

1. Sind alle Tätigkeiten, die hier aufgeführt sind, Arbeit? Begründe deine Meinung!
2. Ist Arbeit etwas anderes als Hobby oder Beschäftigung?
3. Arbeitet eine Hausfrau/ein Hausmann?

Arbeit und Arbeitsplatz im privaten Haushalt

Erläutere anhand der folgenden Bilder:
Um welchen Arbeitsplatz handelt es sich? Was wird hier an Arbeit geleistet?

Otto Mayr: Arbeit und Arbeitswelt © Brigg Pädagogik Verlag GmbH, Augsburg

Arbeitsstätten im heimatlichen Wirtschaftsraum

Arbeitsaufgaben:

Erläutere anhand der folgenden Bilder:
Um welche Art von Firma, Betrieb, Unternehmen, Amt es sich handelt?
Welche Waren stellen sie her, welche Dienste bieten sie an?
Welche Arbeitsplätze gibt es? In welchen Bereichen wirbeiten die Menschen?

Welche Bedeutung hat die Arbeit für den einzelnen Menschen?

Nur in der Sprache der Physik ist „Arbeit" ein eindeutig zu definierender Begriff. Wir verbinden mit dem Begriff „Arbeit" die menschliche Arbeit, die wir kennen, die wir sehen, die wir leisten. Interessant ist, dass in vielen Sprachen die Wörter für Arbeit auch „Mühsal", „Leid" und „Not" bedeuten (z. B. russisch „rabota" von „rab", der Sklave).

Arbeit nach dem heutigen Begriff ist das Werk des Menschen und dient der Erfüllung und Befriedigung menschlicher Bedürfnisse. Arbeit trägt wesentlich zur Verbesserung der Lebensverhältnisse des Menschen bei. Durch Arbeit wurde der Mensch zum Gestalter seiner Geschichte.

Arbeit hat Auswirkungen auf die Umwelt des Arbeitenden, prägt aber auch den Arbeitenden selbst. So ist die Arbeit ein ganz wesentlicher Teil des menschlichen Lebens und der Stolz auf eine gelungene Arbeit Voraussetzung menschlichen Wohlbefindens. Anhand der Antworten auf die Frage „Was ist am Arbeitsplatz wichtig?" kann man gut erkennen, welche Bedeutung die Arbeit für den einzelnen Menschen hat.

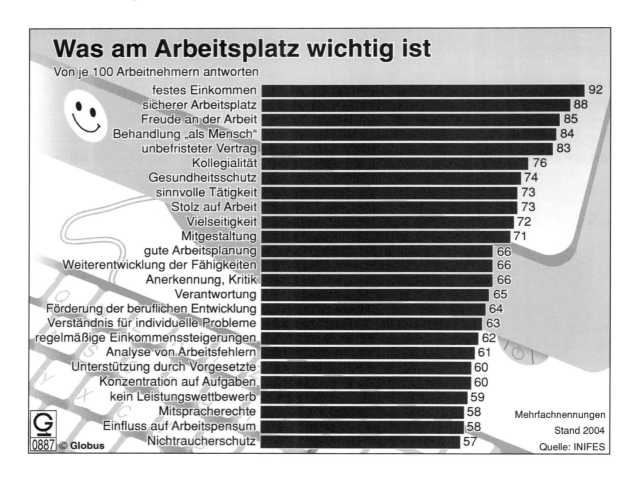

Was am Arbeitsplatz wichtig ist

Von je 100 Arbeitnehmern antworten

festes Einkommen	92
sicherer Arbeitsplatz	88
Freude an der Arbeit	85
Behandlung „als Mensch"	84
unbefristeter Vertrag	83
Kollegialität	76
Gesundheitsschutz	74
sinnvolle Tätigkeit	73
Stolz auf Arbeit	73
Vielseitigkeit	72
Mitgestaltung	71
gute Arbeitsplanung	66
Weiterentwicklung der Fähigkeiten	66
Anerkennung, Kritik	66
Verantwortung	65
Förderung der beruflichen Entwicklung	64
Verständnis für individuelle Probleme	63
regelmäßige Einkommenssteigerungen	62
Analyse von Arbeitsfehlern	61
Unterstützung durch Vorgesetzte	60
Konzentration auf Aufgaben	60
kein Leistungswettbewerb	59
Mitspracherechte	58
Einfluss auf Arbeitspensum	58
Nichtraucherschutz	57

Mehrfachnennungen
Stand 2004
Quelle: INIFES

0887 © Globus

Was wäre für dich die wichtigste Bedeutung der Arbeit? Begründe deine Meinung!

_____

_____

_____

Arbeit als Mittel der Existenzsicherung

Für viele Menschen liegt die Bedeutung der Arbeit darin, ein Einkommen zu erzielen, das ihnen einen angemenssenen Lebensstandard ermöglicht. Die meisten Menschen verbinden mit ihrer beruflichen Tätigkeit den materiellen Anspruch, nicht nur Grundbedürfnisse wie Wohnung, Kleidung, Nahrung, sondern auch Kulturbedürfnisse wie Bildung, Unterhaltung, Erholung befriedigen zu können. Darüber hinaus wollen sich manche Menschen auch einige Luxusbedürfnisse erfüllen, z.B. ein teures Auto, Schmuck, modische Kleidung, Urlaub in erstklassigen Hotels, Reisen in fremde Länder, Hobbys, Essen in einem „Sterne-Restaurant".

Wichtig sind wirtschaftliche Unabhängigkeit und Sicherheit auch in Krisenzeiten. Materielle Sicherheit ist eine wichtige Grundbedingung für ein intaktes Ehe- und Familienleben. Finanzielle Sorgen belasten die Partnerschaft. Heute sind viele Ehefrauen auch deshalb berufstätig, um unabhängig zu sein.

Kreuze an, was für dich hier wichtig wäre!

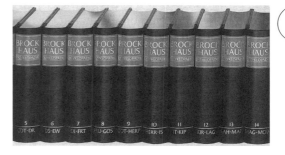

Arbeit als Mittel der Selbstbestätigung

Hier sind verschiedene Sichtweisen aufgeführt, Arbeit als Selbstbestätigung zu begreifen. Ordne diesen Sichtweisen die unten aufgezählten persönlichen Meinungen von 1–9 zu!

a) Beruf als Berufung (Arbeit als lebenserfüllende Aufgabe)
b) Arbeit als Chance, sich von Erwartungen der Familie zu lösen
c) Interesse an gestellten Aufgaben
d) Entfaltung der Persönlichkeit durch eigenständiges Denken
e) Zufriedenheit durch Übernahme von Verantwortung
f) Steigerung des Selbstwertgefühls durch Zuwachs an Wissen und Können
g) Erfolgserlebnisse durch Freude über die erbrachte Leistung
h) Erfolgserlebnisse durch Anerkennung der geleisteten Arbeit
i) Soziale Wertschätzung durch die Art der Tätigkeit und die erreichte Position

1 Was mich besonders an meiner Arbeit freut, ist die Tatsache, dass ich für meine Arbeitsgruppe, die aus sechs Mitarbeitern besteht, verantwortlich bin.
2 Durch den Aufstieg zum Personalleiter fühle ich mich von meinen Mitmenschen mehr respektiert als vorher.
3 Ich bin gerne Lehrer und möchte nichts anderes machen.
4 Wir haben auch dieses Jahr wieder den Umsatz gesteigert. Darauf bin ich stolz.
5 Mein Vater wollte, dass ich einen Büroberuf ergreife. Mittlerweile habe ich aber den Meisterbrief des Elektrohandwerks in der Tasche. Das macht mir mehr Spaß.
6 Was mir an meinem Beruf besonders Spaß macht, ist, dass ich eigene Ideen entwickeln kann, die dann im Betrieb auch umgesetzt werden.
7 Wenn mein Chef eine Anerkennung über die geleistete Arbeit ausspricht, ist das für mich mehr wert als alles andere.
8 Dass mir eine schwierige Aufgabe gelungen ist, das tut mir innerlich so richtig gut. Ich mag es gerne, mit schwierigen Problemen konfrontiert zu werden.
9 Wenn ich mir vorstelle, wie engstirnig ich früher manche Dinge gesehen habe ... Ich habe viel dazugelernt, das muss ich schon sagen.

Welche Einstellung zur Arbeit kann man hier vermuten?

Otto Mayr: Arbeit und Arbeitswelt © Brigg Pädagogik Verlag GmbH, Augsburg

Arbeit als Dienst am Mitmenschen

Viele Berufe ermöglichen es, aktiven „Dienst am Mitmenschen" zu leisten, z. B. in der Kranken- und Altenpflege, in der Entwicklungs- und Bewährungshilfe bzw. in vielen Tätigkeiten der kirchlichen Arbeit. Hier bedeutet Arbeit eine das Leben bereichernde Aufgabe, Engagement und Einsatzbereitschaft für andere Menschen. Arbeit erfolgt in diesen Fällen aus dem sozialen Bedürfnis, dem Mitmenschen zu helfen.

Frank Weidner ist Altenpfleger in einem Altenheim. Gemeinsam mit zehn Mitarbeitern betreut er insgesamt 42 Frauen und Männer.
Die Bewohner der Station IV sind pflegebedürftig – das heißt, sie können sich nicht mehr selbst versorgen und brauchen Hilfe beim Waschen, Anziehen und Essen.
Das sind typische Arbeiten eines Altenpflegers. Ziel ist es, alten Menschen zu helfen, ihre selbstständige Lebensführung so lange wie möglich zu erhalten. Altenpfleger betreuen und beraten ältere Menschen in ihren persönlichen und sozialen Angelegenheiten, begleiten sie z. B. bei Behördengängen und Arztbesuchen, organisieren Feiern und Ausflüge.

Frank musste in den letzten Jahren nicht nur Stress und seelische Belastungen aushalten, sondern machte auch viele schöne Erfahrungen: „Es ist, als hätte ich viele Großmütter und Großväter. Alle geben mir gute Ratschläge und möchten sich gerne mit mir unterhalten. Egal wo ich auftauche, immer bin ich mit den alten Menschen im Gespräch."

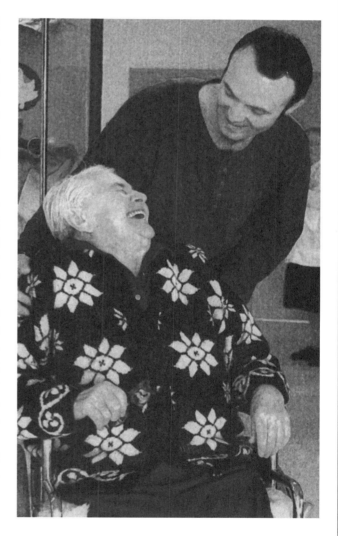

Frank nimmt sich Zeit für „seine" Heimbewohner und freut sich, dass ihm diese Zeit ausreichend zur Verfügung steht. In vielen Alten- und Pflegeheimen gibt es nicht genügend Personal, um sich wirklich mit den alten Menschen beschäftigen zu können. „Ohne Begeisterung für den Beruf würde es in diesem Beruf wohl kaum jemand lange aushalten", sagt Frank. „Du musst einfühlsam sein, wenn die Menschen von ihren Sorgen erzählen. Gleichzeitig darfst du dir aber nicht jeden Todesfall zu Herzen nehmen. Sterbende Menschen gehören in meinem Beruf eben dazu."
Altenpfleger ist sicher ein Beruf im Dienst des Mitmenschen, in dem die seelische Ausgeglichenheit eine ganz wichtige Voraussetzung ist.

Die Bedeutung der Arbeit für die Gesellschaft/für die Wirtschaft

Unter Arbeit im wirtschaftlichen Sinn versteht man den Einsatz geistiger und körperlicher Fähigkeiten zum Zweck der Einkommenserzielung bzw. zur Herstellung von Gütern oder zum Anbieten von Dienstleistungen.

Im Unternehmen entstehen sämtliche Güter im Zusammenwirken der vier sogenannten „Produktionsfaktoren".

Ohne Arbeit gäbe es kein funktionierendes Wirtschaftssystem. Trage einige Waren und Dienstleistungen ein, die ohne Arbeit fehlen würden:

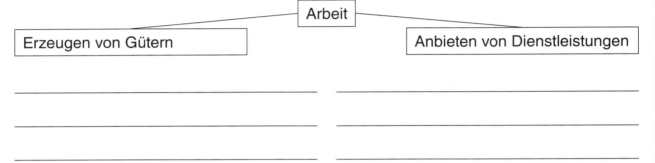

Je nach Beanspruchung der menschlichen Kräfte lässt sich die Arbeit einteilen in

| überwiegend geistige Arbeit | überwiegend körperliche Arbeit |

Eine scharfe Trennung in körperliche und geistige Arbeit ist jedoch nicht möglich, da jede Tätigkeit Körper und Geist zugleich beansprucht.
Nach der Art der Tätigkeit unterscheidet man zwischen

| leitender Arbeit | ausführender Arbeit |

Diese Arbeit umfasst das Planen, Organisieren und Beaufsichtigen. Kennzeichen dieser Arbeit ist der größere Verantwortungsspielraum.

Diese Arbeit umfasst körperliche und geistige Tätigkeiten, die nach Anweisung ausgeführt werden. Der Verantwortungsspielraum ist dadurch eingeschränkt.

Die Bezahlung der Arbeit richtet sich nach der Art der Ausbildung (Schulabschlüsse, Studium, Lehre, Meisterprüfung ...)

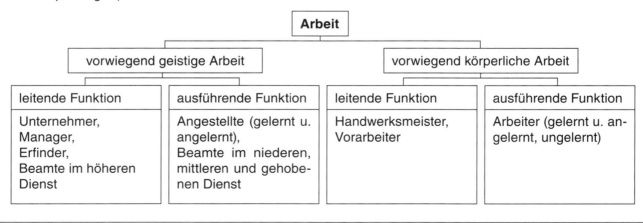

Otto Mayr: Arbeit und Arbeitswelt © Brigg Pädagogik Verlag GmbH, Augsburg

Die Bedeutung der Arbeit

| Für den Einzelnen | | Für die Gesellschaft |

_____   _____

_____   _____

_____   _____

_____   _____

_____   _____

_____   _____

Unter „Arbeit" im wirtschaftlichen Sinn versteht man _____

_____

_____

Trotz immer stärkeren Einsatzes von technischen Mitteln können ohne _____

keine_____ produziert oder Dienstleistungen _____ werden. Die Arbeit ist

untrennbar verbunden mit dem, der sie verrichtet. So ist sie einerseits _____ der

Persönlichkeit, andererseits _____ sie die Persönlichkeit. Verschiedene Gründe veranlassen

den Menschen zu arbeiten. Diese Gründe sind auch im gesellschaftlichen Ansehen der Arbeit zu suchen.

Die Bedeutung der Arbeit

Für den Einzelnen	Für die Gesellschaft

• **Arbeit als Mittel**	• **Herstellung von Gütern**
– **zum Geldverdienen**	• **Angebot an Dienstleistungen**
– **zur Sicherung des Lebensstandards**	• **funktionierender Handel**
für sich und die Familie	• **starke Wirtschaft**
• **Arbeit als Mittel der Selbstbestätigung**	• **Steuereinnahmen**
• **Arbeit als Dienst am Mitmenschen**	• **geringe Arbeitslosigkeit**

Unter „Arbeit" im wirtschaftlichen Sinn versteht man **den Einsatz geistiger und körperlicher Fähigkeiten zum Zweck der Einkommenserzielung bzw. zur Herstellung von Gütern oder Anbieten von Dienstleistungen.**

Trotz immer stärkeren Einsatzes von technischen Mitteln können ohne **Arbeit** keine **Güter** produziert oder Dienstleistungen **angeboten** werden. Die Arbeit ist untrennbar verbunden mit dem, der sie verrichtet. So ist sie einerseits **Ausdruck** der Persönlichkeit, andererseits **prägt** sie die Persönlichkeit. Verschiedene Gründe veranlassen den Menschen zu arbeiten. Diese Gründe sind auch im gesellschaftlichen Ansehen der Arbeit zu suchen.

Otto Mayr: Arbeit und Arbeitswelt © Brigg Pädagogik Verlag GmbH, Augsburg

Der Bonifaz meint ...

Frohes Schaffen

Dass man keiner Statistik glauben soll, die man nicht selber gefälscht hat, soll der Legende nach der Sir Winston Churchill einmal behauptet haben. Der Bonifaz hat es zwar einmal schwarz auf weiß gelesen, aber das sagt noch lange nicht, ob es deswegen auch
5 stimmt. Drum ist er mit dem Zitieren von Äußerungen meistens vorsichtig. Irgendeiner muss eine solche Behauptung aber wohl irgendwann in die Welt gesetzt haben. Und wer immer es gewesen ist: So ganz unrecht wird er schon nicht gehabt haben.
Außerdem, hat der Bonifaz immer wieder festgestellt, sucht sich jeder aus der Statistik das heraus, was er grad für seine tiefschürfenden Argumentationsketten, oder wie man
10 solche Ausführungen heißt, brauchen kann. Der einfache Mensch, man könnte ihn auch als „Wähler" bezeichnen, hört aufmerksam zu, ist beeindruckt und glaubt auch noch, was ihm die sogenannten Experten, Spezialisten, die Sach- und Fachkundigen da als unumstößliche Tatsachen servieren.
Jahrelang haben die Arbeitsmarktexperten, politische Sterndeuter und Tiefenpsycho-
15 logen gepredigt, dass die Krankenstandzahlen der Arbeiter steigen, je besser es um die Beschäftigung stehe! Die einen haben gesagt, der Mensch werde halt anfälliger, wenn er voll beschäftigt ist oder vielleicht sogar „ausgebeutet" wird; oder er neigt zur Bequemlichkeit nach dem Motto: wenn schon Arbeit genug da ist, kann man schon mal „blau" machen.
20 Genau umgekehrt haben sie es gesehen, wenn die Arbeit knapp geworden ist. Jetzt traut sich keiner mehr krank sein, weil er fürchtet, dass man ihn hinauswirft, hat es geheißen. Wer um seinen Arbeitsplatz fürchten muss, traut sich nicht mehr zum Doktor und wenn es ihm noch so schlecht geht, haben sie argumentiert. Der Bonifaz hat noch die Tabellen und Kurven vor Augen, die als Beweismittel haben herhalten müssen.
25 Jetzt ist ihm grad ein Gesundheitsbericht von einer Krankenkasse in die Hände geraten. Da kann man nachlesen, dass der Krankenstand im Jahr 2005 zwar knapp, aber doch gesunken ist. Und siehe da: Im Bayerischen und im Württembergischen, wo es bundesweit die wenigeren Arbeitslosen gibt, hat es die weitaus wenigsten Krankmeldungen gegeben. Und da, von wo die höchsten Arbeitslosenquoten gemeldet werden, in Berlin,
30 Brandenburg, Mecklenburg-Vorpommern und den meisten anderen Bundesländern im Osten, sind die Menschen häufiger krank.
Ist es am End' vielleicht doch so, dass man aus der Statistik ganz was anderes herauslesen kann? Wer einen Arbeitsplatz hat, ist zufriedener und gesünder. Wer Angst haben muss, dass er seinen Job verliert oder erst gar keinen zu kriegen, resigniert, verzweifelt
35 und wird krank. Solang nämlich die Arbeit Freude macht und nicht zur „Maloche" verkommt – das haben aber gescheite Menschen schon immer gewusst – kann sie einen Menschen glücklich machen und gesund erhalten. So betrachtet, ist der landläufige (Zu-) Spruch „frohes Schaffen" gar nicht so blöd. Bloß: Arbeit sollte halt schon da sein, gell.

(Kolumne in der Augsburger Allgemeinen vom 06. 06. 2006)

Arbeitsaufgaben:

1. Welche Tatsachen aus dem Gesundheitsbericht einer Krankenkasse verwendet der Autor für seine Argumentation?
2. Was liest der Autor „aus der Statistik heraus"?
3. Welchen Spruch hält er für „gar nicht so blöd"?
4. Was ist deine Meinung zu diesem Thema?

Rekord im Durchhalten

Die Deutschen fehlen so selten wegen Krankheit am Arbeitsplatz wie nie zuvor und sind damit die gesündesten Europäer

Zumindest in der Krankenstatistik hat sich der zurückliegende Winter samt Erkältungswelle nicht niedergeschlagen: So fiel der Krankenstand 2005 erneut auf ein Rekordtief. 44 Prozent der deutschen Arbeitnehmer waren nach Angaben des Bundesverbandes der Betriebskrankenkassen (BKK) im vergangenen Jahr nicht einen einzigen Tag krankgeschrieben. Im Schnitt ließen sich deutsche Arbeitnehmer 2005 an 12,7 Tagen entschuldigen. Das ist nach den Zahlen des europäischen Labour Force Survey einsamer EU-Rekord. Selbst die Skandinavier fallen wegen Krankheit etwa dreimal so oft aus.

Als Erklärung für die relative teutonische Immunität wird meistens ein Argument bemüht: Die deutschen Arbeitnehmer hätten Angst, ihren Job zu verlieren, wenn sie zu viele Tage fehlten – und würden sich dann auch in siechem Zustand ins Büro schleppen. 1980 blieben die Deutschen durchschnittlich noch an 26 Tagen im Jahr krankheitsbedingt daheim. Jetzt sind es nur noch die Hälfte. Mit der Angst vor dem Jobverlust allein lässt sich das Phänomen aber nicht erklären. „Die Erwerbswelt hat sich wesentlich gewandelt", stellt Hans-Dieter Nolting, Leiter im Bereich Arbeitswelt und Gesundheit des Berliner Instituts für Gesundheits- und Sozialforschung fest. Nicht nur, dass wegen des Strukturwandels weniger Arbeitnehmer ihren Körper mit schwerer Arbeit strapazieren. „Bei den Stellenstreichungen sind die gesundheitlich Beeinträchtigten zuerst entlassen worden." Das Ergebnis: Tendenziell haben eher die Fitten am Arbeitsmarkt überlebt, viele andere wurden aussortiert und sind nun arbeitslos oder frühverrentet.

Nun sollte man annehmen, bei der Bundesvereinigung der Arbeitgeber (BDA) müsste Hochstimmung herrschen, die robustesten Arbeitnehmer Europas im Land zu haben. Doch Volker Hansen vom BDA-Bereich Soziale Sicherung rechnet nüchtern vor, dass die Lohnfortzahlungen im Krankheitsfall immer noch jedes Jahr mit mehr als 30 Milliarden Euro zu Buche schlagen. Den Effekt geringerer Krankenstände neutralisierten die Lohnsteigerungen der letzten 25 Jahre. Die gesunden Arbeitskräfte sind teuer. „Unterm Strich kommen wir auf plus/minus null."

Und mittelfristig drohen die Krankenstände eher wieder zu steigen. Das hat demografische Gründe: Die Arbeitnehmer werden immer älter. Und die Älteren fallen zwar im Schnitt seltener aus als ihre jungen Kollegen, bleiben aber dafür länger weg. Derzeit machen kürzere Fälle bis zu einer Woche zwei Drittel der Krankschreibungen aus, sie verursachen aber noch nicht einmal ein Fünftel der Fehltage. Langzeitfälle sind hingegen für mehr als 40 Prozent der Krankheitstage verantwortlich, obwohl ihr Anteil derzeit noch nicht einmal fünf Prozent beträgt.

Viele Betriebe bieten ihren Mitarbeitern deswegen schon vorsorglich Programme wie Fitnesstrainings und Rückenschulen an. Und der Trend verstärkt sich. „Die Unternehmen stecken mehr Geld in Prävention", beobachtet Christine Richter vom Bundesverband der Krankenkassen. Und Arbeitgebervertreter Volker Hansen sagt, dass den Unternehmen gar nichts anderes übrig bleibt, als in den Erhalt der wertvollen Arbeitskraft zu investieren. Denn wenn sich der Krankenstand nur um einen Prozentpunkt erhöht, kostet das die Arbeitgeber bei den geltenden Rahmenbedingungen gleich mehr als acht Milliarden Euro.

Untersuchungen haben übrigens gezeigt, dass die Zahl der Krankmeldungen unmittelbar mit der beruflichen Position zusammenhängt. „Je mehr Gestaltungsspielraum jemand hat, desto weniger Fehltage hat er", sagt Nolting. Manager sind daher so gut wie nie krank. Dagegen kommen Beschäftigte in der Abfallbeseitigung im Schnitt auf 19,1 Fehltage.

Gregor Schiegl

Wo Deutschlands Arbeit bleibt

Autoverladung: In den 50er-Jahren gab es in Deutschland fast nur Arbeiter. In Zukunft wird es kaum noch welche geben.

Im Frühjahr 2006 sorgte die Nachricht in den Medien für Aufsehen, nach der ein immer kleiner werdender Teil der deutschen Bevölkerung überwiegend von den Einkünften aus eigener Erwerbsarbeit lebt – inzwischen weniger als die Hälfte.

Dagegen vergrößern sich diejenigen Bevölkerungsgruppen, die ihren Lebensunterhalt nicht selber erarbeiten, sondern staatlichen Transferleistungen oder der Unterstützung durch Angehörige verdanken.

Natürlich verbergen sich dahinter ganz unterschiedliche Entwicklungen. Der hohe Stand der Arbeitslosigkeit spiegelt sich darin genauso wider wie die Alterung der Gesellschaft, aber auch der relativ späte Eintritt in das Berufsleben und der oft allzu frühe Ausstieg aus ihr spielen eine Rolle.

Der Tag der Arbeit am 1. Mai erinnert an die zentrale Stellung der Erwerbsarbeit – und das in zweierlei Weise: zum einen an das Recht auf Arbeit, zum anderen an den Kampf um weniger Arbeit, um die Entlastung von Anstrengung und Mühsal.

Genauso gespalten ist auch der öffentliche und politische Umgang mit dem Problem der Erwerbsarbeit in Deutschland, selbst nach drei Jahrzehnten nahezu beständig wachsender Massenarbeitslosigkeit.

Einerseits halten alle politischen Kräfte am Ziel der Rückgewinnung von Erwerbsarbeit fest, andererseits glauben nur noch wenige an die Rückkehr zur Vollbeschäftigung.

Die Freude über den scheinbar endlos weitergehenden Freizeitgewinn hielt sogar noch an, als bereits Hunderttausende arbeitslos waren. Viel zu lange haben wir das Problem der Arbeit ausschließlich mit „altmodischen" Fragen bearbeitet: Was können wir tun, um die bestehenden Arbeitsplätze zu erhalten? Wie können wir die Arbeit gerechter verteilen? Wie kann die Arbeitslosigkeit vermindert werden? Wann rettet uns der wirtschaftliche Aufschwung?

Ein Teil dieser alten Denkmuster wirkt noch fort, obwohl wir mitten in einem tiefgreifenden Umbruch stecken, vergleichbar mit dem Übergang von der Agrar- in die Industriegesellschaft. Die jetzige Arbeitsplatzstruktur lässt sich nicht dauerhaft erhalten. Neue Arbeitsplätze entstehen: damals in der Industrie, heute bei Dienstleistungen und Verkehr, Gesundheit, Ökologie und Wissenschaft.

Die Frage muss also lauten: Wo können in Zukunft neue Arbeitsplätze entstehen, um den Strukturwandel erfolgreich zu gestalten und die Arbeitslosenzahlen fühlbar zu vermindern? Zur Diskussion stehen dabei die gesellschaftlichen Notwendigkeiten.

An erster Stelle sind das Bildung und Qualifikation. Gut gebildete und hoch qualifizierte Kräfte haben die besten Chancen auf dem Arbeitsmarkt – und die meisten der neu entstehenden und zukunftsträchtigen Arbeitsplätze verlangen mehr Bildung, Fachkompetenz und ständige Weiterbildung als früher.

Auch die Bereitschaft zur Mobilität gehört dazu, denn schon immer war der Strukturwandel mit erheblichen regionalen Verschiebungen verknüpft. Die Frage ist: Wo sind die heutigen Boomregionen Deutschlands und was tut der Staat für sie?

Diese Frage verweist auf die Möglichkeiten politischer Steuerung und Förderung der Arbeitsgesellschaft. Dabei ist der Staat in zweifacher Hinsicht gefordert:

Zum einen muss er die Schwellen senken, die eine Aufnahme von Erwerbsarbeit erschweren, zum anderen muss die Förderung der Arbeitsgesellschaft von morgen ins Zentrum rücken.

Die Nachricht, dass wir uns mehrheitlich von Transfereinkommen ernähren, ist keine gute Nachricht. Der Tag der Arbeit sollte uns daran erinnern, dass wir auf das Ziel einer tätigen Gesellschaft hinarbeiten sollen – eine große Aufgabe der Politik.

Arbeitsaufgaben:

1. Welche Nachricht sorgte im Frühjahr 2006 für Aufsehen?
2. An welche zwei Aspekte der Erwerbsarbeit soll der Tag der Arbeit erinnern?
3. Wie heißt die zentrale Frage zur Entstehung neuer Arbeitsplätze?
4. Welche Rolle spielen dabei Bildung und Qualifikation?
5. Welche Aufgabe hat die Politik, wenn das Ziel einer Arbeitsgesellschaft eine große Aufgabe aller Parteien sein soll?

Zur Diskussion gestellt: „Früher galt: Wer arbeitet, ist wenig wert"

Im letzten Wahlkampf war es das Zauberwort: Arbeit. Eine Partei verkündete: „Sozial ist, was Arbeit schafft", eine andere: „Arbeit muss sich wieder lohnen", die nächste: „Arbeit soll das Land regieren". Die Zustimmung der Wähler hatten all diese Parolen sicher. Einer Umfrage zufolge fürchten sich die Deutschen mehr vor dem Verlust des Arbeitsplatzes als vor einer schweren Krankheit. Den rund viereinhalb Millionen Arbeitslosen stehen über 1,4 Milliarden bezahlte Überstunden gegenüber. Arbeit ist anstrengend, aber man kann nicht genug von ihr bekommen. „Wir sind, was wir tun." So sehr ist dieser Glaubenssatz verinnerlicht, dass viele Menschen jene Momente gar nicht mehr genießen können, in denen sie einfach mal nichts tun. Für faul will niemand gehalten werden. Aber warum hat Arbeit in unserer Gesellschaft diesen hohen Wert?

In der griechischen Polis oder im antiken Rom hätten Parolen wie die oben genannten Entsetzen ausgelöst. Jede Form von körperlicher und kommerzieller Erwerbstätigkeit galt als erniedrigend. Wer konnte, überließ das Arbeiten den Sklaven. Der freie Bürger war arbeitslos, aber nicht untätig. Er hatte Zeit, sich mit den wirklich wichtigen Dingen zu beschäftigen: mit den Künsten, dem Philosophieren und der Politik. Im jüdisch-christlichen Kulturkreis wurde Arbeit bis ins Mittelalter hinein als Fluch begriffen. Arbeit war – so steht es im Alten Testament – die Strafe, die Gott über Adam und Eva und all ihre Nachfahren für die Ursünde verhängt hatte. Erst im jenseitigen Paradies wartete der natürliche Urzustand: eine Existenz in ungetrübter Freude – von Arbeit befreit. Wer es dorthin schaffen wollte, durfte auf Erden allerdings nicht zu viel schuften. Denn wer Reichtümer anhäufte oder sich keine Zeit zur inneren Einkehr ließ, galt als ungläubig: Er zeigte sich fern von Gott.

Erste Ansätze, Arbeit spirituell aufzuwerten, gab es im Mittelalter. „Ora et labora", hieß der Leitspruch des 529 gegründeten Benediktinerordens. In den Klöstern lebten die Mönche und Nonnen – als Knechte Gottes – in einer strikt durchorganisierten Ordnung aus geistigen Pflichten und weltlicher Arbeit. Durch die einsetzende Geldwirtschaft und das sich entwickelnde Staatswesen wurde die Erwerbstätigkeit seit dem 13. Jahrhundert auch zu einem immer wichtigeren gesellschaftlichen Faktor. Staatliche Moralwächter bemühten sich deshalb darum, Arbeit als besonders tugendhaft darzustellen. An der allgemeinen Mentalität änderte dies allerdings zunächst nur wenig. Die meisten Menschen arbeiteten nur so viel, wie sie zum Leben brauchten. Und die Eliten sahen in der Arbeit nach wie vor den Feind des freien Geistes.

Ihre entscheidende Aufwertung erfuhr Arbeit durch die Reformation und den Protestantismus calvinistischer Prägung im 16. Jahrhundert. Nach der Lehre des in Genf wirkenden Reformators Johannes Calvin (1509–1564) gibt es zwei Gruppen von Menschen: die von Gott Auserwählten und diejenigen, die dazu verdammt sind, die Ewigkeit in der Hölle zu verbringen. Ein Mensch gehört zu den Auserwählten wenn er bereit ist, hart zu arbeiten und Verzicht zu üben. Fleiß, Disziplin und Askese gelten den Calvinisten als höchste Tugenden. Maximale Profite zu erzielen war fortan nicht nur geduldet, sondern Pflicht eines Gläubigen, irdischer Erfolg war Beleg für die Gnade Gottes.

Otto Mayr: Arbeit und Arbeitswelt © Brigg Pädagogik Verlag GmbH, Augsburg

Nach Meinung des Ökonomen und Soziologen Max Weber (1864–1920) schuf die auf dieser Sicht fußende „protestantische Ethik" die Basis für
95 den modernen Kapitalismus und führte letztlich zur Industrialisierung. Der neue, strenge Wertekatalog ermöglichte es den Manufaktur- und Fabrikbesitzern, die Menschen zu disziplinie-
100 ren und in das industrielle System zu fügen. Bis zum 19. Jahrhundert hatte das kapitalistische System die protestantische Ethik zu seinen Zwecken säkularisiert und in ein wirkungsvolles
105 Arbeitsethos gegossen: Erwerbstätigkeit wurde zur sozialen Pflicht, zu einer gesellschaftlichen Norm, zum Selbstzweck. Immer mehr Menschen strömten vom Land in die Stadt und in die
110 Fabriken. Der Arbeitsplatz wurde zum Lebensmittelpunkt, die durchschnittliche Arbeitszeit betrug in der ersten Hälfte des 19. Jahrhunderts um die 15 Stunden täglich. Die Arbeitszeit wurde
115 später auf ein menschenverträgliches Maß gekürzt, aber die von der Industrialisierung eingeleitete Entwicklung war unumkehrbar: Aus der Gesellschaft, in der Menschen arbeiteten, um zu leben,
120 war die Arbeitsgesellschaft geworden. Heute geht dieser Arbeitsgesellschaft immer mehr die Arbeit aus. Menschen, die auf Arbeit programmiert sind, empfinden eine solche Situation als
125 schwere Krise – das von ihnen wie von den arbeitenden Mitmenschen verinnerlichte Arbeitsethos erweist sich als Problem. Denn unsere Gesellschaft neigt dazu, Arbeitslose unter General-
130 verdacht zu stellen:

Sind das nicht Faulenzer, die sich in der Hängematte des Sozialstaats ausruhen wollen? Durch diese Haltung werden die Betroffenen doppelt be-
135 straft: Sie müssen mit den finanziellen Folgen der Erwerbslosigkeit kämpfen und werden sozial ausgegrenzt. Eine Gesellschaft, die für immer weniger Menschen bezahlte Arbeit hat, Arbeit
140 aber weiterhin zum höchsten Gut erhebt, wird auf Dauer immer mehr unglückliche Bürger produzieren.

In jüngster Zeit gibt es deshalb verstärkt Stimmen, die ein Umdenken
145 fordern. Unter denen sind der amerikanische Philosophie-Professor Frithjof Bergmann und der deutsche Historiker und ehemalige FAZ-Redakteur Eberhard Straub. Bergmann wirbt für
150 ein neues Verständnis von Arbeit. Er meint, unsere Gesellschaft würde besser funktionieren, wenn die Menschen weniger arbeiten würden und mehr Zeit hätten, sich selbst zu verwirkli-
155 chen und Dinge für den eigenen Bedarf zu produzieren. Zu Straubs Forderungen gehört, sich von der Idee der Vollbeschäftigung zu verabschieden und die Erwerbslosigkeit als neue, weit
160 verbreitete Lebensform zu akzeptieren: „Wir müssen den Menschen, die keine Arbeit finden, das Gefühl geben, dass sie Teil der Gesellschaft sind", sagt Straub. „Sonst droht diese Gesell-
165 schaft auseinanderzubrechen."

(Aus: „fluter", Jugendmagazin der Bundeszentrale für politische Bildung, Dezember 2005)

Thema 2: Die vier Wirtschaftsbereiche

Lernziele

1. Die Schüler sollen die vier Wirtschaftsbereiche kennenlernen.
2. Die Schüler sollen die Begriffe „primärer, sekundärer, tertiärer Sektor (Bereich)" kennenlernen.
3. Die Schüler sollen die verschiedenen Firmen der vier Wirtschaftsbereiche und ihre Rolle in der Arbeitswelt kennenlernen.
4. Die Schüler sollen den verschiedenen Wirtschaftsbereichen Berufe zuordnen können.

Medien

Folie, Informationsblätter, Arbeitsblätter

Einstieg in das Thema

Die vier Wirtschaftsbereiche – ein Überblick (Folie, S. 26)

Erarbeitung

Verschiedene Wirtschaftsbereiche und ihre Bedeutung für die Arbeitswelt – Urproduktion (Info-Blatt, S. 27)
Die Landwirtschaft – ein bedeutender Bereich der Urproduktion (Arbeitsblatt, S. 28)
Wirtschaftsbereich Handwerk (Info-Blatt, S. 30)
Die vielfältigen Leistungen des Handwerks (Arbeitsblatt, S. 31)
Die typischen Fertigungsverfahren im Handwerk (Info-Blatt, S. 33)
Wodurch unterscheiden sich Handwerk und Industrie? (Info-Blatt, S. 34)
Die vier Bereiche der Industrie (Info-Blatt, S. 35)
Typische Fertigungsverfahren in der Industrie (Info-Blätter, S. 36)
Wirtschaftsbereich Dienstleistung (Info-Blatt, S. 38)
Arbeitsplätze im Dienstleistungsunternehmen Schule (Info-Blatt, S. 39)
Den Dienstleistungen gehört die Zukunft (Info-Blatt, S. 40)
Aufgaben und Leistungen des Handels (Info-Blatt, S. 41)
Die vier Wirtschaftsbereiche – ein Überblick (Info-Blätter, S. 42)
Die vier Wirtschaftsbereiche (Arbeitsblatt, S. 44)

Lösung zu S. 27, Aufgabe 1
Landwirtschaft, Forstwirtschaft, Viehzucht, Weinanbau, Fischerei, Gemüse- und Obstanbau, Erdölförderung

Lösung zu S. 30, „Wirtschaftsbereich Handwerk" (Aufgabe 1)
Geigenbauer, Kraftfahrzeugmechatroniker, Bäcker, Zentralheizungs- und Lüftungsbauer, Schreiner, Schornsteinfeger, Friseur

Lösung zu S. 34, Aufgabe „Ordne richtig zu!"
1., 3., 6., 7., (H); 2., 4., 5., 8., (I);

Die vier Wirtschaftsbereiche – ein Überblick

Verschiedene Wirtschaftsbereiche und ihre Bedeutung für die Arbeitswelt – Urproduktion

Die Betriebe der Urprodüktion fördern und gewinnen die Rohstoffe, die für die Erzeugung von Gütern benötigt werden. Solche Rohstoffe sind pflanzliche und tierische Stoffe und Bodenschätze. Die Urproduktion, die auch als primärer Bereich (Sektor) bezeichnet wird, gewinnt also die Schätze der Natur.

Arbeitsaufgaben:

1. Welche Betriebe der Urproduktion sind hier abgebildet?
2. Nenne die Rohstoffe, die dabei aus der Natur gewonnen werden!
3. Nenne einige Betriebe der Urproduktion an deinem Heimatort!
4. Welche Bedeutung haben die einzelnen Bereiche für uns?

Klasse:	Datum:	Name:

Die Landwirtschaft – ein bedeutender Bereich der Urproduktion

1. Ein landwirtschaftlicher Betrieb muss sich in der heutigen Zeit bei der Produktion auf einen bestimmten Schwerpunkt spezialisieren. Nur so kann er günstig produzieren und damit konkurrenzfähig bleiben.

Ordne die folgenden Begriffe richtig in das Schema ein:

Getreideanbau   Junghühnermast   Hackfrüchte (z. B. Kartoffeln)   Hopfenanbau

Rindermast   Schweinemast   Feldgemüsebau

Eierproduktion   Weinbau   Plantagenwirtschaft (z. B. Erdbeeren)

Milcherzeugung   Waldbau

Spezialisierung in der Landwirtschaft

Schwerpunkte auf **Bodennutzung**   *z. B.*   Schwerpunkte auf **Tierhaltung**

_____   _____

_____   _____

_____   _____

_____   _____

_____   _____

_____   _____

2. In der Landwirtschaft finden wir unterschiedliche Betriebsformen. *Ordne richtig zu!*

1. **Spezialisierter Betrieb** ◯

2. **Gemischter Betrieb** ◯

3. **Ökologischer Betrieb** ◯

4. **Vollerwerbsbetrieb** ◯

5. **Zuerwerbsbetrieb** ◯

6. **Nebenerwerbsbetrieb** ◯

a.) Der Landwirt verdient außerhalb seines Betriebs dazu, lebt allerdings hauptsächlich von den Erträgen seines Hofes.

b.) Es werden mehrere Produkte erzeugt, z. B. Ackerbau und Viehzucht.

c.) Die Landwirtschaft wird nur noch nebenher betrieben. Die Haupteinnahmen stammen aus einer anderen Tätigkeit.

d.) Es wird überwiegend nur ein Produkt erzeugt, z. B. Milch, Getreide, Schweinezucht.

e.) Der Landwirt arbeitet nur in seinem Betrieb und bezieht sein Einkommen nur aus den Betriebserlösen.

f.) Betrieb, der auf Mineraldünger und chemische Schädlings- und Unkrautvernichtungsmittel verzichtet.

Die Landwirtschaft – ein bedeutender Bereich der Urproduktion

1. Ein landwirtschaftlicher Betrieb muss sich in der heutigen Zeit bei der Produktion auf einen bestimmten Schwerpunkt spezialisieren. Nur so kann er günstig produzieren und damit konkurrenzfähig bleiben.

Ordne die folgenden Begriffe richtig in das Schema ein:

Getreideanbau   Junghühnermast   Hackfrüchte (z. B. Kartoffeln)   Hopfenanbau

Rindermast   Schweinemast   Feldgemüsebau

Eierproduktion   Weinbau   Plantagenwirtschaft (z. B. Erdbeeren)

Milcherzeugung   Waldbau

Spezialisierung in der Landwirtschaft

z. B.

Schwerpunkte auf Bodennutzung	Schwerpunkte auf Tierhaltung
Getreideanbau	**Milcherzeugung**
Hopfenanbau	**Rindermast**
Hackfrüchte (z. B. Kartoffeln)	**Eierproduktion**
Weinanbau	**Junghühnermast**
Plantagenwirtschaft (z. B. Erdbeeren)	**Schweinemast**
Waldbau	
Feldgemüsebau	

2. In der Landwirtschaft finden wir unterschiedliche Betriebsformen. *Ordne richtig zu!*

1. **Spezialisierter Betrieb** — d

2. **Gemischter Betrieb** — b

3. **Ökologischer Betrieb** — f

4. **Vollerwerbsbetrieb** — e

5. **Zuerwerbsbetrieb** — a

6. **Nebenerwerbsbetrieb** — c

a.) Der Landwirt verdient außerhalb seines Betriebs dazu, lebt allerdings hauptsächlich von den Erträgen seines Hofes.

b.) Es werden mehrere Produkte erzeugt, z. B. Ackerbau und Viehzucht.

c.) Die Landwirtschaft wird nur noch nebenher betrieben. Die Haupteinnahmen stammen aus einer anderen Tätigkeit.

d.) Es wird überwiegend nur ein Produkt erzeugt, z. B. Milch, Getreide, Schweinezucht.

e.) Der Landwirt arbeitet nur in seinem Betrieb und bezieht sein Einkommen nur aus den Betriebserlösen.

f.) Betrieb, der auf Mineraldünger und chemische Schädlings- und Unkrautvernichtungsmittel verzichtet.

Wirtschaftsbereich Handwerk

Jeder nimmt täglich Leistungen des Handwerks in Anspruch. Wörtlich genommen heißt Handwerk so viel wie „Werk der Hand" oder „Fertigung von Werkstücken". In der Wirtschaft sind die Grenzen zwischen Handwerks- und Handelsunternehmen allerdings fließend, sodass die Handwerksberufe sich oft mit anderen Berufstätigkeiten vermischen. Die Handwerksordnung legt allerdings eindeutig fest, welche Berufe als Handwerk ausgeübt werden. Zurzeit sind das 127 Berufe.
Das Handwerk gehört zum sekundären Sektor.

Arbeitsaufgaben:

1. Gib an, um welche Handwerksberufe es sich bei den Abbildungen handelt!
2. Trage in einen Ortsplan deiner Gemeinde oder deines Stadtteils die Handwerksbetriebe ein!
3. Handwerkliche Leistungen umfassen vor allem drei Bereiche: Neuherstellung von Gütern – Dienstleistungen z. B. durch Reparatur und Wartung – Handel mit eigenen Erzeugnissen und mit Produkten der Industrie. Ordne richtig zu!

 Otto Mayr: Arbeit und Arbeitswelt © Brigg Pädagogik Verlag GmbH, Augsburg

Die vielfältigen Leistungen des Handwerks

Neuherstellung von Gütern; dazu zählen auch Bauleistungen, Installationen und Montagearbeiten	Dienstleistungen durch die Wartung und Reparatur von Erzeugnissen aus Handwerk und Industrie	Handel mit eigenen Erzeugnissen und Produkten der Industrie
_____	_____	_____
_____	_____	_____
_____	_____	_____
_____	_____	_____
_____	_____	_____

Ordne die folgenden Tätigkeiten den oben beschriebenen Leistungen zu!

bedienen – herstellen – reparieren – beraten – bauen – Maschinen warten – pflegen – Handel treiben verarbeiten – installieren – verkaufen – reinigen – überwachen – gestalten – montieren – Einkauf

Verbinde die Tätigkeiten mit einem Handwerksberuf!

_____	_____	_____
_____	_____	_____
_____	_____	_____
_____	_____	_____

Das Handwerk bietet viele Produkte und Dienstleistungen für

öffentliche Einrichtungen (z. B. Gemeinden)	andere Unternehmen (Industrie, Handwerk, Handel)	private Haushalte

Trage Beispiele für Produkte und Dienstleistungen des Handwerks in die passenden Spalten ein!

Klasse:	Datum:	Name:

Die vielfältigen Leistungen des Handwerks

Neuherstellung von Gütern; dazu zählen auch Bauleistungen, Installationen und Montagearbeiten	Dienstleistungen durch die Wartung und Reparatur von Erzeugnissen aus Handwerk und Industrie	Handel mit eigenen Erzeugnissen und Produkten der Industrie
herstellen	*bedienen, reparieren*	*Handel treiben*
verarbeiten	*beraten, Maschinen*	*verkaufen*
gestalten	*warten, pflegen,*	*Einkauf*
bauen	*installieren, reinigen*	
	überwachen, montieren	

Ordne die folgenden Tätigkeiten den oben beschriebenen Leistungen zu!

bedienen – herstellen – reparieren – beraten – bauen – Maschinen warten – pflegen – Handel treiben
verarbeiten – installieren – verkaufen – reinigen – überwachen – gestalten – montieren – Einkauf

Verbinde die Tätigkeiten mit einem Handwerksberuf!

_____   _____   _____

_____   _____   _____

_____   _____   _____

_____   _____   _____

Das Handwerk bietet viele Produkte und Dienstleistungen für

öffentliche Einrichtungen (z. B. Gemeinden)	andere Unternehmen (Industrie, Handwerk, Handel)	private Haushalte

Trage Beispiele für Produkte und Dienstleistungen des Handwerks in die passenden Spalten ein!

Die typischen Fertigungsverfahren im Handwerk

1. Die Werkbankfertigung:

Von Werkbankfertigung spricht man, wenn Güter, z.B. Türen, Schmiedearbeiten, Backwaren, an einem festen Arbeitsplatz, der Werkstatt, hergestellt werden.

2. Die Baustellenfertigung:

Von Baustellenfertigung spricht man, wenn Handwerker ihren Beruf nicht in der heimischen Werkstatt, sondern direkt auf der Baustelle ausüben. Die Baustellenfertigung ist üblich bei den Bauberufen, beim Gas- und Wasserinstallateur oder beim Elektroinstallateur. Diese Handwerker haben ihre „Werkstatt" ständig bei sich.

3. Die Montage:

Unter Montage versteht man das Anbringen von vorgefertigten Teilen am endgültigen Standort. Die Vorfertigung der Teile geschieht entweder in den Werkstätten des Handwerks oder in den Produktionsstätten der Industrie.
Ein Schreiner misst z.B. beim Kunden eine geplante Einbauküche aus. Anschließend stellt er in seiner Werkstatt diese speziell für diesen Kundenwunsch benötigten Teile her, die er anschließend beim Kunden „einbaut".

Wodurch unterscheiden sich Handwerk und Industrie?

Eine Mitarbeiterin der Handwerkskammer antwortet auf Fragen von Schülern:

Schülerfragen:

Die Betriebe des Handwerks und der Industrie gehören zum Wirtschaftsbereich Verarbeitung. Entscheidet die Zahl der Beschäftigten, ob es sich um einen Handwerks- oder Industriebetrieb handelt?

Wird im Handwerk nur mit der Hand gearbeitet?

Fertigt der Handwerker von einem Werkstück nur ein einziges Exemplar an oder stellt er mehrere gleiche her?

Wo übt der Handwerker seine Tätigkeit aus?

An wen liefert der Handwerker seine Erzeugnisse?

Antworten:

Nein, die Zahl der Beschäftigten entscheidet nicht darüber, ob es sich um einen Handwerks- oder um einen Industriebetrieb handelt. Es gibt kleine Handwerksbetriebe mit nur einem oder zwei Mitarbeitern und solche mit Hunderten. Ein Beispiel dafür ist die Bauwirtschaft. Große Baufirmen beschäftigen oft über 1000 Mitarbeiter.

Nein, natürlich nicht. Es gibt zwar Handwerker, die überwiegend manuell arbeiten, z.B. Maler. Es gibt auch andere, die überwiegend maschinell arbeiten, z.B. Feinmechaniker und solche, die sowohl manuell als auch maschinell arbeiten, z.B. Rollladen- und Jalousiebauer.

Die Einzelfertigung ist für das Handwerk typisch. Der Handwerker nimmt die Bestellung des Kunden auf und fertigt nach genauen Angaben dieses eine Werkstück. Daneben gibt es ab und zu eine Kleinserienfertigung, z.B. stellt eine Schreinerei nur Türen für das Haus eines Kunden mit bestimmten Abmessungen her. Die Großserienfertigung ist typisch für die Industrie.

Der Handwerker arbeitet entweder in seiner Werkstatt oder beim Kunden auf der „Baustelle". Die Industrie fertigt in Fabriken.

Der Handwerker liefert hauptsächlich an Einzelkunden, aber auch an die Industrie und an den Handel.

Ordne richtig zu! Handwerk (H) oder Industrie (I)?

1. Leitung des Betriebs durch einen handwerklich ausgebildeten Meister ◯

2. Lieferung meist über den Großhandel oder an Großabnehmer ◯

3. Vorwiegend Handarbeit unter Verwendung von Maschinen und Werkzeugen ◯

4. Trennung zwischen kaufmännischer und technischer Leitung ◯

5. Vorwiegend Maschineneinsatz bis zur vollautomatischen Fertigungsstraße ◯

6. Lieferung meist an den unmittelbaren Besteller ◯

7. Im Allgemeinen Herstellung kleiner Serien und/oder Fertigung auf Bestellung ◯

8. Meist Herstellung großer Serien oder Massenfertigung für unbekannte Käufer ◯

 Otto Mayr: Arbeit und Arbeitswelt © Brigg Pädagogik Verlag GmbH, Augsburg

Die vier Bereiche der Industrie

Die Industrie stellt einen großen Teil der Gesamtwirtschaft dar und ist für den Standort Deutschland von großer Bedeutung. Die Industrie zählt zum Wirtschaftsbereich „Verarbeitung". Mit dem Begriff „Industrie" bezeichnet man fabrikmäßig produzierende Betriebe, in denen in arbeitsteiligen Verfahren Rohstoffe und Halbfabrikate verarbeitet werden. Entsprechend ihren Aufgaben wird die Industrie in folgende vier Bereiche eingeteilt:

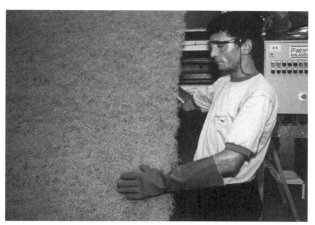

Die **Grundstoffindustrie** verwendet Rohstoffe aus dem Bereich der Urproduktion (Kohle, Erdöl, Erze usw.) und produziert „Grundstoffe" für weitere industrielle Produktionsbereiche, z.B. Stahl, Benzin, Kunststoffe, Glas, Papier, Kunst- und Naturfasern, Dünge- und Pflanzenschutzmittel.

Die **Investitionsgüterindustrie** stellt die Güter her, die wiederum andere Betriebe brauchen, um damit bestimmte Güter zu produzieren (Maschinen, Fahrzeuge, Elektrogeräte).

Die **Verbrauchsgüterindustrie** (Konsumgüterindustrie) stellt mithilfe der von der Investitionsgüterindustrie produzierten Maschinen vor allem solche Dinge her, die von den Verbrauchern täglich benötigt werden (z.B. Kleidung, Möbel, Geschirr, Spielwaren, Zeitungen, Bücher).

Die **Nahrungs- und Genussmittelindustrie** ist eine spezielle Form der Verbrauchsgüterindustrie. Sie verarbeitet Rohstoffe der Urproduktion zu Nahrungsmitteln (z.B. Milchprodukte, Zucker, Nudeln, Wurst, Limonade).

Typische Fertigungsverfahren in der Industrie

1. Fließfertigung:

Bei der Fließfertigung werden die Maschinen und Anlagen entsprechend dem Produktionsfluss angeordnet, d. h. es findet eine Orientierung an der technisch erforderlichen Arbeitsgangfolge statt. Der Arbeitsgegenstand durchläuft lückenlos alle Vorgänge auf räumlich und zeitlich abgestimmten Maschinen.

2. Fließbandfertigung:

Die Fließbandproduktion ist die konsequenteste Ausprägung der Fließfertigung. Die ausführenden Arbeitsgänge und der Transport zwischen den Produktionsstellen erfolgen nach einem festen zeitlichen Ablauf. Die einzelnen Arbeitsschritte sind so festgelegt, dass ihre Durchführung eine genau festgelegte Zeitdauer benötigt, die Taktzeit. Angewandt wird diese Fertigungsart vorwiegend in der Automobilfertigung, dem Verlags- und Druckgewerbe und in der Süßwarenindustrie.

3. Reihenfertigung:

Im Gegensatz zur Fließfertigung kommt es bei der Reihenfertigung zu keiner Taktung des Produktionsablaufs. Die Maschinen werden entsprechend dem Materialfluss aufgestellt. Die Werkstücke können vor dem nächsten Bearbeitungsvorgang zwischengelagert werden.

4. Serienfertigung:

Die Serienfertigung dient der Herstellung einer ganz bestimmten Menge eines Produkts. Ist der Herstellungsprozess abgeschlossen, beginnt die Herstellung einer neuen Serie. Die Ausführung der Bearbeitungsschritte erfolgt dabei nicht in einem bestimmten Zeittakt.

Otto Mayr: Arbeit und Arbeitswelt © Brigg Pädagogik Verlag GmbH, Augsburg

5. Werkstattfertigung:

Die Werkstattfertigung wird vor allem dann angewendet, wenn nur kleine Serien hergestellt werden sollen. Bei der Werkstattfertigung werden Verrichtungen mit gleicher Art und Aufgabe zusammengefasst und die dazugehörigen Maschinen (Drehbänke, Schleif-, Bohr- und Fräsmaschinen) in besonderen Werkstätten (Tischlerei, Dreherei) zusammengefasst. Wichtig dabei ist, dass das benötigte Teil zum richtigen Zeitpunkt am richtigen Ort ist (just in time).

Just in time: Das benötigte Teil ist zur rechten Zeit am richtigen Ort, um nahtlos in den Fertigungsablauf eingebunden zu werden. Durch pünktliche Zulieferung entfällt die Lagerhaltung im Betrieb fast vollständig; dadurch werden Lagerkosten eingespart.

6. Gruppenarbeit:

Die Gruppenarbeit ist eine Arbeitsform, die vor allem Teamgeist erfordert. Die Gruppe übernimmt die Ausführung des Auftrags und in bestimmtem Umfang auch die Planung und die Qualitätskontrolle. Jeder Mitarbeiter ist für sein Arbeitsergebnis und das seines Teams verantwortlich.

7. Inselfertigung:

Die Inselfertigung ist eine besondere Form der Gruppenarbeit. Das Team arbeitet weitgehend selbstständig und eigenverantwortlich. Als eigenständige „Familie" sind die Mitglieder für alle Faktoren, die für einen reibungslosen Produktionsablauf notwendig sind, verantwortlich: Planung, Arbeitseinteilung, Lösung auftauchender Probleme, Termingestaltung, Qualitätskontrolle, Schicht- und Urlaubsplanung.

8. Baustellenfertigung:

Bei der Baustellenfertigung werden größere Objekte von Anfang an bis zur Fertigstellung gleich am Bestimmungsort produziert. Dazu müssen sowohl die benötigten Maschinen als auch die erforderlichen Materialien an die „Baustelle" transportiert werden.

Wirtschaftsbereich Dienstleistung

In der Bundesrepublik Deutschland sind mittlerweile mehr Menschen in Dienstleistungsbetrieben als im produzierenden Gewerbe (Landwirtschaft, Handwerk und Industrie) beschäftigt.
Eine Vielzahl von Bedürfnissen der Menschen wird nicht durch Sachgüter befriedigt, sondern durch Dienste, die Menschen füreinander leisten. Solche Dienstleistungen finden wir
zum Beispiel in den Bereichen Handel, Banken, Versicherungen, Gaststätten- und Beher-
bergungswesen, Transport- und Nachrichtenwesen, bei den freien Berufen, in Verwaltung,
Lehre, Krankenpflege und Polizei.
Der Wirtschaftsbereich Dienstleistung bildet den tertiären Sektor der Gesamtwirtschaft.

Welche Dienstleistungen werden hier angeboten, welche Berufe kennst du?

Otto Mayr: Arbeit und Arbeitswelt © Brigg Pädagogik Verlag GmbH, Augsburg

Arbeitsplätze im Dienstleistungsunternehmen Schule

Welche Arbeitsplätze an einer Schule sind hier abgebildet?
Welche Personen üben diese Tätigkeiten aus?
Welche Aufgaben haben diese Personen?
Wem nützt das Dienstleistungsunternehmen Schule?
Welche Bedeutung hat die Schule für die Wirtschaftsentwicklung Deutschlands?
Welchen Einflüssen von außen muss sich das Dienstleistungsunternehmen Schule stellen?

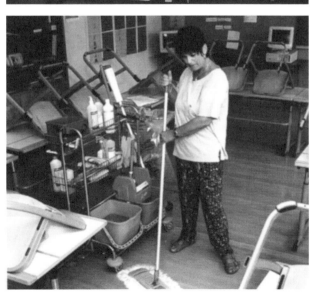

Den Dienstleistungen gehört die Zukunft

Die zunehmenden Ansprüche der Menschen, z. B. nach qualifizierter Beratung, effektiven und raschen Problemlösungen, spezialisierten Diensten und der Wunsch nach attraktiver, abwechslungsreicher Freizeitbeschäftigung führen in unserer Wirtschaft dazu, dass immer mehr Betriebe, die Dienstleistungen anbieten, entstehen. Die privaten Dienstleister sind so mittlerweile ein größerer Arbeitgeber als der Staat – Tendenz steigend.

Berufe im kaufmännischen, Büro- und Verwaltungsbereich

In diesen Berufen müssen Organisation, Management und Verkauf reibungslos funktionieren. Dabei kommt der Büroarbeit eine zentrale Bedeutung zu. In den klassischen kaufmännischen Büro- und Verwaltungsberufen muss man immer bereit sein, sich auf unbekannte, neue Aufgaben einzustellen. Wer die Herausforderung durch die neuen Berufsbilder sucht, wird die Kombination aus Technik und Kundenkontakt schätzen lernen – am Schreibtisch, am PC, am Telefon, im Internet, in der Beratung und Information, im Team der Mitarbeiter und im Gespräch mit dem Kunden.

Soziale Berufe

Wer in diesen Berufen arbeiten will, sollte vor allem Verständnis für und Liebe zu den Mitmenschen als Grundvoraussetzung mitbringen. Die Aufgaben und Anforderungen an den Mitarbeiter sind vielfältig: z. B. Bildung und Betreuung von Jugendlichen, Familien-, Jugend-, und Gesundheitsfürsorge, außerfamiliäre Erziehung, Erwachsenenbildung, Arbeits- und Berufsberatung. Wichtige Beschäftigungsfelder sind die Arbeit mit Behinderten und alten Menschen. Außer Einfühlungsvermögen, Verantwortungsbewusstsein und pädagogischem Geschick ist auch die Kenntnis der jeweiligen Rechtsgrundlagen von Bedeutung.

Berufe in gewerblichen Betrieben

In Zukunft wird der Personalbedarf in den gewerblichen Dienstleistungsbetrieben steigen. Dies gilt vor allem für das Hotel- und Gaststättengewerbe. Hier werden verstärkt Fachkräfte mit abgeschlossener Berufsausbildung gesucht. Eine Rationalisierung in der Gastronomie ist kaum möglich; die von den Gästen gewünschten Dienstleistungen z. B. beim Essen, Trinken, Wohnen in entsprechender Atmosphäre erfordern den Einsatz von ausreichendem, gut ausgebildetem Personal in Küche und Service. Die reibungslose Zusammenarbeit dieser beiden Bereiche ist die Voraussetzung für die Kundenzufriedenheit und somit für den gesamten Erfolg des Unternehmens.

Otto Mayr: Arbeit und Arbeitswelt © Brigg Pädagogik Verlag GmbH, Augsburg

Aufgaben und Leistungen des Handels

Der Handel leitet den Warenstrom und überbrückt dabei Entfernungen.

Die Güter werden am Produktionsort abgeholt und in die Nähe des Käufers gebracht.

Der Handel triff eine Vorauswahl.

Die Geschäfte bieten nur solche Waren an, die den Vorstellungen der Kunden entsprechen und sich demnach gut verkaufen lassen.

Der Handel übernimmt die Lagerhaltung.

Die Industrie produziert Waren, die wir aber erst kaufen, wenn wir sie brauchen. Der Handel lagert diese in der Hoffnung, sie später zu verkaufen. Immer mehr Handelsfirmen gehen jedoch dazu über, die Lagerhaltung zu minimieren, um Kosten zu sparen.

Der Handel bietet qualifizierte Beratung.

Bei der Vielfalt des Angebots verliert der Verbraucher den Überblick. Der Handel bietet dem Kunden fachkundige Beratung und Information.

Der Handel bietet umfangreichen Kundendienst.

Viele Handelsbetriebe führen notwendige Reparaturen aus. Sie liefern die Ware frei Haus (Fernsehapparat, Wäschetrockner) und bieten weiteren Service (Aufstellen eines Schlafzimmerschrankes).

Der Handel spart dem Kunden Zeit.

Handelsbetriebe sind immer in der Nähe des Verbrauchers. Lange Anfahrtswege bleiben dem Konsumenten erspart.

Die vier Wirtschaftsbereiche – ein Überblick

Die Landwirtschaft

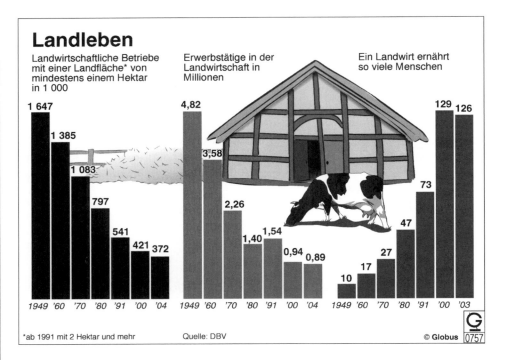

Landleben

Landwirtschaftliche Betriebe mit einer Landfläche* von mindestens einem Hektar in 1 000

1 647 | 1 385 | 1 083 | 797 | 541 | 421 | 372
1949 '60 '70 '80 '91 '00 '04

Erwerbstätige in der Landwirtschaft in Millionen

4,82 | 3,58 | 2,26 | 1,40 | 1,54 | 0,94 | 0,89
1949 '60 '70 '80 '91 '00 '04

Ein Landwirt ernährt so viele Menschen

10 | 17 | 27 | 47 | 73 | 129 | 126
1949 '60 '70 '80 '91 '00 '03

*ab 1991 mit 2 Hektar und mehr   Quelle: DBV   © Globus 0757

Mit der zunehmenden Industrialisierung nahm in Deutschland die Bedeutung der Landwirtschaft für die Arbeitswelt ab. Lag der Anteil der in der Landwirtschaft Erwerbstätigen zu Beginn des vorigen Jahrhunderts noch bei 38 Prozent, betrug ihr Anteil Anfang der 50er-Jahre nur noch 24 Prozent und zu Beginn des 21. Jahrhunderts sogar nur noch rund zwei Prozent. Entsprechend sank auch die Zahl der Betriebe. Gleichzeitig wurden wegen der steigenden Erträge pro Hektar immer mehr Menschen mit der Produktion eines Hofes versorgt. Ernährte ein Landwirt um 1900 etwa vier Menschen, so waren es 1949 bereits 10 und im Jahr 2003 bereits 126.

Das Handwerk

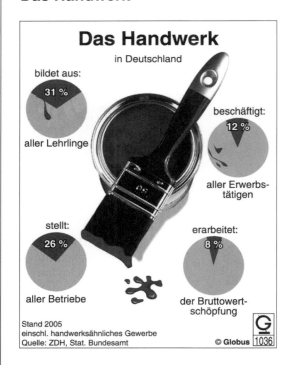

Das Handwerk
in Deutschland

bildet aus: 31 % aller Lehrlinge

beschäftigt: 12 % aller Erwerbstätigen

stellt: 26 % aller Betriebe

erarbeitet: 8 % der Bruttowertschöpfung

Stand 2005
einschl. handwerksähnliches Gewerbe
Quelle: ZDH, Stat. Bundesamt   © Globus 1036

Die Stärke des Handwerks liegt in seiner Vielfalt. Rund 4,8 Millionen Beschäftigte in fast 923 000 Betrieben produzieren, reparieren, treiben Handel und bieten Dienstleistungen an. So ergibt es sich aus einer Erhebung des Zentralverbands des Deutschen Handwerks. Das bedeutet: Gut 12 Prozent aller Arbeitsplätze in Deutschland werden vom Handwerk angeboten für Selbstständige, mithelfende Familienangehörige und Arbeitnehmer. 26 Prozent aller Betriebe sind Handwerksbetriebe. Sie erarbeiten mehr als acht Prozent der wirtschaftlichen Gesamtleistung (der Bruttowertschöpfung). Noch weit wichtiger ist die Rolle des Handwerks als Nachwuchsschule für die Wirtschaft. 480 000 junge Menschen erlernen in diesem Wirtschaftszweig ihren künftigen Beruf. Damit stellt das Handwerk fast ein Drittel aller Ausbildungsplätze.

Die Industrie

Deutschlands Export-Palette
Ausfuhr 2006 in Milliarden Euro

Autos	166
Maschinen	126
Chemische Erzeugnisse	117
Metalle u. Metallerzeugnisse	83
Kraftwerke, Turbinen u.a.	45
Elektrotechnik	38
Medizintechnik, Feinmechanik, Optik	38
Luft- und Raumfahrzeuge	34
Nahrungsmittel	30
Gummi- u. Kunststoffwaren	29
Büromaschinen, EDV	24
Papier, Druck	22
Möbel, Schmuck u.a.	15
Mineralölerzeugnisse	15
Textilien	11
Glas, Keramik	11
Bekleidung	8
Landwirtschaftl. Erzeugnisse	5

G 1292 © Globus
Quelle: Stat. Bundesamt

Autos, Maschinen und chemische Erzeugnisse sind die „Exportschlager" der deutschen Industrie. Diese drei Warengruppen stellten im Jahr 2006 mit zusammengerechnet 409 Milliarden Euro fast die Hälfte (46 Prozent) der gesamten deutschen Lieferungen ins Ausland. Stark gefragt sind auch Metalle und Metallerzeugnisse, Kraftwerke sowie Geräte und Anlagen der Elektrotechnik. Insgesamt belief sich der Wert der deutschen Ausfuhren 2006 auf 896 Milliarden Euro. Wichtige Abnehmerländer für Waren „Made in Germany" waren Frankreich, die USA und Großbritannien.

Die Dienstleistungsbranche

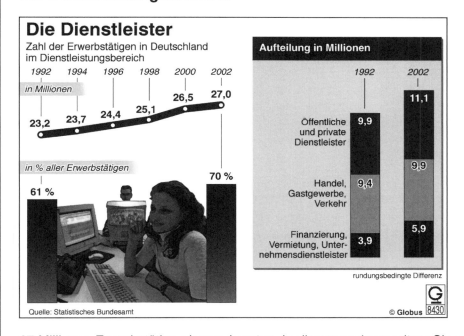

Die Dienstleister
Zahl der Erwerbstätigen in Deutschland im Dienstleistungsbereich

1992	1994	1996	1998	2000	2002

in Millionen

26,5   27,0
23,2   23,7   24,4   25,1

in % aller Erwerbstätigen

61 %   70 %

Quelle: Statistisches Bundesamt

Aufteilung in Millionen

	1992	2002
Öffentliche und private Dienstleister	9,9	11,1
Handel, Gastgewerbe, Verkehr	9,4	9,9
Finanzierung, Vermietung, Unternehmensdienstleister	3,9	5,9

rundungsbedingte Differenz

© Globus 8430

27 Millionen Erwerbstätige planen, beraten, bedienen und verwalten: Sie arbeiten in der Dienstleistungsbranche. Dazu gehören Handel, Gastgewerbe, Verkehr und die privaten Dienstleister (wie zum Beispiel Friseure und Wäschereien); es gehören dazu die öffentliche Verwaltung, Schulen und Krankenhäuser; außerdem Banken, Vermietung und Unternehmensdienstleister wie etwa Ingenieurbüros und Berater. In allen Industrieländern gibt es den Trend: weg von der Industrie, hin zu den Dienstleistungen. So stellen die 27 Millionen Dienstleistungs-Beschäftigten heute 70 Prozent aller Erwerbstätigen. Vor zehn Jahren waren es nur 61 Prozent. Den stärksten Zuwachs hatte die Sparte der Unternehmensdienstleistungen, Finanzierung und Vermietung. Dort entstanden seit 1992 zwei Millionen neue Arbeitsplätze.

Klasse:	Datum:	Name:

Die vier Wirtschaftsbereiche

Die Betriebe der Urproduktion gehören zum _____ Sektor. Sie fördern und gewinnen die _____ , die für die Erzeugung von Gütern benötigt werden. Zwei typische Berufe:

_____

_____

Die Betriebe der Industrie gehören zum _____ Sektor. Mit Industrie bezeichnet man fabrikmäßige Betriebe, in denen in arbeitsteiligen Verfahren Rohstoffe oder Halbfabrikate verarbeitet werden. Zwei typische Berufe:

_____

_____

Die Betriebe des Handwerks gehören zum _____ Sektor.
Das Handwerk erfüllt drei Aufgaben

_____

_____

_____

Zwei typische Berufe:

_____

_____

Die Dienstleistungen stellen den _____ Sektor dar. Dienstleistungen finden wir in den Berufszweigen _____

_____

_____

_____

Zwei typische Berufe:

_____

_____

Die vier Wirtschaftsbereiche

Die Betriebe der Urproduktion gehören zum _____*primären*_____ Sektor. Sie fördern und gewinnen die _____*Rohstoffe*_____ , die für die Erzeugung von Gütern benötigt werden.
Zwei typische Berufe:

Landwirt

Gärtner

Die Betriebe der Industrie gehören zum _____*sekundären*_____ Sektor. Mit Industrie bezeichnet man fabrikmäßige Betriebe, in denen in arbeitsteiligen Verfahren Rohstoffe oder Halbfabrikate verarbeitet werden.
Zwei typische Berufe:

Industriemechaniker

Industrieelektroniker

Die Betriebe des Handwerks gehören zum _____*sekundären*_____ Sektor.
Das Handwerk erfüllt drei Aufgaben

Güterherstellung

Dienstleistungen

Handel

Zwei typische Berufe:

Schreiner

Maurer

Die Dienstleistungen stellen den *tertiären* Sektor dar. Dienstleistungen finden wir in den Berufszweigen _____*Handel*_____

Banken, Versicherungen,

freie Berufe, Verwaltung

Polizei

Zwei typische Berufe:

Bürokaufmann

Krankenschwester

Thema 3: Wandel in Arbeit und Beruf

Lernziele

1. Die Schüler sollen erkennen, in welcher Weise sich die Arbeitswelt verändert hat.
2. Die Schüler sollen erkennen, dass sich die Wirtschaftsstruktur der Bundesrepublik gewandelt hat.
3. Die Schüler sollen Gründe für diesen Wandel nennen können.
4. Die Schüler sollen den Wandel der Arbeitsformen beschreiben können.
5. Die Schüler sollen die veränderte Rolle der Frauen erkennen.
6. Die Schüler sollen die Bedeutung dieses Wandels für die eigene Person begreifen.
7. Die Schüler sollen sich die Bedeutung lebenslangen Lernens bewusst machen.
8. Die Schüler sollen die Bedeutung der Schlüsselqualifikationen beschreiben können.
9. Die Schüler sollen aktuelle Aspekte des Themas kontrovers diskutieren können.

Medien

Folie, Informationsblätter, Arbeitsblatt, Texte

Einstieg in das Thema

Wandel in Arbeit und Beruf (Folie, S. 47)

Erarbeitung

Schöne neue Arbeitswelt? – Die Zukunft der Arbeit (Info-Blatt S. 48)
Merkmale des Strukturwandels (Info-Blätter S. 49)
Technologische Entwicklungen (Info-Blatt S. 52)
Wandel der Arbeitsformen (Info-Blätter S. 53)
Weiterbildung hilft den Job behalten (Info-Blätter S. 55)
Frauen und Beruf (Info-Blatt S. 57)
Zukunftsperspektiven für Frauen (Info-Blatt S. 58)
Wandel in der Qualifikationsstruktur (Info-Blätter S. 59)
Wandel in Arbeit und Beruf (Arbeitsblatt S. 61)

Texte zur weiteren Erschließung des Themas:
• Technik, Pflege und Umweltschutz boomen (Info-Text S. 63)
• Umwelttechnik schafft dauerhafte Jobs (Info-Text S. 64)
• Wertschöpfung durch Innovation (Info-Text S. 65)
• Patchwork im Beruf (Info-Text S. 66)
• Arbeitsvertrag auf Zeit (Info-Text S. 67)
• Die freundliche Seite der Demografie (Info Text S. 68)
• Zukunftsmarkt Gesundheit (Info-Text S. 69)

Wandel in Arbeit und Beruf

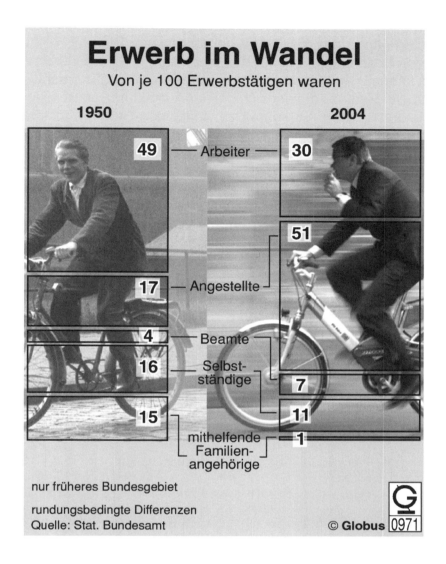

Erwerb im Wandel
Von je 100 Erwerbstätigen waren

	1950	2004
Arbeiter	49	30
Angestellte	17	51
Beamte	4	
Selbstständige	16	7
	15	11
mithelfende Familienangehörige		1

nur früheres Bundesgebiet

rundungsbedingte Differenzen
Quelle: Stat. Bundesamt

© Globus 0971

Die Arbeitswelt in Deutschland hat sich innerhalb eines halben Jahrhunderts von der Arbeiter- zur Angestelltengesellschaft gewandelt. War im Jahr 1950 noch jeder zweite Erwerbstätige als Arbeiter und damit überwiegend in der Produktion an der Werkbank tätig, so ist es heute weniger als ein Drittel. Im selben Zeitraum hat sich der Anteil der Angestellten von 17 auf 51 Prozent verdreifacht. Dies ging mit dem Wandel zur Dienstleistungsgesellschaft einher. War im Jahr 1950 nur jeder dritte Erwerbstätige im Dienstleistungssektor beschäftigt, so hat sich heute sein Gewicht mehr als verdoppelt: Über zwei Drittel aller Beschäftigten finden heute hier Arbeit.

Schöne neue Arbeitswelt? – Die Zukunft der Arbeit

Die Arbeitswelt verändert sich heute mit beschleunigtem Tempo vor allem durch den Einsatz neuer Technologien und durch die Globalisierung. Dieser Wandel birgt erhebliche Unsicherheiten. Von den Erwerbstätigen fordert er lebenslanges Lernen, da ihre Qualifikationen und Erfahrungen schnell veralten und wertlos werden können. Er erschwert aber auch die Wahl des Berufes, da Berufseinsteiger sich bei der Ausbildung letztlich immer nur für einen Erstberuf entscheiden können. Es kommt zu vielfältigen Brüchen im „Berufslebenslauf". Abschnitte abhängiger Beschäftigung können durch Abschnitte selbstständiger Beschäftigung oder auch durch Arbeitslosigkeit abgelöst werden.

Der Wandel der Arbeitswelt ist allerdings nicht allein ein Merkmal moderner Gesellschaften, wie folgendes Zitat nahelegt: „Unsere Vorfahren hielten sich an den Unterricht, den sie in ihrer Jugend empfangen, wir aber müssen jetzt alle fünf Jahre umlernen, wenn wir nicht ganz aus der Mode kommen wollen", so Johann Wolfgang von Goethe 1808.

Grundsätzlich stellt sich die Frage, ob in Zukunft noch genug bezahlbare Arbeit für alle vorhanden sein wird.

Arbeitsaufgaben:

1. In welcher Weise verändert sich die Arbeitswelt?
2. Welches ist die zentrale Frage für die Zukunft?

Merkmale des Strukturwandels

Die Sorge um ein ausreichendes Arbeitsplatzangebot hat vielerlei Ursachen:

1. Um die gleiche Menge Güter herzustellen, wird immer weniger Arbeitszeit benötigt. So erwirtschafteten 1991 in Deutschland 9 Millionen Beschäftigte in der Industrie einen Umsatz von ca. 225 Millionen DM, 1996 erwirtschafteten 6,6 Millionen Beschäftigte einen Umsatz von ca. 320 Millionen DM.

2. Eine weitere Ausweitung des Produktionsvolumens erscheint vielen kaum noch vorstellbar, da sie sich das Leistungspotential neuer Schlüsseltechnologien kaum vorstellen können und angesichts der guten Ausstattung mit langlebigen Gebrauchsgütern auch gewisse Sättigungseffekte angenommen werden.

3. Die vergleichsweise geringen Arbeitskosten der internationalen Wettbewerber sowie die technologischen Entwicklungen und Bildungsanstrengungen auch in den Schwellenländern erwecken die Sorge, dass die Industrieländer auch bei der Fertigung qualitativ hochwertiger Güter an Boden verlieren.

Allerdings wird übersehen, dass auch in der Vergangenheit die wirtschaftliche Entwicklung immer wieder erheblichen Veränderungen unterlag.
Rohstoffknappheit, sich wandelnde Bedürfnisse, neue Produkte und veränderte Produktionsprozesse bedingen einen Strukturwandel, der neue Qualifikationen der Arbeitskräfte erfordert, aber auch neue Arbeitsformen und Beschäftigungsverhältnisse mit sich bringt.

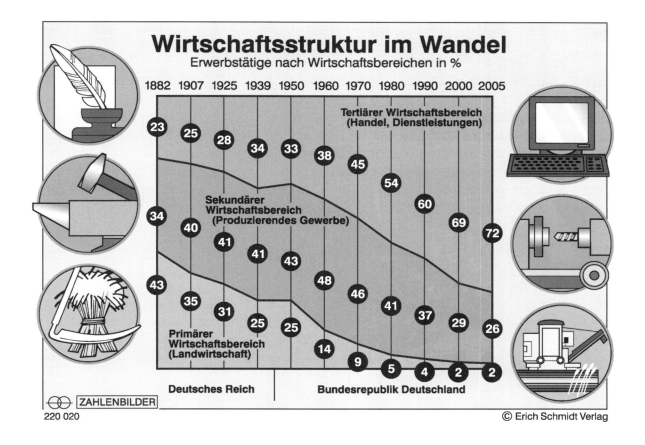

Der Strukturwandel zeigt sich in den Veränderungen der einzelnen Wirtschaftsbereiche in Deutschland. Der sekundäre, industrielle Wirtschaftssektor hat den primären, landwirtschaftlichen Sektor zurückgedrängt, während der industrielle Sektor selbst zugunsten des tertiären Sektors, des Dienstleistungssektors, schrumpfte (s. Schaubild).

Während 1882 noch 50 Prozent der Erwerbstätigen in der Landwirtschaft beschäftigt waren, gilt das heute nur noch für 2,5 Prozent. Waren noch vor ca. 35 Jahren fast 50 Prozent der Beschäftigten im industriellen Sektor tätig, sind es heute nur noch ca. 30 Prozent.

Für diese Entwicklung wurde zum einen die Arbeitsproduktivität verantwortlich gemacht, die im Agrar- und Industriesektor rascher stieg als im Dienstleistungsbereich. Von Bedeutung war aber auch die Veränderung der Nachfrage durch das ansteigende Einkommen. Bei Nahrungsmitteln nimmt die Nachfrage kaum noch zu, bei langlebigen Konsumgütern begrenzt, aber bei Dienstleistungen stark.

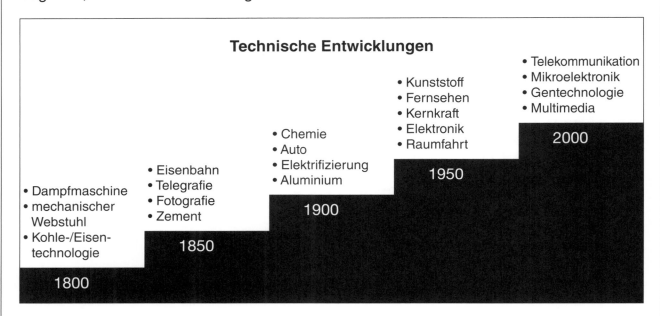

Neben diesen beobachtbaren Entwicklungen wirken sich besonders die internationale Arbeitsteilung und die Fortschritte der Technik auf die Wirtschaftsstrukturen aus. Die internationale Öffnung der Märkte und der Abbau von Zollschranken für Information, Kommunikation und Transport haben die Wirtschaft beschleunigt und den Wettbewerb verschärft. Die internationale Arbeitsteilung hat das Wirtschaftswachstum gesteigert, die Konsumenten profitieren von einer Ausweitung des Güterangebots zu günstigeren Preisen.

Otto Mayr: Arbeit und Arbeitswelt © Brigg Pädagogik Verlag GmbH, Augsburg

Bei hohen Arbeitskosten im eigenen Land liegt es nahe, arbeitsintensive Produktionen in Länder mit günstigeren Arbeitskosten zu verlagern. Auf diese Weise wird allerdings die einheimische Beschäftigung in weniger produktiven Bereichen beeinträchtigt und gering qualifizierte Arbeit verdrängt. Gleichzeitig wird aber auch die Benachteiligung der Entwicklungsländer als vorwiegende Anbieter gering qualifizierter Arbeit gegenüber den Industrieländern zementiert.

In jüngster Zeit gelingt es aber einer Reihe von Schwellenländern, wie Indien, China, Korea, Vietnam und Ländern Lateinamerikas, den Status des Billiglohnlandes abzustreifen. Hier entsteht auch auf dem Sektor qualitativ hochwertiger Arbeit eine neue Konkurrenz für die hoch entwickelten Industrieländer.

Arbeitsaufgaben:

1. Was sind die Ursachen für die Sorge um ein ausreichendes Arbeitsplatzangebot?
2. Berichte über den Strukturwandel unserer Wirtschaft!
3. Was sind die Gründe für diesen Strukturwandel?

Technologische Entwicklungen

Auch der technische Fortschritt wird für den Verlust von Arbeitsplätzen verantwortlich gemacht. Produktinnovationen verdrängen herkömmliche Produkte, Prozessinnovationen steigern die Arbeitsproduktivität und Maschinen machen Arbeitskräfte überflüssig. Sofern nicht gleichzeitig eine Ausweitung des Produktionsvolumens stattfindet, kommt es in den betroffenen Industrien entweder zur Verkürzung der Arbeitszeit oder zur Entlassung von Arbeitskräften.

Genauso gut wäre es aber auch denkbar, dass durch die Kostensenkung für das günstiger hergestellte Produkt der Absatz und in der Folge auch die Produktionsmenge und die Beschäftigung ausgeweitet werden. Auch die neuen Technologien selbst müssen hergestellt werden, wodurch zahlreiche neue Arbeitsplätze entstehen. Insofern ist der technische Fortschritt ebenso zwiespältig wie die internationale Arbeitsteilung. Beide bergen in sich sowohl Möglichkeiten der Wohlstandssteigerung als auch negative Auswirkungen für die betroffenen Branchen.

Eine Dämpfung des technischen Fortschritts oder eine Minderung der internationalen Arbeitsteilung würde sich aber nicht positiv auf die Beschäftigung auswirken, sondern wäre durch die Auswirkungen auf die Wettbewerbs- und Innovationsfähigkeit eher negativ.

Die Entwicklung trifft vor allem die gering qualifizierten Arbeitskräfte. So betrug 2003 der Anteil der Arbeitslosen ohne abgeschlossene Berufsausbildung 34 Prozent, während Fachhochschul- oder Hochschulabsolventen nur 6,1 Prozent der Arbeitslosen stellten. Allgemein formuliert kann man erwarten, dass die Nachfrage nach qualifizierter Arbeit steigt, die Nachfrage nach einfachen Tätigkeiten sinkt.

Entwicklung der Erwerbstätigkeit nach Tätigkeitsniveau			
In Prozent der Erwerbstätigen (ohne Auszubildende)	1991	1995	2010
Hochqualifizierte Tätigkeiten	19,3	20,2	24,1
Fachtätigkeiten mit Führungsaufgaben	14,4	14,6	16,4
Qualifizierte Fachtätigkeiten	28,4	29,2	30,1
Einfache Fachtätigkeiten	17,9	16,6	13,6
Hilfstätigkeiten	20,1	19,6	15,7
IAB/Prognose Projektion 1999			

Wandel der Arbeitsformen

In den ersten Jahrzehnten der Bundesrepublik galt es – vor allem für den männlichen Teil der Bevölkerung – als normal, dass der klassische Arbeitnehmer in einem auf Dauer angelegten Arbeitsverhältnis Vollzeit arbeitete. Diese Erwerbsarbeit war in der Regel die einzige Einkommensquelle. Ihre Fortdauer verband sich mit einer stetigen Verbesserung seiner Lebensumstände und der sozialen Sicherung.

Mit der beginnenden Arbeitslosigkeit in den 80er-Jahren des letzten Jahrhunderts änderte sich dieses Normalarbeitsverhältnis langsam. Seitdem nehmen Beschäftigungsverhältnisse zu, die weder ein solides sicheres Einkommen noch stabile Zukunftsaussichten oder eine vernünftige soziale Absicherung bieten.

Das Normalarbeitsverhältnis ist aber derzeit immer noch vorherrschend. Im Jahr 2000 waren ca. 60 Prozent der Berufstätigen vollzeit- oder unbefristet beschäftigt, für immerhin 40 Prozent galten jedoch andere Arbeitsformen wie etwa Selbstständigkeit, befristete Beschäftigung, geringfügige Beschäftigung, Teilzeitarbeit oder Leiharbeit.

In wirtschaftlichen Krisenzeiten ist natürlich zu beachten, dass Firmen als erstes die Arbeitsplätze für Leiharbeiter abbauen. Besonders betroffen von Kündigungen sind auch an- und ungelernte Kräfte.

Leiharbeit

(...) Zeitarbeit – die Kritiker sprechen lieber von Leiharbeit – boomt in Deutschland. Die Anbieter heißen zum Beispiel Manpower, Randstad oder Adecco und sind seit einigen Jahren die größten
5 Arbeitsplatzbeschaffer der Republik. 1996 waren erst 149 000 Menschen in der Branche beschäftigt, bis Ende 2005 hat sich die Zahl auf 465 000 mehr als verdreifacht. Mitte dieses Jahres ist die halbe Million bereits überschritten worden, und
10 Ende 2006 dürften sich nach Schätzungen des Bundesverbands Zeitarbeit (BZA) dann 550 000 Beschäftigte bei den 4500 deutschen Zeitarbeitsunternehmen für Einsätze in immer wieder wechselnden Unternehmen verdingen. (...)
15 Der Einsatz von Zeitarbeitskräften hilft Unternehmen, Auftragsspitzen abzufedern oder Projekte abzuwickeln, soweit die eigenen Arbeitskapazitäten nicht ausreichen. Dennoch nutzen gerade einmal drei Prozent der 3,2 Millionen Unter-
20 nehmen in Deutschland dieses Instrument, vor allem Produktionsbetriebe, so die Statistik der Bundesagentur für Arbeit. Trotz ihres beispiellosen Aufschwungs ist die Zeitarbeitsbranche in Deutschland aber immer noch vergleichsweise
25 unterentwickelt. Zurzeit sind es gerade einmal 1,4 Prozent aller sozialversicherungspflichtig Beschäftigten, die bei einer Zeitarbeitsfirma ihren Lebensunterhalt verdienen. (...) So langsam beginnt die Zeitarbeit in Deutschland ihr traditionel-
30 les Schmuddelimage abzustreifen. Bis 1957 war Zeitarbeit hier sogar verboten, danach galt sie jahrzehntelang bei Gewerkschaften als so verabscheuungswürdig, dass sie einen weiten Bogen um diesen Verleih von Arbeitskräften machten.
35 Aber die Zeiten, da Zeitarbeit gleich gesetzt wurde mit Billigarbeit zu schlechten Bedingungen,

neigen sich dem Ende zu. Der Boom der Branche ist vor allem auf die Hartz-Reformen vor drei Jahren zurückzuführen. Vor 2004 hemmten eine
40 Reihe von Verboten die Entwicklung der Zeitarbeitsfirmen. Das Befristungsverbot etwa schrieb vor, dass Zeitarbeiter grundsätzlich unbefristet bei der Zeitarbeitsfirma eingestellt werden mussten. Das Wiedereinstellungsverbot untersagte, dass
45 die Zeitarbeitsfirma den Arbeitnehmer drei Monate nach der Kündigung erneut einstellt. Und das Synchronisationsverbot forderte, dass ein Arbeitnehmer bei der Zeitarbeitsfirma länger angestellt sein musste als beim Unternehmen, an
50 das er ausgeliehen wurde. Diese Verbote sind seit 2004 gefallen. Außerdem handelten der BZA und der Interessenverband Zeitarbeit mit dem DGB einen allgemeinverbindlichen Tarifvertrag aus, der einen Einstiegslohn von 7,20 Euro vor-
55 schreibt. Damit wollten die Tarifparteien dem weit verbreiteten Vorwurf, Zeitarbeit sei Lohndumping, die Spitze nehmen. (...)
Ein Drittel der Leiharbeiter sind Ungelernte, die Hälfte der Vermittelten war vor ihrer Anstellung
60 bei der Zeitarbeitsfirma bis zu einem Jahr lang arbeitslos. Allerdings steigt auch im Gewerbe der Arbeitskräfteverleiher der Trend zur Höherqualifizierung. Nach BZA-Angaben lag der Anteil der Zeitarbeitnehmer mit Berufsausbildung 2005 bei
65 66 Prozent, immerhin elf Prozentpunkte mehr als ein Jahr zuvor. Zunehmend übertragen Unternehmen auch hochspezialisierte Aufgaben wie Finanzbuchhaltung oder Ingenieurleistungen an Zeitarbeiter. (...)
Dagmar Deckstein, „Das deutsche Jobwunder", in: Süddeutsche Zeitung vom 16./17. Dezember 2006

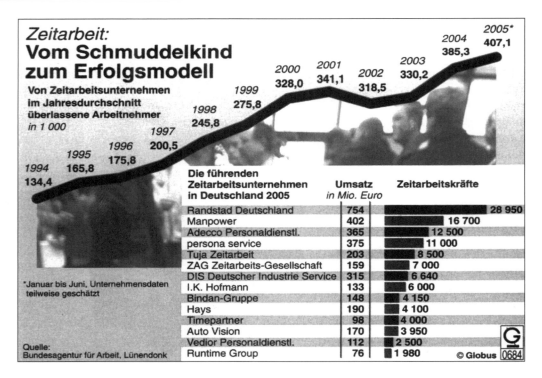

Zeitarbeit:
Vom Schmuddelkind zum Erfolgsmodell

Von Zeitarbeitsunternehmen im Jahresdurchschnitt überlassene Arbeitnehmer in 1 000

1994 **134,4**
1995 **165,8**
1996 **175,8**
1997 **200,5**
1998 **245,8**
1999 **275,8**
2000 **328,0**
2001 **341,1**
2002 **318,5**
2003 **330,2**
2004 **385,3**
2005* **407,1**

*Januar bis Juni, Unternehmensdaten teilweise geschätzt

Quelle: Bundesagentur für Arbeit, Lünendonk

Die führenden Zeitarbeitsunternehmen in Deutschland 2005	Umsatz in Mio. Euro	Zeitarbeitskräfte
Randstad Deutschland	754	28 950
Manpower	402	16 700
Adecco Personaldienstl.	365	12 500
persona service	375	11 000
Tuja Zeitarbeit	203	8 500
ZAG Zeitarbeits-Gesellschaft	159	7 000
DIS Deutscher Industrie Service	315	6 640
I.K. Hofmann	133	6 000
Bindan-Gruppe	148	4 150
Hays	190	4 100
Timepartner	98	4 000
Auto Vision	170	3 950
Vedior Personaldienstl.	112	2 500
Runtime Group	76	1 980

© Globus 0684

Nach den Daten der Bundesagentur für Arbeit waren im Juni 2006 von ca. 39 Millionen Erwerbstätigen rund 26 Millionen sozialversicherungspflichtig. Davon arbeiteten rund 22 Millionen Vollzeit und vier Millionen Teilzeit. 85 Prozent der Teilzeitbeschäftigten waren Frauen. Rund sieben Millionen galten als geringfügig beschäftigt, rund vier Millionen waren selbstständig.

Mit einem insgesamt steigenden Bildungsniveau wuchsen auch die Ansprüche der Beschäftigten nach persönlicher Entfaltung und Selbstbestimmung. Der Dienstleistungsbereich, der immer mehr zunimmt, bietet häufig die Möglichkeit, Arbeitsverhältnisse auch unabhängig von festgelegten Zeiten und Orten freier zu gestalten. Diese Entwicklung wurde durch die Informations- und Kommunikationstechnologien begünstigt, die erstmals Formen der Telearbeit ermöglichten.

Eine Prognose für die Zukunft: Bei sinkender Normalarbeitszeit kann die Jahres- und Lebensarbeitszeit flexibler verteilt werden, wobei die künftige Berufstätigkeit keine dauernde Anwesenheit im Unternehmen mehr erfordert. Beschäftigungsverhältnisse sind häufiger befristet – vor allem bei Eintritt in die Erwerbstätigkeit. Die Erwerbsarbeit wandelt sich von abhängiger Tätigkeit zunehmend zu selbstständiger Tätigkeit mit höherer Selbstverantwortlichkeit im oder außerhalb des Unternehmens.

Eine Zunahme selbstständiger Tätigkeit, unabhängig von einem vorbestimmten Raum oder einer festgelegten Zeit, wird auch durch die sinkenden Arbeitsplatzkosten möglich. Die vergleichsweise geringen Entwicklungs- und Investitionskosten im Dienstleistungsbereich begünstigen ebenfalls die Selbstständigkeit, die noch dadurch unterstützt wird, dass der Staat Dienste privatisiert und der Bedarf an Dienstleistungen wächst. Dies ist z. B. in den Bereichen Beratung, Bildung, private Krankenpflege der Fall.

Arbeitsaufgaben:

1. Welche Merkmale sind typisch für die Erwerbsarbeit in den ersten Jahren der Bundesrepublik?
2. Welche Änderungen ergaben sich in der Zeit ab 1980?
3. Was ist zu den Leiharbeitern, zu an- und ungelernten Kräften während wirtschaftlicher Krisenzeiten anzumerken?
4. Welche Arbeitsformen bietet vor allem der Dienstleistungsbereich?
5. Wie könnte die Zukunft der Arbeit aussehen?

Weiterbildung hilft den Job behalten

(...) Die Lebenserwartung steigt, die Bundesbürger bleiben länger gesund, sie könnten mehr Jahre arbeiten und trotzdem noch einen längeren Ruhestand genießen als ihre Eltern und Großeltern. Zudem wird die Tatkraft der Älteren dringend gebraucht. Ohne sie lässt sich die immer größer werdende Zahl der Rentner und ihr immer länger dauernder Lebensabend gar nicht finanzieren. Doch dort, wo sie ihre Fähigkeiten und Kenntnisse einbringen könnten, da will sie niemand haben: am Arbeitsplatz. Zwei von fünf Betrieben beschäftigen gar keinen Mitarbeiter mehr, der mehr als 50 Jahre auf dem Buckel hat. Jedes siebte Unternehmen hierzulande gibt in Umfragen offen zu, grundsätzlich keine Älteren einzustellen. Irgendwo liegt eine unsichtbare Grenze – bei 45, 50 oder 55 – ab der man als zu alt gilt für volle Leistung. (...) Auf knapp drei Viertel aller Stellenausschreibungen gehen gar keine Bewerbungen von über 50-Jährigen mehr ein, hat das Institut für Arbeitsmarkt- und Berufsforschung (IAB) in einer Untersuchung festgestellt. Dort jedoch, wo die Älteren ihren Hut in den Ring werfen, bekommen sie in der Hälfte aller Fälle den Job. Lutz Bellmann, einer der Verfasser der Studie, glaubt, dass es die Konzerne sind, die das negative öffentliche Bild prägen. Denn sie beschäftigen besonders wenig Ältere. Bei den vielen kleinen und mittleren Betrieben aber hätten sie deutlich bessere Chancen.

Es sind nicht allein die Lebensjahre, die entscheiden, wann jemand aus dem Arbeitsleben herausfällt. Viel wichtiger scheinen andere Faktoren: die Ausbildung, das Geschlecht, die Branche. Ältere Akademiker, berechnete das IAB im vergangenen Jahr, sind sogar die Gruppe mit der geringsten Arbeitslosenquote überhaupt: gerade mal 3,5 Prozent. Die höchste Arbeitslosenrate wiesen 35- bis 54-jährige Ungelernte auf – mit katastrophalen 26 Prozent. „Allein diese Fakten", folgern die IAB-Forscher, „widerlegen das Vorurteil, ältere Arbeitnehmer seien in toto Problemgruppen am Arbeitsmarkt." Die Feststellung passt auch zu dem, was Experten über die Leistungsfähigkeit Älterer wissen. „Mehr als hundert Studien", so der britische Psychologe Peter Warr, „haben ergeben, dass es keine signifikanten Unterschiede in der Arbeitsleistung Älterer und Jüngerer gibt." Regelmäßig zeige sich, dass das Leistungsgefälle innerhalb einer Altersgruppe weit größer sei als zwischen den Generationen.

Die Ursachen des Jugendwahns sind politischer Natur. Jahrzehntelang hat der Staat mit viel Geld die Ausmusterung Älterer gefördert. (...) Die Kultur der Frühverrentung speiste sich aus dem Glauben, man müsse die Alten nur heimschicken, dann würden ihre Arbeitsplätze für Jüngere frei. Doch so einfach funktioniert es nicht. Länder, in denen sich besonders viele Ältere in Büros und Fabriken tummeln, glänzen oft auch im Kampf gegen die Jugendarbeitslosigkeit. Dänemark, Großbritannien, Norwegen oder Australien haben in den vergangenen zehn Jahren die Arbeitslosigkeit der Älteren und der Jugendlichen gesenkt. „In Deutschland wird häufig übersehen", warnt Jens Prager, Arbeitsmarktexperte bei der Bertelsmann Stiftung, „dass es Wachstum kostet, wenn man das Wissen und Können der Älteren vorzeitig stilllegt." Außerdem erhöhe eine Frühverrentungspolitik die Sozialausgaben, die dann wiederum auf den Arbeitsplätzen lasteten. Immerhin: Ganz langsam wird auch hierzulande umgedacht. Die vorgezogene Rente gibt es heute nicht mehr ohne Abschläge, das Arbeitslosengeld für Ältere nur noch maximal 18 statt 32 Monate lang. Und tatsächlich sind inzwischen schon mehr 55- bis 64-Jährige erwerbstätig als früher: Rund 45 Prozent waren es im vergangenen Jahr, nur 38 Prozent im Jahr 2000. (...)

Wie sich die Chancen für Ältere verbessern lassen, zeigt Finnland. Dort war die

Otto Mayr: Arbeit und Arbeitswelt © Brigg Pädagogik Verlag GmbH, Augsburg

Situation Mitte der neunziger Jahre noch schlimmer als in Deutschland. Nur jeder dritte Finne im Alter von 55 bis 64 Jah-
100 ren war erwerbstätig. Doch innerhalb von zehn Jahren wendeten die Skandinavier das Blatt. Heute hat mehr als jeder Zweite dieser Altersgruppe einen Job. (...)
Das Erfolgsgeheimnis der Finnen beruht
105 nicht auf einem radikalen Schritt, sondern auf geschickt kombinierten Maßnahmen. Einerseits bauten sie Brücken in den Ruhestand ab – sie erhöhten die Altersgrenze für die Arbeitslosenrente
110 (die bald ganz abgeschafft wird), führten Abschläge für Frühverrentungen und Zuschläge für längere Berufstätigkeit ein. Andererseits wurde mit dutzenden Projekten die Beschäftigungsfähigkeit Älterer
115 verbessert – durch Weiterbildungs- und Qualifizierungsprogramme, durch die gesundheitsschonende Umgestaltung von Arbeitsplätzen. Und nicht zuletzt durch Kampagnen mit der Botschaft: Ältere sind
120 leistungsfähig, auch eine alternde Gesellschaft kann hochproduktiv sein. Politik, Gewerkschaften und Arbeitgeber zogen dabei an einem Strang. So gelang es, eine Kultur der Frühverrentung in eine Kultur
125 des längeren Erwerbslebens umzuwandeln. (...) Weiterbildung ist der Schlüssel zur längeren Erwerbstätigkeit schlechthin. Und zwar nicht erst durch Schulungen, wenn jemand arbeitslos geworden ist –
130 Hilfe, die hier ansetzt, kommt oft zu spät und bewirkt wenig. Den größten Erfolg verspricht das fortlaufende Training der 40-Jährigen, die mitten im Beruf stehen. Die Verantwortung dafür, dass sie ihr Wis-
135 sen frisch halten, liegt vor allem bei den Betrieben, bei den Tarifparteien – in der Chemieindustrie gibt es schon tarifliche Regeln zur Fortbildung – und bei den Beschäftigten selbst. (...)
140 Dennoch werden auch weiterhin Hilfen für Arbeitslose benötigt. Nur raten Experten dabei zu Regeln, die altersneutral sind. Denn sonst verstärken sie womöglich das Stigma der Leistungsschwäche und Ge-
145 brechlichkeit. (...)

Kolja Rudzio, „Bin ich zu alt?", in: Die Zeit vom 14. September 2006

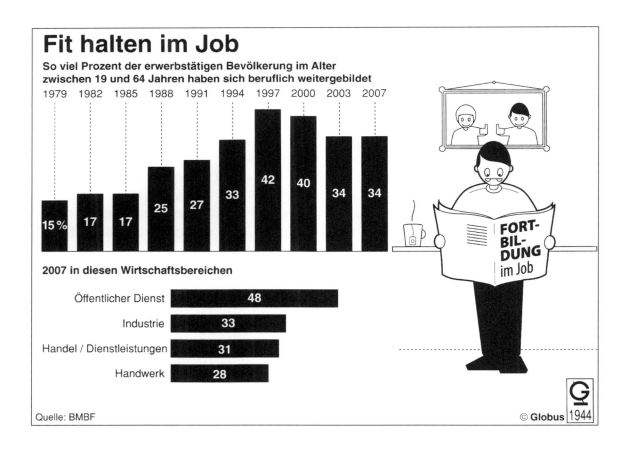

Fit halten im Job

So viel Prozent der erwerbstätigen Bevölkerung im Alter zwischen 19 und 64 Jahren haben sich beruflich weitergebildet

1979	1982	1985	1988	1991	1994	1997	2000	2003	2007
15%	17	17	25	27	33	42	40	34	34

2007 in diesen Wirtschaftsbereichen

Öffentlicher Dienst	48
Industrie	33
Handel / Dienstleistungen	31
Handwerk	28

FORT-BILDUNG im Job

Quelle: BMBF

© **Globus** 1944

Frauen und Beruf

Mädchen gehen eigene Wege

In einer Arztpraxis am Empfangstresen zu sitzen
oder im Büro die Ablage zu sortieren, ist nicht
unbedingt der Traumberuf der meisten Schü-
lerinnen. Das Klischee trifft trotzdem zu. Denn
5 *Mädchen starten besonders häufig eine Lehre*
zur Bürokauffrau oder Arzthelferin. Sie entschei-
den sich allerdings wesentlich öfter als Jungen
gleich ganz gegen eine duale und für eine schu-
lische Berufsausbildung, oder sie ziehen es vor
10 *zu studieren.*

Manche Dinge passieren einfach nicht. Zum
Beispiel, dass die Sprechstundenhilfe, die beim
Arzt den Blutdruck misst, den Vornamen Andreas
trägt. Eher schon heißt sie Andrea. Arzthelferin ist
15 traditionell ein Frauenberuf – woran sich wohl so
schnell nichts ändern wird: Von 100 jungen Leu-
ten, die sich im Jahr 2003 für diese Ausbildung
entschieden, waren 99 Mädchen.
Dies ist nicht der einzige Beruf, der ein solch
20 typisches Bild abgibt – bei der Wahl der Lehre
herrscht meist klare Geschlechtertrennung. So
zieht es junge Frauen vornehmlich in Dienstleis-
tungsberufe. Knapp sieben von zehn Auszubildenden sind hier weiblich. Besonders beliebt
25 sind kaufmännische und soziale Tätigkeiten mit
Bezug zu anderen Menschen. Dazu zählen neben der Arzthelferinnen-Ausbildung zum Beispiel
die Lehre zur pharmazeutisch-kaufmännischen
Angestellten, Fachverkäuferin, Friseurin, Anwalts-
30 gehilfin oder Maskenbildnerin.
In den Produktionsberufen ist dagegen nur einer von zehn Azubis weiblich. Die zahlreichen
Werbemaßnahmen, die Frauen diese Tätigkeiten schmackhaft machen sollen, haben bislang
35 anscheinend kaum gefruchtet. Die meisten Mädchen zeigen einen Hang zum künstlerisch ange-
hauchten Handwerk und wollen Goldschmiedin,
Modenäherin, Raumausstatterin, Konditorin oder
Vergolderin werden. Weiterhin Männerdomänen
40 sind der Metallbauer, der Gas- und Wasserinstallateur, der Elektroinstallateur und der Kfz-
Mechatroniker. Dort findet sich unter 100 Lehr-
lingen manchmal keine einzige Frau.
Auch die Landwirtschaft ist weiter fest in männ-
45 licher Hand. Der Anteil der weiblichen Lehrlinge
auf dem Bauernhof liegt unter 30 Prozent. Höher
ist die Frauendichte hingegen in einigen technischen Ausbildungen; unter den Biologie-, Che-
mie- oder Textillaboranten sind die Mädchen mit
50 59 Prozent sogar in der Überzahl.
Der am häufigsten gewählte Ausbildungsberuf
des Jahres 2003 war beim weiblichen Nachwuchs die Bürokauffrau. Rund 17 500 Mädchen

Berufsausbildung: Was Ladys am liebsten lernen
So viele der im Jahr 2003 insgesamt 236.515 neuen Ausbildungsverträge mit weiblichen Auszubildenden entfielen auf diese zehn Berufe

Bürokauffrau	17.546
Kauffrau im Einzelhandel	15.826
Arzthelferin	15.152
Friseurin	14.480
Zahnmedizinische Fachangestellte	13.445
Industriekauffrau	11.425
Fachverkäuferin im Nahrungsmittelhandwerk	10.557
Kauffrau für Bürokommunikation	10.070
Verkäuferin	9.993
Hotelfachfrau	9.106

in Prozent: 54,0 / 7,4 / 6,7 / 6,4 / 6,1 / 5,7 / 4,8 / 4,5 / 4,3 / 4,2 / 3,9

Ursprungsdaten: Statistisches Bundesamt, Bundesinstitut für Berufsbildung

Institut der deutschen Wirtschaft Köln

55 unterschrieben dafür einen Lehrvertrag – gut
7 Prozent aller Ausbildungsanfängerinnen. Kaum
weniger lockte die Ladys das Arbeitsleben als
Einzelhandelskauffrau, Arzthelferin oder Friseurin. Fast scheint es, als herrsche ein wenig Fan-
60 tasiemangel bei der Jobwahl.

Mehr als die Hälfte der knapp 240 000 weiblichen
Neu-Azubis stürzte sich 2003 auf gerade zehn
von insgesamt 360 Ausbildungsberufen.
Unter den Top Ten rangieren außerdem die Zahn-
65 medizinische Fachangestellte, die Industriekauf-
frau, die Fachverkäuferin im Nahrungsmittelhand-
werk, die Kauffrau für Bürokommunikation, die
Verkäuferin und die Hotelfachfrau.
Möglicherweise lebt die weibliche Spezies ihre
70 berufliche Kreativität anderswo aus. So lag der
Frauenanteil an den Ausbildungsstartern im Jahr
2003 ebenso wie in den zwölf Jahren zuvor nur
bei rund 42 Prozent. Unter allen Auszubildenden sind sogar lediglich 41 Prozent weiblich, weil
75 Frauen seltener durch die Prüfung fallen als ihre
männlichen Pendants und darüber hinaus häufiger die Ausbildungszeit aufgrund ihrer höheren
Schulabschlüsse verkürzen können.
Diese wiederum eröffnen ihnen ohnehin eine
80 Vielzahl von Karriere- und Ausbildungsalternati-
ven: Mädchen besuchen oft eine weiterführende
Schule, beginnen eine schulische Berufsausbildung wie beispielsweise die zur Medizinisch-
technischen Assistentin, streben eine Laufbahn
85 im öffentlichen Dienst an oder entscheiden sich
für ein Studium.
Mit den höheren Schulabschlüssen und ihrem
entsprechend höheren Alter dürfte es auch zu-
sammenhängen, dass die Vertreterinnen des
90 schönen Geschlechts bei der Suche nach einer
geeigneten Ausbildungsmöglichkeit eine größere
Mobilität an den Tag legen als die Herren der
Schöpfung. So sind doppelt so viele Mädchen
wie Jungen bereit, für die gewünschte Lehrstelle
95 umzuziehen.

Zukunftsperspektiven für Frauen

Vor dem Hintergrund der Veränderungen der Berufswelt und dem zunehmenden Bedarf an hochqualifizierten Arbeitskräften zeichnen sich für Frauen folgende Konsequenzen ab:

- Die zunehmende Dienstleistungsorientierung kommt den Frauen entgegen. Der Frauenanteil an der Gesamtbeschäftigung wird sich bis zum Jahr 2010 alleine deshalb erhöhen, weil Berufe mit hohem Frauenanteil – wie z. B. im Gesundheitswesen, Erziehungs- und Bildungswesen, bei Sozialversicherungen und im Gaststättengewerbe – stark zunehmen werden, während die Fertigungsberufe, z. B. in der Metall- und Elektroindustrie, mit hohem Männeranteil schrumpfen.

- Vor allem Frauen mit einer guten Ausbildung werden von der Entwicklung profitieren. Beschäftigungschancen gering qualifizierter Frauen dagegen sinken deutlich durch den Abbau entsprechender Arbeitsplätze in den Fabriken. Dies gilt aber auch für die einfachen Routinetätigkeiten im Büro und Verkauf. Eine Chance im technischen Bereich werden Frauen in Zukunft nur mit einer qualifizierten gewerblichen bzw. technisch-naturwissenschaftlichen Ausbildung haben.

- Der allgemeine Trend zur Flexibilisierung der Arbeitszeit kommt den Frauen entgegen. Dies gilt vor allem dann, wenn dadurch die Bedürfnisse von Frauen mit Familienpflichten berücksichtigt und wenn Teilzeit nicht auf wenig qualifizierte Arbeit beschränkt bleibt. Dann würde Teilzeitarbeit nicht mehr, wie es heute noch die Regel ist, mit weniger Weiterbildungs- und Aufstiegschancen und begrenzten Verdienstmöglichkeiten verbunden sein.

- Den Frauen kommen auch alle übrigen Flexibilisierungstendenzen entgegen, wie z. B. die Entkoppelung von Betriebs- und Arbeitsort, z. B. in Form von Telearbeit. Beim Abschluss von Arbeitsverträgen ergibt sich sowohl für Männer als auch für Frauen mehr Freiheit für den eigenen Lebensentwurf. Das ist zwar mit mehr Risiken verbunden, ermöglicht aber auch eine bessere Vereinbarkeit von Familie und Beruf.

- Die Anforderungen der Zukunft werden in der Regel nur im Team hochqualifizierter Mitarbeiter und Mitarbeiterinnen erfüllt werden können. Von diesen wird ein hohes Maß an Selbstständigkeit und Verantwortungsbewusstsein gefordert werden. Von den Führungskräften werden dann nicht mehr Durchsetzungsfähigkeit und Machtbewusstsein, sondern z. B. soziale Sensibilität, Kommunikationsfähigkeit, ganzheitliche Sicht- und Handlungsweise, Kreativität sowie Integrationsfähigkeit verlangt. Dies sind Eigenschaften, die den weiblichen Fähigkeiten und Interessen stark entgegenkommen.

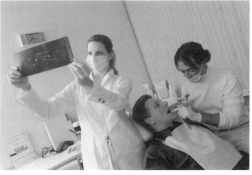

Wandel in der Qualifikationsstruktur

In den vergangen Jahrzehnten haben sich die Beschäftigtenzahlen stark zugunsten des tertiären Sektors verschoben, d.h. die Anzahl der im Bereich Handel und Dienstleistung Berufstätigen hat stark zugenommen. Man spricht deshalb von einer **Tertiärisierung** auf dem Arbeitsmarkt.

Der Weg der Arbeitswelt bewegt sich immer weiter weg von der Produktion hin zur Dienstleistung. Tätigkeiten im Bereich Organisation und Management sind die Gewinner beim Wandel der Arbeitsgesellschaft. Verlierer finden sich in den Produktionsbereichen, dort gehen immer mehr Arbeitsplätze verloren. Der Trend geht zu anspruchsvolleren Tätigkeiten mit hohen, weiter steigenden Qualifikationsanforderungen. So wird der Bedarf an Hoch- und Fachschulabsolventen auch weiterhin wachsen. Umgekehrt werden für gering Qualifizierte weitere Beschäftigungseinbußen erwartet – ein Rückgang, der 1,5 Millionen Arbeitsplätze kosten könnte. Personen mit Lehr- oder Fachschulabschluss werden zwar noch leichte Beschäftigungsgewinne erzielen, allerdings mit einer deutlichen Gewichtsverschiebung zugunsten der Fachschulebene.

Auch werden die Ansprüche an die Allgemeinbildung innerhalb dieser Gruppe weiter wachsen. Während die klassische Kombination „Hauptschule plus Lehre" erheblich an Bedeutung verlieren wird, werden Erwerbstätige mit Mittlerer Reife plus Lehre im Jahr 2010 die am stärksten besetzte Qualifikationsgruppe stellen.

Aufgrund der enormen Zunahme des Wissensumfangs hat sich die Halbwertzeit des Wissens (Jahresabstände der Wissensverdoppelung) in den vergangenen Jahrzehnten auf fünf Jahre vermindert. Diese Entwicklung beeinflusst in erheblichem Maße den einzelnen Arbeitsplatz, z.B. durch veränderte Anforderungsprofile und Qualifikationsstrukturen am Arbeitsplatz, welche lebenslanges Lernen, höhere Flexibilität und Mobilität beinhalten. Die sogenannten Schlüsselqualifikationen oder Schlüsselkompetenzen sind die Basis aller Bemühungen, beruflich weiterzukommen. Die Bereitschaft, sich nach einer qualifizierten Ausbildung stetig weiterzubilden, ist Grundvoraussetzung für den beruflichen Erfolg. Wer sich beruflich verbessern möchte, muss sich ständig fortbilden, neue Verantwortungsbereiche übernehmen und unter Umständen einen Firmenwechsel und evtl. auch einen Wohnortwechsel in Kauf nehmen.

Eine absolute Garantie, seinen Arbeitsplatz zu behalten, ist eine stetige Weiterbildung leider auch nicht. Immer wieder kommt es vor, dass Betriebe, die wirtschaftlich absolut gesund sind und Gewinne erzielen, trotzdem geschlossen werden. Dies kann z.B. der Fall sein, wenn ein Konzern seine komplette Produktion an einem einzigen Standort bündelt und deshalb kleinere Firmen, die bisher für diesen Konzern an anderen Standorten produziert haben, geschlossen und die Mitarbeiter entlassen werden.
In diesem Fall werden auch weiterbildungswillige Mitarbeiter einer unternehmerischen Entscheidung geopfert.

Schlüsselqualifikationen

- Eigeninitiative entwickeln
- Planen und organisieren
- Sich auf neue Situationen einstellen
- Logisch denken
- Mit anderen im Team zusammen-arbeiten
- Mit Kritik umgehen können
- Entscheidungen treffen
- Verantwortung übernehmen
- Sich besprechen, andere informieren, überzeugend auftreten
- Ergebnisse beurteilen
- Probleme erkennen, Lösungen finden
- Zielgerichtet handeln
- Selbstständig arbeiten

Arbeitsaufgaben:

1. Was versteht man unter „Tertiärisierung" auf dem Arbeitsmarkt?
2. Welche Folgen bringt diese Entwicklung für die Qualifikationsstruktur der Arbeitnehmer mit sich?
3. Welche Anforderungen muss man in Zukunft erfüllen um beruflich erfolgreich sein zu können?
4. Welche Einschränkung muss leider jedoch gemacht werden?

Wandel in Arbeit und Beruf

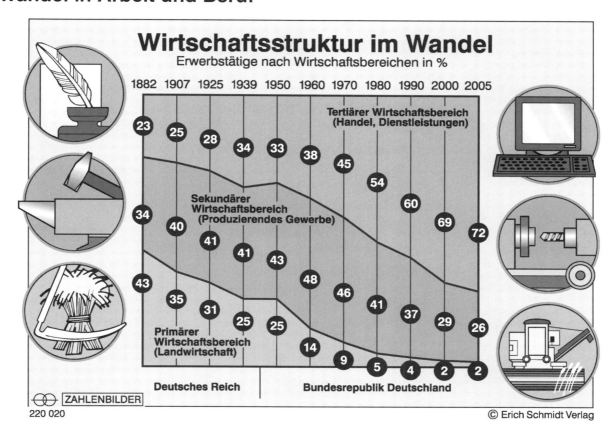

Wirtschaftsstruktur im Wandel
Erwerbstätige nach Wirtschaftsbereichen in %

1882 1907 1925 1939 1950 1960 1970 1980 1990 2000 2005

Tertiärer Wirtschaftsbereich (Handel, Dienstleistungen)

23 25 28 34 33 38 45 54 60 69 72

Sekundärer Wirtschaftsbereich (Produzierendes Gewerbe)

34 40 41 41 43 48 46 41 37 29 26

Primärer Wirtschaftsbereich (Landwirtschaft)

43 35 31 25 25 14 9 5 4 2 2

Deutsches Reich   Bundesrepublik Deutschland

ZAHLENBILDER
220 020

© Erich Schmidt Verlag

In den vergangenen Jahrzehnten hat die Zahl der Beschäftigten im Bereich der
_____ stark zugenommen. Man spricht deshalb von einer
_____ auf dem Arbeitsmarkt.

Der Trend geht zu immer anspruchsvolleren Tätigkeiten mit der Folge weiter steigender
_____ . Auch die Ansprüche an die _____
werden immer weiter wachsen.

Die enorme Zunahme des Wissensumfangs beeinflusst in erheblichem Maße den einzelnen
Arbeitsplatz. Um beruflich erfolgreich zu sein, muss der Berufstätige der Zukunft einige
wichtige Forderungen erfüllen:

1. Die Bereitschaft sich nach einer qualifizierten Ausbildung stetig _____
   _____ ist Grundvoraussetzung für beruflichen Erfolg.
2. Die rasche Zunahme des Wissens macht ein _____ Lernen
   notwendig.
3. Anforderungen werden auch an die _____ gestellt: Manchmal wird es nötig sein, die Firma oder auch den _____
   zu wechseln.
4. Die sogenannten _____ spielen auch eine immer größer
   werdende Rolle:_____

_____

Wandel in Arbeit und Beruf

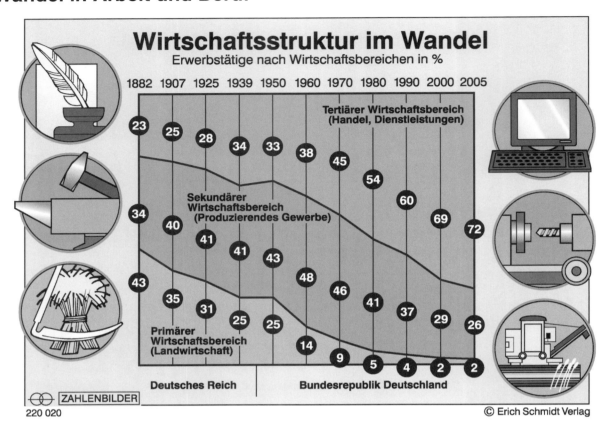

Wirtschaftsstruktur im Wandel
Erwerbstätige nach Wirtschaftsbereichen in %

1882 1907 1925 1939 1950 1960 1970 1980 1990 2000 2005

Tertiärer Wirtschaftsbereich
(Handel, Dienstleistungen)

23 25 28 34 33 38 45 54 60 69 72

Sekundärer
Wirtschaftsbereich
(Produzierendes Gewerbe)

34 40 41 41 43 48 46 41 37 29 26

Primärer
Wirtschaftsbereich
(Landwirtschaft)

43 35 31 25 25 14 9 5 4 2 2

Deutsches Reich | Bundesrepublik Deutschland

ZAHLENBILDER
220 020

© Erich Schmidt Verlag

In den vergangenen Jahrzehnten hat die Zahl der Beschäftigten im Bereich der ___*Dienstleistungen*___ stark zugenommen. Man spricht deshalb von einer ___*„Tertiärisierung"*___ auf dem Arbeitsmarkt.

Der Trend geht zu immer anspruchsvolleren Tätigkeiten mit der Folge weiter steigender *Qualifikationsanforderungen* . Auch die Ansprüche an die ___*Allgemeinbildung*___ werden immer weiter wachsen.

Die enorme Zunahme des Wissensumfangs beeinflusst in erheblichem Maße den einzelnen Arbeitsplatz. Um beruflich erfolgreich zu sein, muss der Berufstätige der Zukunft einige wichtige Forderungen erfüllen:

1. Die Bereitschaft sich nach einer qualifizierten Ausbildung stetig ___*weiterzubilden*___ _____ ist Grundvoraussetzung für beruflichen Erfolg.

2. Die rasche Zunahme des Wissens macht ein ___*lebenslanges*___ Lernen notwendig.

3. Anforderungen werden auch an die ___*Mobilität*___ gestellt: Manchmal wird es nötig sein, die Firma oder auch den ___*Wohnort*___ zu wechseln.

4. Die sogenannten ___*Schlüsselqualifikationen*___ spielen auch eine immer größer werdende Rolle: *zielgerichtet handeln, selbstständig arbeiten, logisch denken,*

Probleme erkennen, …

Otto Mayr: Arbeit und Arbeitswelt © Brigg Pädagogik Verlag GmbH, Augsburg

Technik, Pflege und Umweltschutz boomen

Berufswahl:
Warum Schulabgänger schon heute auf die Anforderungen von morgen achten sollten

Ein Job soll Spaß machen. Entsprechend spielt dieser Faktor auch bei der Berufswahl eine wichtige Rolle. Schließlich arbeitet man im besten Fall ein Leben lang in diesem Beruf. Damit das
5 überhaupt möglich wird, sollten Jugendliche aber darauf achten, dass ihr Traumberuf auch in Zukunft noch gefragt sein wird. In drei Bereichen sind die Chancen besonders gut. Pflege, Umwelt und Technik sind absolute Zukunftsbranchen, die
10 in den kommenden Jahren weiter wachsen werden und jungen Arbeitnehmern beste Aufstiegschancen bieten.

Zukunftsbranche Pflege:

Schon immer gerne anderen Menschen geholfen?
15 Dann könnte eine Ausbildung in einem Pflegeberuf das Richtige sein. Gerade hier eröffnen sich für Berufseinsteiger interessante Perspektiven. „Die Pflege wird in den kommenden Jahren immer wichtiger werden", sagt Heide Pruß, stellvertre-
20 tende Geschäftsführerin des Deutschen Berufsverbandes für Pflegeberufe im Landesverband Bayern. Die Gründe dafür liegen vor allem in der demografischen Entwicklung.
Hinzu kämen die neuen Anforderungen, die durch
25 Zuwanderung entstanden seien. „Mittlerweile gibt es auch Altenheime für türkische Einwanderer. Hier bieten sich gute Chancen für türkischstämmige Auszubildende." Zwar seien aufgrund der knappen Finanzmittel in den vergangenen Jahren
30 vor allem in der Krankenpflege Stellen abgebaut worden. „Nun rächt sich diese Politik allerdings. Es wird wieder verstärkt gesucht." Heide Pruß sieht im Bereich Kranken- und Altenpflege einen enormen Wachstumsmarkt – auch was Ausbil-
35 dungsplätze betrifft.
Und eine Ausbildung zur Kranken- oder Altenpflegerin muss noch lange nicht Endstation sein. „Krankenschwestern arbeiten nicht mehr nur in Krankenhäusern. Sie können sich mit einem am-
40 bulanten Pflegedienst selbstständig machen, als Dozenten oder in Sanitätshäusern arbeiten oder bei Kranken- und Pflegekassen tätig werden."
Mittlerweile läuft in Bayern auch ein Modellprojekt, das es erlauben würde, nach dem Abschluss
45 in einem Pflegeberuf ein verwandtes Studium zu beginnen. Auch die große, weite Welt steht Absolventen offen. „Der Bedarf in den Pflegeberufen wächst europaweit. Arbeitnehmer können nach

europäischem Recht in jedem EU-Land einer Be-
50 schäftigung nachgehen", sagt Pruß.

Zukunftsbranche Umwelt:

Was gibt es Schöneres, als die Natur und die Umwelt zu erhalten und damit gleichzeitig seine Brötchen zu verdienen? Diese Möglichkeit bie-
55 ten die neuen Umweltberufe. „Ein nachhaltiger Umgang mit der Umwelt wird in allen Berufsbereichen immer wichtiger", sagt Johann Dandl von der Industrie- und Handelskammer Schwaben. Vor dem Hintergrund des Klimawandels hat auch
60 der Gesetzgeber reagiert und 2002 vier neue Berufe im Umweltbereich geschaffen. Aus dem alten Beruf des Ver- und Entsorgers wurden die Fachkraft für Abwassertechnik, die Fachkraft für Kreislauf- und Abfallwirtschaft, die Fachkraft für
65 Wasserversorgungstechnik und die Fachkraft für Rohr-, Kanal- und Industrieservice. Sie sorgen dafür, dass die Versorgung der Bevölkerung und die Entsorgung ihres Abfalls reibungslos ablaufen und die Umwelt so wenig wie möglich belastet
70 wird.
Mit der Entwicklung im Bereich erneuerbare Energien wächst auch hier der Bedarf an qualifizierten Fachkräften. Für junge Menschen, die Freude an handwerklichem und technischem Arbeiten
75 haben und sich aktiv für die Umwelt engagieren wollen, ist diese Branche genau das Richtige.

Zukunftsbranche Technik:

Technisches Geschick ist nicht nur im Umweltsektor gefragt. Wer den Computer auch jenseits
80 von Actionspielen zu nutzen weiß, bringt beste Voraussetzungen für eine Ausbildung in technologisch orientierten Berufen mit. IT-Fachleute, die eine Ausbildung zum Fachinformatiker, als IT-Systemkaufmann oder IT-Systemelektroniker
85 hinter sich haben, werden in fast allen Branchen dringend gesucht.
Und auch aus dem Handwerk ist Hightech nicht mehr wegzudenken. „Ein Kfz-Mechatroniker ohne Computer ist heute gar nicht mehr vorstellbar",
90 sagt Stefan Seiler von der Handwerkskammer für Schwaben. Wer die Technik zu nutzen weiß, hat daher generell gute Chancen, auf dem Arbeitsmarkt der Zukunft zu bestehen.

Von Katharina Gaugenrieder

Umwelttechnik schafft dauerhafte Jobs

Arbeitsmarkt:
Die gute Konjunktur lässt die Arbeitslosenzahlen sinken. Auf lange Sicht wirkt die Öko-branche als Motor.

Augsburg. Der Aufschwung macht sich immer stärker auf dem Arbeitsmarkt bemerkbar. Die Arbeitslosenzahl im Mai (2008) ist mit 3,8 Millionen auf den tiefsten Stand seit fünfeinhalb Jahren
5 gefallen (9,1 Prozent). In Bayern sind mittlerweile weniger als 350 000 Menschen beschäftigungs-los gemeldet – einen derartigen Rückgang gab es zuletzt Anfang der 1970er-Jahre.
Auch auf lange Sicht sind die Aussichten nicht
10 schlecht. Mit der Umweltbranche hat das Wirtschaftsleben einen neuen Jobmotor für dauerhafte Arbeitsplätze gefunden. Laut einer Studie des Consulting-Unternehmens Roland Berger ist „die Umwelttechnologie einer der wichtigsten
15 Sektoren für die Schaffung neuer Arbeitsplätze in Deutschland" geworden.
Bayern profitiert von dieser Entwicklung besonders stark. Rund 20 Prozent der deutschen Um-welttechnologie-Unternehmen haben ihren Sitz im
20 Freistaat. Das Umweltministerium erwartet einen Wachstumssprung insbesondere bei klimaverträglichen Umwelt- und Energietechnologien.
Der Freistaat schneidet in dem von Roland Berger erstellten Umwelttechnologie-Atlas durch-
25 wegs gut ab. Schwerpunkte der Umwelttechnik in Bayern sind München, Nürnberg und Augsburg. Viele Landkreise in unserer Region zeichnen sich durch einen überdurchschnittlich hohen Anteil von Umwelttechnik-Beschäftigten aus. Augsburg ist
30 das Umwelt-Kompetenzzentrum des Freistaats. Laut der Berger-Studie ist Deutschland derzeit zudem Exportweltmeister in der Umwelttechnik. Besonders groß ist der Vorsprung in den Bereichen umweltfreundliche Energieerzeugung
35 sowie Verfahren zur Trennung und Verwertung von Abfällen. In diesen Sektoren beherrschen deutsche Unternehmen mehr als 25 Prozent des Weltmarkts.
Auch im Hinblick auf die Beschäftigung ist die
40 umweltfreundliche Energieerzeugung Spitzenreiter. Allerdings dürfte der jährliche Zuwachs der Mitarbeiterzahl leicht zurückgehen, jedoch auf höchstem Niveau: Der Wert könnte laut der Studie von zuletzt 30 Prozent pro Jahr auf 22 Prozent
45 pro Jahr im Zeitraum 2007 bis 2009 sinken.
Insgesamt hat der globale Markt für Umwelttechnologie ein Volumen von 1000 Milliarden Euro. Bis 2020 soll er sich mehr als verdoppeln.

Von Winfried Züfle

Bayerische Landkreise als Vorbilder

„Starke Vertreter auch im Hinblick auf die Beschäftigungsvolumina sind bayerische Landkreise", heißt es in dem von Roland Berger erarbeiteten „Umwelttechnologie-Atlas für Deutschland". In unserer Region sieht es so aus:
• **Hohe Beschäftigung in den Umwelttechnologien** gibt es in den kreisfreien Städten Augsburg, Kempten und Memmingen sowie in den Landkreisen Augsburg, Dillingen, Günzburg, Unterallgäu, Ostallgäu und Neuburg an der Donau.

• **Mittel** wird die Beschäftigungslage in den Kreisen Oberallgäu und Landsberg am Lech eingestuft.
• **Niedrig** ist die Beschäftigung mit Umwelttechniken in den Kreisen Donau-Ries, Aichach-Friedberg, Lindau und Weilheim-Schongau sowie in der Stadt Kaufbeuren. Bayern gehört insgesamt zu den Bundesländern mit hohem Beschäftigungsvolumen gemeinsam mit Baden-Württemberg, Hessen, Nordrhein-Westfalen, Niedersachsen, Hamburg und Berlin. (WZ)

Wertschöpfung durch Innovation

Fertigungstechnik im globalen Wettbewerb

Damit Produkte zeitnah am Markt sind, ist in Unternehmen ein hoher Automatisierungsgrad nötig/Menschen kommunizieren mit Maschinen

Die Automatisierungstechnik gilt als ein wichtiger Faktor in der industriellen Produktion. Daran hängt die internationale Wettbewerbsfähigkeit, sie ist gleichsam ein Schlüsselfaktor. Wer die dafür notwendigen Technologien beherrscht, sie gezielt einzusetzen vermag, dürfte gut gewappnet sein, wird seine Wettbewerbsfähigkeit nachhaltig steigern. Was treibt die Automatisierung in den Betrieben an? Viele unserer täglichen Konsumartikel basieren auf Miniaturisierung und erhöhter Leistungsdichte – Scheckkarten, Handys, das GPS im Auto. Bei deren Herstellung ist Automatisierungstechnik zum unverzichtbaren Werkzeug geworden.

Auch die Sicherheit ist ein wichtiger Aspekt. Denn viele neue Produkte werden entwickelt, um Menschen zu schützen. Im Auto müssen manche Dinge wie ABS, ESP und Co. mit absoluter Zuverlässigkeit funktionieren. Betriebsingenieure sprechen hier von Vorgaben, die höchste Qualität verlangen. Märkte brauchen wandlungsfähige Produktionstechnik. Vor allem Schnelligkeit und Anpassungsfähigkeit ist da nötig. Damit Produkte zeitnah am Markt präsent sind, geht das nur mit flexiblen Automatisierungslösungen.

Erst durch sie verschaffen sich Unternehmen Freiraum für die Vermarktung. Solche Randbedingungen verlangen nach einem Zusammenspiel von Mensch und Technik. Auch das dürfte klar sein: Automatisierungstechnik funktioniert nicht ohne Menschen, die mit ihr umgehen. Je komplexer die Produktionsprozesse, desto einfacher muss die Bedienung der eingesetzten Systeme werden. Die Kommunikation zwischen Mensch und Maschine beim Überwachen, Diagnostizieren, Bedienen und Programmieren ist sehr viel einfacher geworden und wird dennoch ständig verbessert. Sich stetig wandelnde Märkte erfordern auf der anderen Seite flexible und anpassungsfähige Montagesysteme. Immer häufigere Modellwechsel, zunehmende Variantenzahlen und sinkende Losgrößen stellen Anforderungen an Montagelinien, die rasch umrüstbar sein müssen.

Dies ermöglichen strikt modulare Ansätze, in denen Standardelemente im Baukastensystem auf einfachste Weise rekonfiguriert werden. Zusätzliche Module, die neue Funktionalitäten bereitstellen, lassen sich einfach in bestehende Linien integrieren. Auch die eingesetzten Softwaremodule sind wiederverwendbare Komponenten des Gesamtsystems. Anstatt einer maßgeschneiderten Sonderlösung kommt nun eine universell nutzbare Montageplattform zum Einsatz, die über viele Produktgenerationen ihren Dienst versieht. Ein Ansatz, der mittelfristig zu beträchtlichen Kostensenkungen führt. In anderen Fällen, besonders bei sehr hohen Stückzahlen, kann auch weiterhin die maßgeschneiderte Anlage die richtige Wahl sein. Bildverarbeitungssysteme zählen immer häufiger zu den lohnenden Investitionen. Sie gelten als die Augen der Maschine. Denn mit ihrer Hilfe ist es erst möglich, Prozesse exakt zu überwachen und zu steuern. Sie treten an Stelle der begrenzten menschlichen Sehfähigkeiten. So untersuchen Bildverarbeitungssysteme etwa völlig autonom Schweißnähte von Autofelgen, finden Oberflächenfehler auf Blech, lesen Codes auf Medizinverpackungen, überprüfen sicherheitskritische Automobilkomponenten und Druckmuster auf Stoffbahnen oder vermessen Werkstücke. Die Folge: Weitere, manchmal aufwändige Produktionsstufen werden mit ihrer Hilfe vermieden.

Roboter entwickeln sich so zum universellen Kernelement der Automatisierung. Durch Bildverarbeitungssysteme und Sensorik können sie autonom auf Umweltbedingungen reagieren. Ihre Integration in das Kommunikationsnetz verleiht ihnen durchaus bemerkenswerte Fähigkeiten.

Peter Horn

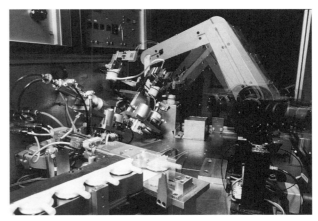

Industrieroboter führen Arbeiten aus, für die es keine Alternativen zu Präzision und Schnelligkeit gibt.

Patchwork im Beruf: Arbeitnehmer müssen flexibler sein

Berufliche Karriere ist heute oft geprägt von Wechseln, Weiterbildungs- und Auszeiten – Viele Jobs sterben aus.

Nur die wenigsten Arbeitnehmer gehen noch in dem Betrieb in Rente, in dem sie ihre Ausbildung gemacht haben. Längst ist es nicht mehr ungewöhnlich, beruflich mehrmals umzusatteln. Phasen der Selbstständigkeit wechseln sich mit dem Angestellten-Dasein ab, unterbrochen von Weiterbildungs- und Auszeiten. „Patchwork-Karriere" lautet die moderne Bezeichnung dafür und viele Arbeitsmarktexperten gehen davon aus, dass sich dieser Trend verstärken wird.

„Gegeben hat es das schon immer", sagt Vera Bloemer. „Aber das war üblicherweise eine kleine Gruppe. Jetzt sind immer mehr Leute davon betroffen", so die Unternehmensberaterin aus Frankfurt, die zu dem Thema ein Buch geschrieben hat.

Nicht nur Vorteile

Für viele Arbeitnehmer sei es schlicht nicht mehr attraktiv, ein halbes Jahrhundert in einem Betrieb zu bleiben. Die Stelle zu wechseln, hat für den Arbeitnehmer aber nicht nur Vorteile – von dem Risiko, im neuen Job zu scheitern oder die Stelle aus anderen Gründen wieder zu verlieren, einmal abgesehen: „Fertigkeiten und Fähigkeiten sind auch auf den Betrieb abgestimmt", gibt Holger Schäfer zu bedenken. „Auf einer neuen Stelle gehen die zum Teil verloren", so der Arbeitsmarktökonom vom Institut der deutschen Wirtschaft (IW) in Köln. Patchwork-Karrieren sind jedoch oft nicht selbst gewählt.

Es können auch Gesundheitsgründe, Umstrukturierungen oder Entlassungen sein, die die berufliche Laufbahn in eine neue Richtung zwingen: „Es gibt keine Sicherheit mehr, in einer bestimmten Funktion jahrelang bleiben zu können", sagt Bloemer. „Sogenanntes Outsourcing gibt es vom Callcenter bis zur Buchhaltung." Patchwork-Karrieren sind mit harten Zahlen schwer zu belegen. „Die Fluktuationsrate in den Unternehmen schwankt vor allem abhängig von der Konjunktur", sagt Holger Schäfer.

Die Bereitschaft, den gewohnten Arbeitsplatz aufzugeben, schwindet, wenn die Wirtschaft schwächelt. Arbeitnehmer setzen dann auf Sicherheit.

Nicht zu leugnen sei aber der Strukturwandel, der dazu führt, dass viele Berufe der „alten Industrien" aussterben. Wer so einen Beruf gelernt hat, muss sich dann zwangsläufig umorientieren.

Auch Teilzeitarbeit und Zeitarbeit werden nach Einschätzung des Experten weiter zunehmen – Patchwork-Karrieren gibt es damit immer häufiger. Die Globalisierung könnte diese Entwicklung noch beschleunigen. Das Beispiel AEG macht es derzeit schmerzlich bewusst: In manchen Branchen gehen Arbeitsplätze verloren, weil im Ausland günstiger produziert werden kann, sagt Britta Matthes vom Institut für Arbeitsmarkt- und Berufsforschung in Nürnberg. „Schon bei der Entscheidung für einen Beruf lohnt es sich deshalb, zu überlegen, was man mit der Qualifikation noch anderes machen könnte", so Matthes.

Viele Arbeitnehmer tun sich schwer mit so viel Flexibilität. „Aber man kann das auch als Chance begreifen und das Beste daraus machen", meint Bloemer. Wichtig sei, sich rechtzeitig um Weiterbildung zu kümmern. Permanentes Lernen gehört immer mehr zum Alltag jedes Arbeitnehmers.

Realistisch sein

Wer sich beruflich neu orientiert, muss sich zunächst fragen: „Welche Erfahrungen habe ich? Was könnte ich sonst noch machen?" Dazu gehört aber auch: „Welche Fähigkeiten muss ich eventuell dazulernen?" Außerdem ist eine Portion Realismus unverzichtbar: „Es gehört seit jeher zum Berufsleben, dass es nicht nur aufwärts geht", sagt Vera Bloemer. In vielen Personalabteilungen hat man sich jedoch auf diese neue Entwicklung noch nicht eingestellt. Hier geht es eher konservativ zu: Patchwork-Karrieren sind nicht überall gefragt. „Bei Stellenausschreibungen wird in der Regel eine entsprechende Ausbildung mit Berufserfahrung erwartet", bestätigt Holger Schäfer vom Institut der deutschen Wirtschaft.

Andreas Heilmann

Arbeitsvertrag auf Zeit

Warum befristete Kontrakte besser sind als ihr Ruf.

Berlin (ddp).
Immer mehr Unternehmen stellen Beschäftigte befristet ein. Arbeitgeber können auf diese Weise ihren Personalstand leicht an die Auftragslage anpassen, ohne Kündigungen aussprechen zu müssen. Denn ein befristeter Arbeitsvertrag endet nach Ablauf der festgelegten Zeitspanne beziehungsweise nach Abschluss eines konkreten Projekts automatisch.

Entsprechend gelten befristete Verträge bei vielen Arbeitnehmern als Arbeitsvertrag zweiter Klasse. Eine Studie des Mannheimer Zentrums für Europäische Wirtschaftsforschung (ZEW) legt jedoch nahe, dass Verträge auf Zeit durchaus der Einstieg in eine unbefristete Beschäftigung sein können.

So wechselten fast 40 Prozent der befristet Angestellten innerhalb eines Jahres in eine Festanstellung. Zwar sei das Risiko, arbeitslos zu werden, für befristete Mitarbeiter kurzfristig fast doppelt so hoch wie für Festangestellte. Doch drei Jahre nach Abschluss des Arbeitsvertrags sei die statistische Wahrscheinlichkeit einer Arbeitslosigkeit für befristet und unbefristet Beschäftigte gleich hoch.

Auch die Gefahr einer endlosen Befristung durch die Aneinanderreihung eines Arbeitsvertrags auf Zeit an den nächsten wird offenbar überschätzt. Sogenannte Kettenverträge seien nach den vorliegenden Daten eher ein seltenes Phänomen, berichtet das ZEW. Trotz der tröstlichen Statistik sollten sich Arbeitnehmer aber darüber im Klaren sein, dass eine wiederholte Befristung durchaus möglich ist. Das Teilzeit- und Befristungsgesetz (TzBfG) schreibt vor, dass eine Befristung zwischen Arbeitgeber und Arbeitnehmer beliebig oft erneuert werden kann, wenn ein „Sachgrund" vorliegt.

Als Sachgrund gilt beispielsweise die Vertretung eines fest angestellten Arbeitnehmers wegen Krankheit oder Elternzeit, die Einstellung für ein konkretes Projekt oder bei öffentlichen Arbeitgebern auch der Verweis auf ein beschränkt freigegebenes Budget. Sollten Arbeitgeber trotz der großen Bandbreite möglicher Anlässe keinen sachlichen Grund für die Befristung nennen können, darf ein Arbeitnehmer nur für insgesamt höchstens zwei Jahre befristet beschäftigt werden. Ausnahmen gibt es für neugegründete Unternehmen und ältere Arbeitnehmer. Generell dürfen Arbeitnehmer auf Zeit nicht schlechter behandelt werden als fest Angestellte. Unter anderem müssen Arbeitgeber nach dem TzBfG auch befristet Beschäftigten die Möglichkeit zu Fort- und Weiterbildung geben, sofern nicht „dringende betriebliche Gründe" dagegen sprechen. In der Praxis fühlen sich befristet Beschäftigte nach Erkenntnissen des ZEW dennoch benachteiligt. Das gelte unter anderem bei der Arbeitsplatzsicherheit, der Entlohnung, Aufstiegsmöglichkeiten sowie dem Zugang zu Fort- und Weiterbildung.

Otto Mayr: Arbeit und Arbeitswelt © Brigg Pädagogik Verlag GmbH, Augsburg

Die freundliche Seite der Demografie

Alt werden hat auch Vorteile – allem voran für jene, die mit der Gesundheit Geschäfte machen. Dank des demografischen Wandels gilt die Gesundheitswirtschaft als die Boombranche der Zukunft.

Spricht Horst Klinkmann, Vorsitzender des Kuratoriums Gesundheitswirtschaft Mecklenburg-Vorpommern, über die Perspektiven des ostdeutschen Bundeslands, ist für
5 ein Lamento über die Strukturschwäche der Region kein Platz. „Unsere große Chance ist die Gesundheitswirtschaft", schwärmt Klinkmann, einst einer der bedeutendsten Mediziner der DDR.
10 Sei es in den Seebädern an der Küste, den 63 Kliniken mit über 12 000 Betten oder in den mehr als 250 zertifizierten Sternehotels – schon heute ist jeder siebte Beschäftigte in Mecklenburg-Vorpommern im Geschäft
15 rund um die Gesundheit tätig. Und damit ist das Potential nicht ausgereizt. „Pro Jahr ist ein Beschäftigungszuwachs von zehn bis 15 Prozent realistisch", so Klinkmann. Sogar ein Zuwanderungsland, so seine Vision,
20 könnte das von Arbeitslosigkeit geplagte Mecklenburg-Vorpommern eines Tages womöglich werden.
Auch wenn wohl noch einiges geschehen muss, bis das soweit ist: Das Potential der
25 Gesundheitswirtschaft ist tatsächlich beträchtlich. In kaum einem anderen Wirtschaftssegment sind in den vergangenen Jahren so viele neue Arbeitsplätze entstanden, und auch die Zukunftsaussichten sind
30 prächtig. „Die nächsten fünf Jahrzehnte stehen im Zeichen der Gesundheit", sagt Ökonom und Zukunftsforscher Leo Nefiodow von der Gesellschaft für Mathematik und Datenverarbeitung in St. Augustin. Waren in den
35 vergangenen Jahrzehnten die Autoindustrie und die IT-Branche Wachstums- und Jobmotor, wird ihm zufolge künftig die Gesundheitswirtschaft diese Rolle übernehmen.
Dabei war das Geschäft rund um die Ge-
40 sundheit bereits in den vergangenen Jahren ein Motor für Beschäftigung. Seit 1980 hat sich die Zahl der Beschäftigten von zwei Millionen auf heute 4,2 Millionen mehr als verdoppelt. Mit 234 Milliarden Euro macht der
45 Gesundheitsmarkt heute mehr als elf Prozent des Bruttoinlandsprodukts aus.
Und sollte die Politik im Zuge der Gesundheitsreform tatsächlich eine grundlegende Liberalisierung durchsetzen, dürfte dies zu-
50 sätzliche Impulse geben. Eine aktuelle Studie des Hamburgischen Weltwirtschaftsinstituts (HWWI) geht davon aus, dass ein radikaler Umbau des Gesundheitssektors bis 2020 bis zu 1,3 Millionen neue Stellen schaffen würde.
55 „Bislang war das Wachstum allem voran von dem medizinisch-technischen Fortschritt getrieben", sagt Eberhard Wille, Gesundheitsökonom an der Universität Mannheim. „Ab 2020 wird die demografische Krise zusätzlich
60 für Wachstum sorgen."
Immer weniger junge und gesunde Menschen und immer mehr, die immer älter werden und mit Gebrechen zu kämpfen haben? Während die demografische Krise das Sozial-
65 und Rentensystem an seine Grenzen bringt, ist der Geburtenschwund für die, die mit der Gesundheit Geschäfte machen, Gold wert. „Der demografische Wandel bedeutet vor allem ein Arbeitsplatzpotential mit Blick
70 auf die Betreuung von älteren Menschen", sagt Lutz Hertel, Chef des deutschen Wellnessverbands.
Schon heute ist der Arbeitsmarkt rund um die Bedürfnisse der älteren Generation un-
75 terversorgt: Schätzungen zufolge sind derzeit 40 000 Plätze in der qualifizierten Altenpflege unbesetzt – nicht zuletzt weil die Arbeit seelisch und körperlich extrem anspruchsvoll ist. Unter den Begriff der Alten fallen künftig
80 jedoch mehr als Greise jenseits der 80 Jahre, die sich nicht mehr selbst helfen können. „Die neue Zielgruppe sind Menschen über 50 Jahre", sagt Hertel. Mit steigendem Alter wird das Thema Gesundheit wichtiger, die

Thermalbad an der Ostsee

85 Menschen haben mehr Zeit und Geld als mit 30. Das sollte die Bereitschaft steigern, sich mit Ernährungsberatern, Fitness-Trainern oder Anti-Ageing-Beratern den dritten Lebensabschnitt zu verschönern.

90 Schon heute ist der Trend zu mehr Wellness unverkennbar. Sauna- und Badelandschaften schießen allerorten wie Pilze aus dem Boden, ebenso wie Wellness-Hotels.

Allem voran in Bundesländern wie Meck-95 lenburg-Vorpommern, Bayern und Baden-Württemberg ist der Gesundheitstourismus ein wichtiger Pfeiler der Wirtschaft. Derzeit sind die Effekte für den Arbeitsmarkt jedoch noch mäßig: Die Kosmetikerinnen, Fitness-100 Trainer oder Masseure, die die Hotels zusätzlich anstellten, um ihren Kunden Wellness-Angebote zu ermöglichen, verschönerten die Arbeitsmarktstatistik Hertel zufolge im vergangenen Jahr mit lediglich 2000 bis 3000 105 neu geschaffenen Stellen.

Während der Teil der Gesundheitsbranche, der unabhängig von Krankenkassen wirtschaftet, der geplanten Gesundheitsreform gelassen entgegensieht, sieht es im soge-110 nannten ersten Gesundheitsmarkt anders aus: „Bereits seit Mitte der 90er-Jahre wird die Jobmaschine Gesundheitswesen von der Politik abgewürgt", argumentiert die Bundesärztekammer und verweist auf das sinkende 115 Lohnniveau der Ärzte, etwa durch die Einführung von jährlichen Budgets, die nicht überschritten werden dürfen.

Dabei stehen die Jobchancen im ersten Gesundheitsmarkt derzeit alles andere als 120 schlecht – auch für Akademiker. Beispiel Ärzte: Während Medizinstudenten noch Mitte der 90er-Jahre die Angst vor der Ärzteschwemme eingeimpft wurde, herrscht heute bereits ein Facharztmangel, vor allem in Ostdeutschland. 125 Laut Manfred Bausch von der Zentralstelle für Arbeitsvermittlung (ZAV) hängt das auch damit zusammen, dass der Arztberuf aufgrund der teils schwierigen Arbeitsbedingungen an Attraktivität verloren hat. „Zudem schafft aber 130 auch die demografische Entwicklung neuen Bedarf", so Bausch. „Ich würde niemandem raten, aus Arbeitsmarktgründen nicht Medizin zu studieren." Zu denken geben da vielmehr die vergleichsweise schlechten Gehälter, die 135 den Sinn des vergleichsweise langen Studiums infrage stellen.

Obwohl die Pharmaindustrie weltweit mit jährlichen Wachstumsraten von acht bis elf Prozent brilliert, hat die forschende Pharmabranche 140 hierzulande seit Jahren mit Stellenschwund zu kämpfen. Laut dem Verband Forschender Arzneimittelhersteller (VFA) ist die Branche mittelfristig dennoch durchaus optimistisch. Studien zufolge könnten in der forschenden 145 Pharmaindustrie bis 2015 mehr als 20 000 neue Arbeitsplätze entstehen, allerdings müssten sich dafür die Rahmenbedingungen verändern. Experten fordern etwa mehr öffentliche Forschungsgelder, mehr Wettbewerb 150 unter den Universitäten und die Beschleunigung von Genehmigungsverfahren.

Von Ileana Grabitz

Zukunftsmarkt Gesundheit: Wo Arbeitsplätze entstehen

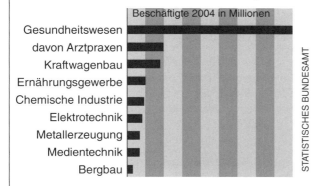

Beschäftigte 2004 in Millionen

Gesundheitswesen
davon Arztpraxen
Kraftwagenbau
Ernährungsgewerbe
Chemische Industrie
Elektrotechnik
Metallerzeugung
Medientechnik
Bergbau

STATISTISCHES BUNDESAMT

POTENTIAL
■ Das Geschäft rund um die Gesundheit floriert ordentlich: Mit 234 Milliarden Euro macht der Gesundheitsmarkt mehr als elf Prozent des deutschen Bruttoinlandsprodukts aus.

VERSORGUNG DER KRANKEN
■ Jeder neunte Erwerbstätige in Deutschland verdient inzwischen sein Geld im Gesundheitswesen. Mit insgesamt 3,4 Millionen Jobs fallen mit Abstand die meisten Arbeitsplätze auf die ambulante und stationäre Versorgung von kranken Menschen.

FORSCHUNG UND PRÄVENTION
■ Weitere knapp 800 000 Stellen befinden sich in der Medizintechnik und der Verwaltung, in der Pharmaindustrie und in der Gesundheitsvorsorge.

DIENSTLEISTER UND ZULIEFERER
■ Hinzu kommen die Wirtschaftssegmente, die an das Gesundheitswesen angekoppelt sind und indirekt von dem Boom profitieren – beispielsweise Großküchen oder Reinigungsfirmen. Nach Angaben des Deutschen Instituts für Wirtschaftsforschung (DIW) hängen beispielsweise an den rund 117 000 Angestellten der Pharmabranche etwa 125 000 Jobs bei Dienstleistern und Zulieferern.

Thema 4: Moderne Arbeitswelt

Lernziele

1. Die Schüler sollen Aspekte der modernen Arbeitswelt kennenlernen.
2. Die Schüler sollen sich bewusst machen, dass diese Faktoren (lebenslanges Lernen, Flexibilität, neue Technologien) ihr zukünftiges Berufsleben bestimmen.
3. Bei den Schülern soll die Bereitschaft geweckt werden, sich den Anforderungen der modernen Arbeitswelt zu stellen.

Medien

Folie, Informationsblätter und -Texte

Einstieg in das Thema

Hightech – Hochtechnologie (Folie S. 71)

Erarbeitung

Moderne Arbeitswelt – Mikroelektronik (Info-Blatt S. 72)
Neue Technologien (Info-Blatt S. 73)
Industrieroboter (Info-Text S. 74)
Umweltfreundliche Produktion (Info-Blätter S. 75)
Flexibilisierung der Arbeitszeit (Info-Blatt S. 77)
Datenschutz (Info-Blätter S. 78)
Globalisierung (Info-Blatt S. 80)
Neue Arbeitsformen – Telearbeit, Teilzeitarbeit, Zeitarbeit (Info-Blatt S. 81)
Zeitarbeit (Info-Texte S. 82)
Veränderungen der Qualifikationsanforderungen (Info-Blatt S. 86)
Die Zukunft der Arbeit (Info-Blatt S. 87)
Biotechnologie (Info-Text S. 88)
Zum Himmel stinkt da nichts mehr (Info-Text S. 89)

Sicherung

Plakatentwurf: Moderne Arbeitswelt (Projektarbeit, Gruppenarbeit)

Informationsgewinnung
Mikroelektronik
Neue Technologien
Informationsverarbeitung
Industrie-Roboter
Computer
Flexibilisierung der Arbeitszeit
Umweltfreundliche Produktion
Telearbeit
Globalisierung
räumliche und berufliche Mobilität
lebenslanges Lernen   Zeitarbeit
Teilzeitarbeit
Veränderung der Qualifikationsanforderungen

Hightech – Hochtechnologie

Moderne Arbeitswelt – Mikroelektronik

Die rasante Entwicklung der Mikroelektronik in den letzten Jahren war verantwortlich für vielfältige Basisinnovationen. Unter Mikroelektronik versteht man mikroskopisch kleine elektronische Schaltungen, die sich zusammen mit Leiterbahnen auf einem Chip befinden und Informationen verarbeiten können.

Insbesondere neue Schlüsseltechnologien, wie die Informations- und Kommunikationstechniken, die Gen- und Lasertechnologie, haben enorme Auswirkungen auf den derzeitigen und zukünftigen Arbeitsmarkt:

- Sie verbessern die **Konkurrenzfähigkeit** eines Unternehmens und sichern dadurch betriebliche Arbeitsplätze.
- Sie haben langfristig einen **wachstumsfördernden Effekt** und wirken sich dadurch positiv auf die Höhe des Sozialprodukts und auf den Arbeitsmarkt und damit für die Volkswirtschaft eines Landes aus.
- Sie verbessern die **internationale Wettbewerbsfähigkeit** eines Landes; dadurch verbessern sich Exportmöglichkeiten.
- Sie beeinflussen aber auch in erheblichem Umfang den einzelnen Arbeitsplatz, z. B. durch **veränderte Anforderungsprofile** und **Qualifikationsstrukturen** am Arbeitsplatz mit der Notwendigkeit eines lebenslangen Lernens, höherer Flexibilität und Mobilität. Der Anteil der höher qualifizierten Tätigkeiten wächst dadurch deutlich an (bis zum Jahr 2010 auf voraussichtlich 39 Prozent). Darunter sind viele Akademiker-Arbeitsplätze. Die Bedeutung mittelqualifizierter Tätigkeiten vermindert sich drastisch auf 18 Prozent im Jahr 2010.

Informationsgewinnung – Informationsverarbeitung

Die Entwicklung der Mikroelektronik brachte insgesamt eine enorme Zunahme des Wissensumfangs. So hat sich die Halbwertzeit des Wissens (Jahresabstand der Wissensverdoppelung) in den vergangenen Jahrzehnten auf fünf Jahre vermindert, heute spricht man bereits von drei Jahren. Die Verarbeitung einer derartigen Wissensvermehrung erfordert auch neue Möglichkeiten der Informationssteuerung. So gewinnen z. B. Datenbanken in der modernen Arbeitswelt eine zunehmende Bedeutung. Die Notwendigkeit von Kenntnissen in der Datenverarbeitung bei den Berufstätigen nimmt immer weiter zu.

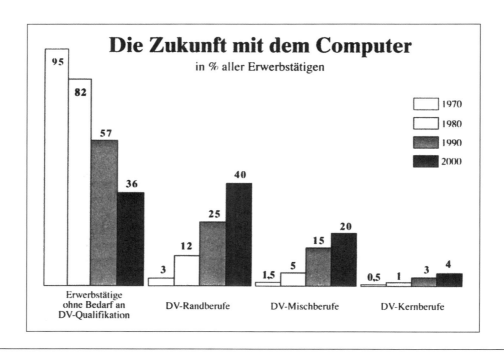

Neue Technologien

Technologische Wandlungsprozesse sind nicht nur im Dienstleistungsbereich, sondern vor allem auch im Produktionsbereich in starkem Maße vorhanden. Schlagwörter wie CIM (Computer integrated manufacturing), CAD (Computer aided design) und Just-in-time-Produktion (enge zeitliche Abstimmung zwischen Teilen, die angeliefert und anschließend sofort ohne Zwischenlagerung am richtigen Ort für die Produktion eingesetzt werden) verdeutlichen diese Entwicklungsprozesse.
Aber nicht nur der Einsatz des Computers gewinnt in der modernen Arbeitswelt an Bedeutung, auch die Anzahl der installierten Industrie-Roboter wächst rasch.

Schweißroboter im englischen Toyota-Werk Burnaston: Bei den Fertigungsmethoden haben Amerikaner und Europäer kräftig aufgeholt.

Was Computer alles können

- Bordcomputer fliegen, starten und landen Flugzeuge.
- Einsatzbefehle für die Feuerwehr kommen aus dem Computer.
- Zentrale Computer steuern ganze Industrieanlagen.
- Der Computer schlägt die Bibel auf.
- Ein Computer nennt dem Arzt die Diagnose.
- Computer entwerfen Maschinen.
- Der Computer berechnet die Stromgebühren.
- Der Stundenplan kommt aus dem Computer.
- Computer spielen Schach.
- Der Computer zieht Jalousien hoch.
- Satellitenfotos werden durch Computer ausgewertet.
- Computer gießen Treibhauspflanzen.
- Computer betätigen sich als Übersetzer.
- Computer füllen Bier- und Sprudelflaschen.
- Der Computer regelt die Zimmertemperatur.
- …

Industrieroboter

Eiserne Kollegen auf dem Vormarsch

Roboter sind auf dem Vormarsch: Die Anzahl der Industrieroboter wird sich von 951 000 am Jahresende 2006 bis Ende des Jahr-
5 zehnts auf 1,17 Millionen erhöhen. Eingesetzt werden sie hauptsächlich bei Automobilherstellern und
10 deren Zulieferern sowie in der chemischen und Metall verarbeitenden Industrie. Der Branchenverband IFR fasst den Begriff des Robo-
15 ters jedoch wesentlich weiter: Neben den industriellen Anwendungen zählen danach auch die autonomen Helfer im privaten Bereich
20 dazu. Diese Kleinroboter kommen zum Beispiel als Spielzeug oder bei der Schwimmbadreinigung zum Einsatz.

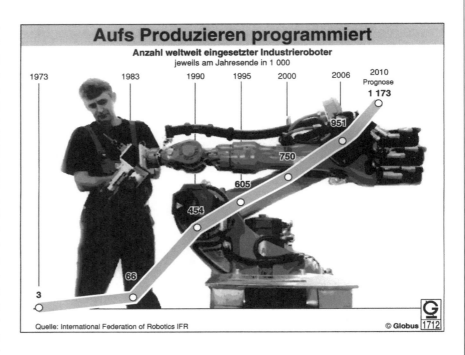

Aufs Produzieren programmiert

Anzahl weltweit eingesetzter Industrieroboter
jeweils am Jahresende in 1 000

1973 · 3 · 1983 · 66 · 1990 · 454 · 1995 · 605 · 2000 · 750 · 2006 · 951 · 2010 Prognose · 1 173

Quelle: International Federation of Robotics IFR · © Globus 1712

• **Zur Montage- und Handhabungstechnik** zäh-
25 len vor allem große Anlagen, die etwa im Maschinen- und Automobilbau eingesetzt werden. Immer mehr Aufträge kommen zudem aus der Medizintechnik. Dennoch wird der Umsatz 2006 nach Schätzungen des VDMA auf der Stelle tre-
30 ten. Im vergangenen Jahr nahmen die Hersteller der Montage- und Handhabungstechnik 4,3 Milliarden Euro ein. Sie steuerten damit 62 Prozent zum Gesamtumsatz der R+A-Branche (Robotik und Automation) bei.
35 • **Die industrielle Bildverarbeitung** ist momentan die am schnellsten wachsende Teilbranche. Zwischen 2000 und 2005 stieg ihr Umsatz im In- und Ausland von 565 Millionen Euro auf 1.016 Millionen Euro – ein Plus von knapp 80 Prozent.
40 Für 2006 versprechen sich die Unternehmen einen weiteren Zuwachs um 7 Prozent. Mithilfe der industriellen Bildverarbeitung werden zum Beispiel Beschriftungen auf Glasflaschen geprüft, die Qualitätskontrolle verbessert sowie Adress-
45 aufkleber gelesen.
• **Die Hersteller von Industrierobotern** atmen derzeit auf: Für 2006 rechnen sie mit einem Umsatzplus von 3 Prozent. Noch im vergangenen Jahr sah ihre Geschäftswelt wesentlich düsterer
50 aus. Die Einnahmen brachen um satte 16 Prozent auf 1,6 Milliarden Euro ein, und auch die Zahl der hierzulande verkauften Roboter sank deutlich.

Im Jahr 2005 installierten die Unternehmen lediglich 10.400 neue Roboter in Deutschland
55 **– 23 Prozent weniger als 2004.**
Vor allem die Automobilhersteller und ihre Zulieferer hielten sich mit Bestellungen zurück. So wurden bei der wichtigsten Kundengruppe der Robotik-Branche im vergangenen Jahr nur 54
60 Prozent aller neuen Roboter eingebaut – im Jahr 2004 waren es 67 Prozent.
Die mittelfristigen Perspektiven der Robotik-Produzenten erscheinen dennoch günstig. Schließlich sind die Einsatzmöglichkeiten ihrer eisernen
65 Gesellen noch längst nicht ausgereizt. Weltweit wird das Heer der Roboter bis 2008 schätzungsweise auf 651 200 wachsen. Damit würden dann rund 211 000 mehr Industrieroboter Dienst schieben als 2004. Die Entwicklung in den „roboter-
70 verrückten" Ländern Japan und Südkorea ist bei diesen Rechnungen nicht einmal berücksichtigt. In Deutschland wird sich die Roboter-Belegschaft von derzeit knapp 127 000 bis zum Jahr 2008 auf 151 000 vergrößern.
75 Sorgen, dass dadurch in anderen Wirtschaftszweigen massenweise Arbeitsplätze vernichtet werden, sind indes unbegründet – im Gegenteil: Industriebetriebe, die Roboter nutzen, stellen unterm Strich zusätzliche Mitarbeiter ein, wie Unter-
80 suchungen des Fraunhofer Instituts für System- und Innovationsforschung in Karlsruhe belegen. Je nach Betriebsgröße und Fertigungsumfang stieg bei den untersuchten Unternehmen, die Roboter einsetzen, vom Jahr 2000 bis 2002 die Zahl
85 der Stellen zwischen 2 und 6 Prozent pro Jahr.

Umweltfreundliche Produktion

Wirtschaft und Gesellschaft sind sich mittlerweile darüber einig, dass die natürlichen Lebensgrundlagen für die folgenden Generationen erhalten werden müssen.
Moderne Produktionstechniken können hier einen entscheidenden Beitrag leisten.
Umweltfreundliche Produktionstechniken haben zum einen das Ziel, die Umweltbelastung zu vermindern, zum anderen den Energie- und Rohstoffverbrauch zu senken.
Umweltbezogene Ziele gewinnen in der Wirtschaft allgemein an Bedeutung aus ethischen, wirtschaftlichen und rechtlichen Gründen. Häufig ist der Hinweis in der Werbung auf umweltfreundliche Produktion für ein Produkt ein wichtiges Verkaufsargument.

Seit den 70er-Jahren sind Luft und Gewässer in Deutschland deutlich sauberer geworden. Zudem produziert die Industrie mit weit weniger Energieaufwand als früher.

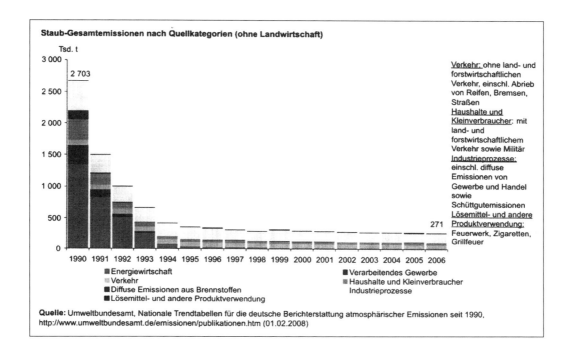

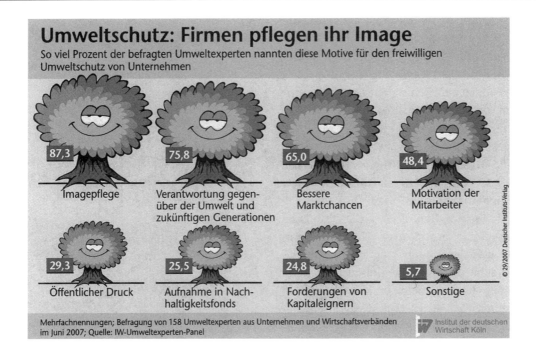

Umweltschutz: Firmen pflegen ihr Image

So viel Prozent der befragten Umweltexperten nannten diese Motive für den freiwilligen Umweltschutz von Unternehmen

87,3 Imagepflege

75,8 Verantwortung gegenüber der Umwelt und zukünftigen Generationen

65,0 Bessere Marktchancen

48,4 Motivation der Mitarbeiter

29,3 Öffentlicher Druck

25,5 Aufnahme in Nachhaltigkeitsfonds

24,8 Forderungen von Kapitaleignern

5,7 Sonstige

Mehrfachnennungen; Befragung von 158 Umweltexperten aus Unternehmen und Wirtschaftsverbänden im Juni 2007; Quelle: IW-Umweltexperten-Panel

Institut der deutschen Wirtschaft Köln

© 29/2007 Deutscher Instituts-Verlag

Die Umweltpolitik in den siebziger und achtziger Jahren war darauf ausgerichtet, die Sünden der Vergangenheit auszubügeln. Doch die Zeiten haben sich geändert.
Heute gilt es, umweltpolitische Weichen für die Zukunft zu stellen.
Statt einer nachsorgenden Umweltpolitik ist nunmehr eine vorsorgende Umweltpolitik gefragt.

Fünf große Trends im Umgang mit natürlichen Ressourcen geben dabei die Richtung vor:

1. Nachhaltigkeit:
   Gefragt sind Lösungsansätze, die umweltpolitischen, wirtschaftlichen und sozialen Zielen dienen.

2. Internationalisierung:
   Umweltschutz muss eine internationale Aufgabe werden.

3. Betriebswirtschaftliche Einbeziehung:
   Heute sind Umweltfragen ein unverzichtbares Element unternehmerischer Entscheidungen geworden.

4. Zunehmende Komplexität:
   Die wichtigen Umweltprobleme unserer Zeit (z. B. Treibhauseffekt, Feinstaubbelastung) lassen sich nicht einem einzigen Verursacher zuschreiben. Komplexe Ansätze zur Lösung des Problems sind gefragt.

5. Beachtung der Wirtschaftlichkeit:
   Die Frage nach den Kosten der Umweltpolitik rückt stärker in den Mittelpunkt.
   Gesucht sind Lösungsansätze, die wirtschaftlich vertretbar sind.

Arbeitsaufgaben:

1. Worüber besteht weitgehend Einigkeit in der Bevölkerung, wenn es um umweltfreundliche Produktion geht?
2. Was lässt sich über die Umweltpolitik in den siebziger und achtziger Jahren sagen?
3. Was versteht man unter einer „vorsorgenden Umweltpolitik"?

Flexibilisierung der Arbeitszeit

Moderne Produktionstechniken haben auch Auswirkungen auf den Umfang und auf die Einteilung der Arbeitszeit. Vonseiten der Arbeitgeber besteht natürlich ein besonderes Interesse, die teuren Produktionsanlagen möglichst gut auszulasten, damit die Produktionskosten gesenkt werden und die Wettbewerbsfähigkeit verbessert wird. Dies ist mit einer Flexibilisierung der Arbeitszeit am ehesten zu erreichen.

Dabei geht es darum, die Arbeitsstunden an den betrieblichen Arbeitsanfall anzupassen und letztlich zu einer höheren Wirtschaftlichkeit beizutragen.

Bei der Flexibilisierung der Arbeitszeit unterscheiden wir grundsätzlich zwei Formen, die bisher vorherrschend sind:

a) Schichtarbeit:
   Üblicherweise unterscheidet man dabei zwischen Frühschicht, Spätschicht und Nachtschicht, wobei der Hauptgrund für diese Tätigkeit darin besteht, die Maschinenlaufzeiten optimal zu nutzen.
   Als Frühschicht bezeichnet man normalerweise die Zeit zwischen 6.00 Uhr und 14.00 Uhr, als Spätschicht die Zeit zwischen 14.00 und 22.00 Uhr, als Nachtschicht die Zeit zwischen 22.00 Uhr und 6.00 Uhr.
   Aufgrund der höheren Belastung werden bei Spätschicht und Nachtschicht höhere Löhne bezahlt.

b) Gleitzeit:
   In allen Bereichen, die nicht zur Produktion gehören (Vertrieb, Marketing, Finanzwesen, Einkauf, Personalwesen) besteht ein bestimmter Zeitrahmen, in dem ein frühestes Kommen und ein spätestes Gehen möglich ist. Dabei ist allerdings eine Kernarbeitszeit vorgegeben, in der üblicherweise alle Mitarbeiter an ihrem Arbeitsplatz tätig sind.

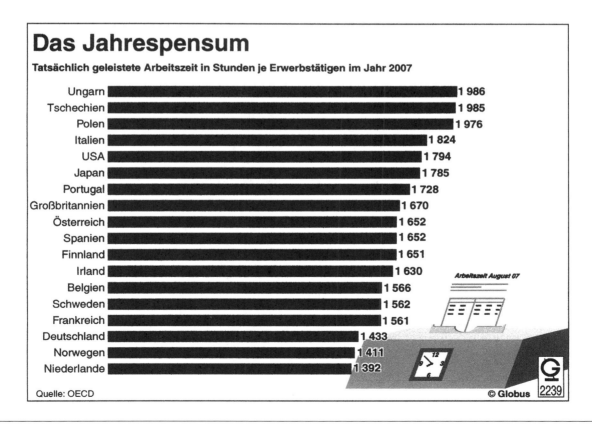

Das Jahrespensum

Tatsächlich geleistete Arbeitszeit in Stunden je Erwerbstätigen im Jahr 2007

Land	Stunden
Ungarn	1 986
Tschechien	1 985
Polen	1 976
Italien	1 824
USA	1 794
Japan	1 785
Portugal	1 728
Großbritannien	1 670
Österreich	1 652
Spanien	1 652
Finnland	1 651
Irland	1 630
Belgien	1 566
Schweden	1 562
Frankreich	1 561
Deutschland	1 433
Norwegen	1 411
Niederlande	1 392

Quelle: OECD

© Globus 2239

Datenschutz

Im Rahmen einer sich rasch verändernden Arbeitswelt spielt auch der Datenschutz eine große Rolle. Datenschutz bezeichnet dabei in erster Linie den Schutz personenbezogener Daten vor Missbrauch. Der Zweck besteht darin, den Einzelnen davor zu schützen, dass er durch den Umgang mit personenbezogenen Daten in seinem Recht auf informationelle Selbstbestimmung beeinträchtigt wird.

Datenschutz steht für die Idee, dass jeder Mensch – auch in einer globalisierten Welt – grundsätzlich selbst entscheiden kann, wem wann welche seiner persönlichen Daten zugänglich sein sollen.

Immer mehr persönliche Daten eines Bürgers werden in letzter Zeit bei verschiedenen Anlässen elektronisch gespeichert. Würde man z. B. zusammengewürfelte Daten über

- Verbrauchergewohnheiten (aus Dateien von Handelsbetrieben),
- finanzielle Verhältnisse (aus Dateien der Kreditinstitute),
- politische Betätigung (aus Dateien der Parteien oder des Verfassungsschutzes),
- Krankheiten (aus Dateien von Krankenhäusern, Ärzten bzw. Krankenkassen),
- Arbeitsfähigkeit und Arbeitsmoral (aus Dateien der Arbeitgeber),
- strafbare Handlungen (aus Dateien des Kraftfahrzeugbundesamtes bzw. aus Dateien der Staatsanwaltschaft und der Polizei)

verknüpfen, so ergäben sich die unterschiedlichsten Aussagen. Derartige Datensammlungen dringen auf jeden Fall tief in die Persönlichkeitssphäre einer Einzelperson ein. Die Vision vom „Großen Bruder" rückt mehr und mehr in den Bereich der technischen Machbarkeit. Der „gläserne Mensch" droht Wirklichkeit zu werden.

Diese und andere Möglichkeiten riefen den Gesetzgeber auf den Plan, um sicherzustellen, dass derartige Daten vor Missbrauch geschützt werden. **Datenschutz** ist also die rechtsstaatliche Antwort auf die prinzipiell unbegrenzte Möglichkeit der Speicherung und Verknüpfung von Daten durch Computer.

Aus diesem Grund wurden Regelungen zum Schutz der Bürger vor nachteiligen Auswirkungen der Datenverarbeitung getroffen. Von Bedeutung sind vor allem

- die Rechtsprechung des Bundesverfassungsgerichts,
- das Bundesgesetz zum Schutz vor Missbrauch personenbezogener Daten bei der Datenverarbeitung,
- die jeweiligen Landesdatenschutzgesetze,
- die Schufa-Klauseln im Kreditgewerbe.

Wortweiser

Schufa

Die Schutzgemeinschaft für allgemeine Kreditsicherung, kurz Schufa, erteilt Auskünfte über die Kreditwürdigkeit von Personen. Sie speichert dazu Daten wie den Verlauf von Kreditverträgen, ob die EC-Karte eingezogen wurde oder ob ein Haftbefehl besteht. Dazu benötigt sie die Einwilligung der jeweiligen Person. Wird die nicht erteilt, wird meist auch nichts aus der geplanten Kontoeröffnung oder dem gewünschten Darlehen. Die Schufa ist ein privates Unternehmen, das von der kreditgebenden Wirtschaft finanziert wird, für die auch die Daten gedacht sind.

Hier gibt es Auskunft

Wer eine Eigenauskunft bei der Schufa einholen will, muss sich an die für ihn zuständige Schufa-Geschäftsstelle wenden. Welche das ist, kann man zum Beispiel bei der eigenen Hausbank erfahren. Eine andere Möglichkeit: Man kann im Internet unter www.schufa.de nachschauen. Die für Bayern zuständige Schufa-Geschäftsstelle befindet sich in München. Postanschrift: Elsenheimerstraße 61, 80678 München, Telefon (089) 57006111.

Auch die Bundes-Schufa in Wiesbaden erteilt Auskunft: Bundes-Schufa e.V., Hagenauer Straße 44, 65203 Wiesbaden, Telefon (0611) 2388990.

Datenschutz für Firmen

Darüber hinaus – und hier geht es um berechtigte Firmeninteressen – wird der Begriff Datenschutz auch verwendet für den Schutz wissenschaftlicher und technischer Daten gegen Verlust oder Veränderung – und Schutz gegen Diebstahl dieser Daten. Dies betrifft vor allem den Bereich der Firmenspionage. Jährlich entstehen Firmen aufgrund solcher Wirtschaftsverbrechen Schäden in Millionenhöhe.

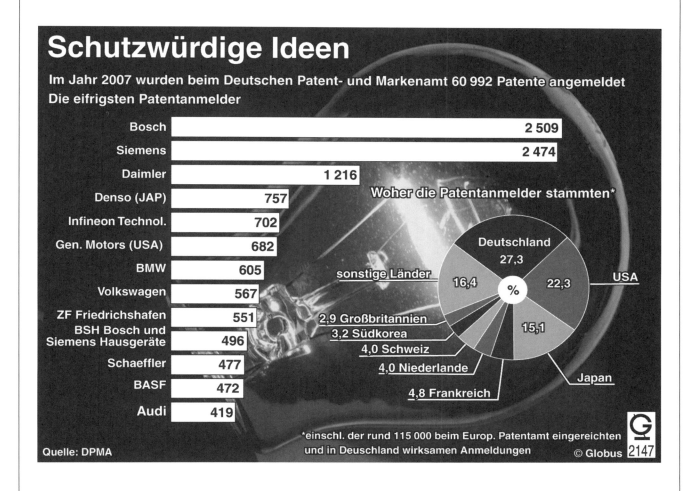

Schutzwürdige Ideen

Im Jahr 2007 wurden beim Deutschen Patent- und Markenamt 60 992 Patente angemeldet
Die eifrigsten Patentanmelder

Bosch	2 509
Siemens	2 474
Daimler	1 216
Denso (JAP)	757
Infineon Technol.	702
Gen. Motors (USA)	682
BMW	605
Volkswagen	567
ZF Friedrichshafen	551
BSH Bosch und Siemens Hausgeräte	496
Schaeffler	477
BASF	472
Audi	419

Woher die Patentanmelder stammten*

Deutschland 27,3
USA 22,3
Japan 15,1
sonstige Länder 16,4
2,9 Großbritannien
3,2 Südkorea
4,0 Schweiz
4,0 Niederlande
4,8 Frankreich

*einschl. der rund 115 000 beim Europ. Patentamt eingereichten und in Deuschland wirksamen Anmeldungen

Quelle: DPMA

© Globus 2147

Globalisierung

Definition: „Weltumspannende Verflechtung des Wirtschaftslebens, die zur Herausbildung eines einzigen, den ganzen Erdball umfassenden Marktes führt."

Die auf nur eine Nation beschränkte Herstellung von Gütern und Dienstleistungen verliert zunehmend an Bedeutung. Allenfalls ein Drittel der „deutschen" Autos wird wirklich in Deutschland hergestellt. Aber selbst dort, wo das „made in Germany" noch zutrifft und die Autos in München (BMW), Stuttgart (Mercedes) oder Wolfsburg (VW) vom Band laufen, sind vorher Zulieferungen von Einzelteilen aus alles Welt erfolgt. Unternehmen forschen, entwickeln und produzieren heute in den Ländern, die ihnen die besten Voraussetzungen bieten, und sie nutzen ihre dortige Anwesenheit zudem für die Erschließung des Marktes vor Ort.

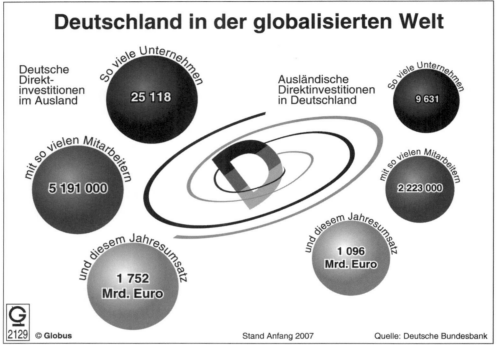

Deutschland in der globalisierten Welt

Deutsche Direkt-investitionen im Ausland

So viele Unternehmen 25 118

mit so vielen Mitarbeitern 5 191 000

und diesem Jahresumsatz 1 752 Mrd. Euro

Ausländische Direktinvestitionen in Deutschland

So viele Unternehmen 9 631

mit so vielen Mitarbeitern 2 223 000

und diesem Jahresumsatz 1 096 Mrd. Euro

2129 © Globus   Stand Anfang 2007   Quelle: Deutsche Bundesbank

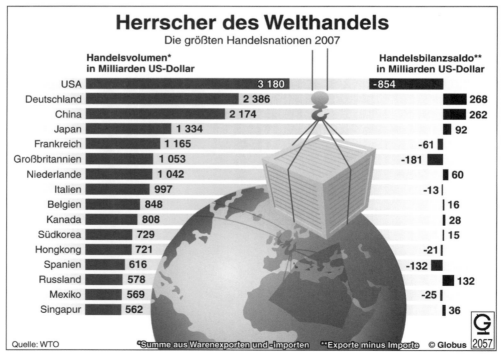

Herrscher des Welthandels

Die größten Handelsnationen 2007

	Handelsvolumen* in Milliarden US-Dollar	Handelsbilanzsaldo** in Milliarden US-Dollar
USA	3 180	-854
Deutschland	2 386	268
China	2 174	262
Japan	1 334	92
Frankreich	1 165	-61
Großbritannien	1 053	-181
Niederlande	1 042	60
Italien	997	-13
Belgien	848	16
Kanada	808	28
Südkorea	729	15
Hongkong	721	-21
Spanien	616	-132
Russland	578	132
Mexiko	569	-25
Singapur	562	36

Quelle: WTO   *Summe aus Warenexporten und -importen   **Exporte minus Importe   © Globus 2057

Neue Arbeitsformen – Telearbeit, Teilzeitarbeit, Zeitarbeit

Wie wird er aussehen, der Arbeitsplatz der Zukunft? Das multifunktionale Arbeitszimmer zu Hause oder das flexible Büro, das an allen Orten der Welt im Einsatz ist? Fest steht: Die digitale Welt löst die klassische Arbeit an einem festen Ort immer mehr auf. Ein PC, Internetanschluss, Telefon und Handy – das genügt als Grundausstattung für den mobilen Arbeitsplatz. Nach Schätzungen der führenden High-Tech-Unternehmen wird in den nächsten 10 bis 15 Jahren die Hälfte der arbeitenden Menschen Telearbeit leisten. Dieser Arbeitsform wird eine große Zukunft vorausgesagt. Die Vorteile liegen auf der Hand. Häufig sind die Telearbeiter zufriedener und produktiver, der Betrieb spart Reise- und Bürokosten, Aufträge werden schneller bearbeitet, Beruf, Freizeit und Familie können besser koordiniert werden.

Knapp 6,7 Millionen Teilzeitarbeitnehmer gibt es derzeit in Deutschland. Rund 20 Prozent der Beschäftigten arbeiten bereits zeitreduziert. In den vergangenen Jahren hat diese Form der Arbeitsgestaltung an Bedeutung gewonnen. Flexibilisierung und Verkürzung der Arbeitszeit ist in fast allen Wirtschaftszweigen zu beobachten – vor allem aber im Dienstleistungssektor. Der Trend zu mehr Teilzeitarbeit ergibt sich aus dem wirtschaftlichen Strukturwandel – hin zu mehr Dienstleistungen und mehr Frauenbeschäftigung.

Die Flexibilisierung der Arbeitswelt brachte den Zeitarbeitsfirmen einen gewaltigen Aufschwung. Die Arbeitnehmer sind bei einer Zeitarbeitsfirma angestellt und werden an andere Betriebe „ausgeliehen". Die Zeitarbeit hat Vorteile für beide Seiten: Die Mitarbeiter werden ihren Wünschen gemäß eingesetzt und wechseln häufig im Jahr die Firma, in der sie arbeiten. Die Firmen können bei einem kurzfristigen Engpass ihren Bedarf an zusätzlichen Mitarbeitern abdecken, ohne gleich sämtliche arbeitsrechtlichen Verpflichtungen eingehen zu müssen. Innerhalb eines Tages können Mitarbeiter, die in einer Firma projektbezogen auf eine befristete Zeit benötigt werden, eingesetzt werden. Für viele Firmen bietet sich so eine gute Möglichkeit, auf die Anforderungen des Arbeitsmarktes schnell reagieren zu können.

Die Nachteile der Zeitarbeit: In wirtschaftlichen Krisenzeiten sind oft Leiharbeiter als erste von Kündigung bedroht.

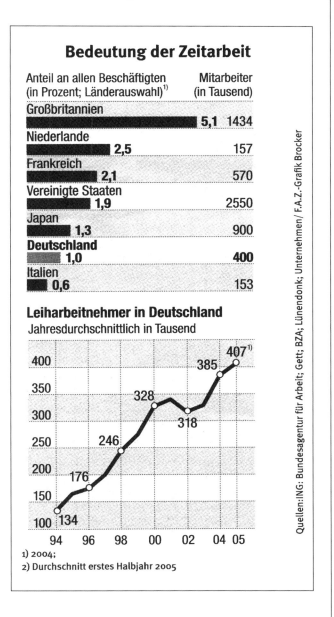

Bedeutung der Zeitarbeit

Anteil an allen Beschäftigten (in Prozent; Länderauswahl)[1]	Mitarbeiter (in Tausend)
Großbritannien **5,1**	1434
Niederlande **2,5**	157
Frankreich **2,1**	570
Vereinigte Staaten **1,9**	2550
Japan **1,3**	900
Deutschland **1,0**	**400**
Italien **0,6**	153

Leiharbeitnehmer in Deutschland
Jahresdurchschnittlich in Tausend

400 – 385 – 407[2]
350 – 328
300 – 318
250 – 246
200 – 176
150
100 – 134

94 96 98 00 02 04 05

1) 2004;
2) Durchschnitt erstes Halbjahr 2005

Quellen:ING: Bundesagentur für Arbeit; Gett; BZA; Lünendonk; Unternehmen/ F.A.Z.-Grafik Brocker

Zeitarbeit

Retter in der Not

Mit der Beschäftigungskrise der vergangenen Jahre hat bis jetzt eine Branche nichts am Hut – die Zeitarbeit. Sie befindet sich nahezu ungebremst auf Expansionskurs: Seit der Legalisierung der Arbeitnehmerüberlassung im Jahr 1973 stieg die Zahl der von Zeitarbeitsfirmen auf dieser Basis beschäftigten Arbeitnehmer auf nahezu eine halbe Million – das entspricht einem jahresdurchschnittlichen Zuwachs von mehr als acht Prozent.

Die Branche hatte lange Zeit unter Vorurteilen zu leiden – entsprechend langsam kam sie überhaupt in Fahrt. Bis Mitte der achtziger Jahre blieb die Zahl der überlassenen Arbeitnehmer nahezu unverändert (Grafik). Der Damm brach erst, als sich herumsprach, dass Personalleasingfirmen mit fähigen Mitarbeitern zuverlässig und preisgünstig in die Bresche springen, wenn irgendwo in der Produktion oder im Sekretariat Not am Mann oder an der Frau ist. Innerhalb zweier Jahrzehnte hat sich die Zahl der überlassenen Arbeitnehmer auf zuletzt 450.000 rund verzehnfacht.

Vor allem die neunziger Jahre brachten der Branche einen Auftragsboom – während die Zahl der sozialversicherungspflichtig Beschäftigten in Westdeutschland um rund zwei Millionen und in Ostdeutschland um 700.000 zurückging, legte die Zeitarbeit um 300.000 Leute zu. In der Folge stieg der Anteil der Zeitarbeitnehmer an den Erwerbstätigen stetig an – von 0,4 Prozent im Jahr 1994 auf 1,2 Prozent im Jahr 2004.

Damit dürfte jedoch das Ende der Fahnenstange längst nicht erreicht sein. Denn anderswo in Europa gehen bis zu 2,6 Prozent aller Arbeitskräfte regelmäßig auf Wanderschaft. Übertragen auf Deutschland heißt das:

Hierzulande könnten insgesamt bis zu einer Million Arbeitnehmer in der Zeitarbeitsbranche eine Stelle finden.

Zeitarbeit: Die Branche boomt
Von den Zeitarbeitsunternehmen überlassene Arbeitnehmer

Briten sind Vorreiter

UK	2,6
NL	2,5
B	2,2
F	2,1
A	1,4
D	1,2
N	1,0
S	1,0
P	0,9
E	0,7
FIN	0,6
I	0,6
DK	0,3

Überlassene Arbeitnehmer im Jahr 2004 in Prozent aller Erwerbstätigen

Quelle: EIRO

453.389 / 339.022 / 176.185 / 123.378 / 48.707 / 47.021 / 34.379 / 11.805

1973 1975 1980 1985 1990 1995 2000 2005

Stand: jeweils Juni; bis 1991: Westdeutschland
Quelle: Bundesagentur für Arbeit

Institut der deutschen Wirtschaft Köln

Wie stark das Instrument genutzt wird, hängt von mehreren Faktoren ab. Wo Arbeitsmärkte geknebelt sind, ist Zeitarbeit oft das einzige Schlupfloch, um der Überregulierung zu entkommen. Wenn z. B. ein starrer Kündigungsschutz Entlassungen verteuert, wird Zeitarbeit attraktiv.

Zeitarbeit

An der sogenannten Arbeitnehmerüberlassung sind drei Gruppen beteiligt: die Zeitarbeitnehmer, die Zeitarbeitsunternehmen und die Kundenunternehmen. Der Zeitarbeitnehmer ist bei einer Zeitarbeitsfirma fest angestellt. Er hat dort die üblichen Arbeitnehmerrechte: Ihm steht Urlaub zu, für ihn werden von der Zeitarbeitsfirma die Lohnsteuer und gesetzlichen Sozialabgaben abgeführt, und er hat Anspruch auf Lohnfortzahlung im Krankheitsfall.

Der Zeitarbeitnehmer wird von einem anderen Unternehmen über die Zeitarbeitsfirma für eine festgelegte Dauer geordert. Auf diese Weise müssen zum Beispiel bei Nachfragespitzen oder bei Krankheit keine neuen Arbeitskräfte gesucht und befristet eingestellt werden – man ruft einfach die Zeitarbeitsfirma an. Zwischen den Zeitarbeitnehmern und den Kundenunternehmen kommt keine vertragliche Bindung zustande; allerdings hat sich der Arbeitnehmer allen betrieblichen Anweisungen zu fügen.

So weit die Theorie. In der Praxis können Personalvermieter aus verkrusteten Arbeitsmärkten jedoch nur dann einen Nutzen ziehen, wenn sie selbst nicht handfesten Restriktionen unterworfen sind.

In Deutschland sah es mit dem In-Kraft-Treten des Hartz-I-Gesetzes im Jahr 2003 zunächst so aus, als könne der Gesetzgeber der Zeitarbeit das Wasser abgraben. Zwar wurden mit der Novelle diverse Regulierungen abgeschafft – der Zeitarbeitnehmer durfte früher beispielsweise nicht gleich noch einmal von derselben Firma angefordert werden, und die Überlassung war auf zwei Jahre beschränkt. Doch dafür schrieb die Bundesregierung den Equal-Treatment-Grundsatz ins Gesetz. Zeitarbeitnehmer müssen demnach genauso behandelt werden wie die Stammbelegschaft des entleihenden Betriebes – sie sollten den gleichen Lohn erhalten, den gleichen Urlaubsanspruch haben und so weiter.

Dies hätte die Zeitarbeitsunternehmen vor unlösbare Aufgaben gestellt, denn die Tarifstrukturen der Kunden können recht komplex sein. Insbesondere mittelständische Anbieter hätten einen riesigen bürokratischen Apparat aufbauen müssen, um für jeden ihrer Mitarbeiter herauszu

finden, wie die Bedingungen in dem Betrieb sind,
95 wo die Aushilfe eingesetzt werden soll.
Der Gesetzgeber hat jedoch den Zeitarbeitsunternehmen einen – allerdings dornigen – Aus-
weg aus dem Bürokratiegestrüpp angeboten.
Der Equal-Treatment-Grundsatz gilt nicht, wenn
100 ein Tarifvertrag existiert. Somit wurde die Zeitarbeitsbranche quasi gezwungen, Tarifgespräche
zu führen. Am Ende des Verhandlungsmarathons
zwischen dem Bundesverband Zeitarbeit und einer Tarifgemeinschaft verschiedener DGB-Ge-
105 werkschaften stand 2003 ein Tarifvertrag, welcher zwar nicht der gesamten Branche die Luft
zum Atmen nahm, bestimmten Berufsgruppen
aber schon.
Die Vereinbarung sieht derzeit neun Entgelt-
110 gruppen vor mit Stundenlöhnen zwischen 7,20
Euro für Tätigkeiten, die eine kurze Anlernzeit
erfordern, und 16,28 Euro für Tätigkeiten, die
ein Hochschulstudium und Berufserfahrung vo-
raussetzen. Zusätzlich gibt es derzeit Überstun-
115 denzuschläge, Zuschläge für Arbeitnehmer, die
ununterbrochen mehr als drei Monate im gleichen
Kundenunternehmen arbeiten sowie Jahresson-
derzahlungen.

Ab Juli 2006 gilt eine Sonderregelung, nach der
120 *die Tarife in den neuen Bundesländern um 13*
Prozent niedriger liegen können als im Westen.
Westlich und östlich der Elbe sind die Tarife 2007
linear um 2,5 Prozent gestiegen. Der Einstiegsta-
rif beträgt im Westen 7,38 Euro pro Stunde.
125 Und hier fängt die Sache an hakelig zu werden.
Denn es werden nur wenige Kunden bereit sein,
für unqualifiziertes Personal diesen Tariflohn zu
bezahlen, auf den das Zeitarbeitsunternehmen
noch einmal seine Verwaltungskosten packen
130 muss. Beschäftigungsverluste könnten die Folge
sein – immerhin sind Hilfsarbeiter mit einem Anteil
von rund einem Drittel die größte Berufsgruppe
in der Zeitarbeit (Grafik).
Gerade die Geringqualifizierten, die 40 Prozent
135 der Langzeitarbeitslosen stellen, haben bislang
von der Zeitarbeit profitiert. Mit ihrer Hilfe wurde
oft der Sprung zurück in den Beruf geschafft.
Gleiches gilt für die vielen Berufsrückkehrerinnen,
die nach einer Kinderpause ihr Glück auf dem
140 Arbeitsmarkt testen wollen. Insgesamt waren 50
Prozent der Zeitarbeitnehmer zuvor ein Jahr ohne
Job, weitere 11 Prozent sogar noch länger.

Auch für Berufseinsteiger – 8 Prozent – ist die
Zeitarbeit ein Sprungbrett in eine feste Beschäf-
145 *tigung bei nur einem Betrieb.*
Allerdings hat Zeitarbeit nicht nur eine Brücken-
funktion. Für zahlreiche Menschen, die das Job-
Hoppen zum Prinzip gemacht haben, ist diese
Arbeitsform ideal – zumal Zeitarbeitsunterneh-
150 men die gleichen Arbeitgeberpflichten haben wie
Firmen anderer Wirtschaftszweige.

Zeitarbeitnehmer: Bunter Berufscocktail
Von den Zeitarbeitsunternehmen überlassene Arbeitnehmer im Jahr 2005

	Männer	Frauen	Insgesamt
Hilfsarbeiter	107.461	38.269	145.730
Dienstleistungsberufe	46.036	22.992	69.028
Schlosser, Mechaniker	61.260	641	61.901
Verwaltungs- und Büroberufe	16.130	30.168	46.298
Elektriker	29.024	420	29.444
Übrige Fertigungsberufe	19.844	4.030	23.874
Technische Berufe	16.086	2.334	18.420
Montierer, Metallberufe	13.706	1.758	15.464
Sonstige	10.820	3.658	14.478
Metallerzeuger, -bearbeiter	11.931	280	12.211
Bauberufe	5.237	24	5.261
Gesundheitsdienstberufe	1.000	3.608	4.608
Warenkaufleute	1.023	1.619	2.642
Chemie- und Kunststoffarbeiter	2.196	440	2.636
Bau-, Raumausstatter, Polsterer	1.301	75	1.376

Quelle: Bundesagentur für Arbeit

Institut der deutschen Wirtschaft Köln

Dennoch ist die Fluktuation in der Branche beträchtlich. Die Zahl der neu begonnenen Beschäftigungsverhältnisse in der Zeitarbeit war mit
155 800 000 im Jahr 2004 fast doppelt so hoch wie
der jahresdurchschnittliche Beschäftigungsstand.
Dementsprechend dauerten rund 14 Prozent der
beendeten Arbeitsverhältnisse in der Zeitarbeit
weniger als eine Woche. Die meisten (44 Prozent)
160 hielten mindestens sieben Tage und höchstens
drei Monate.
Ganz so schlecht können die Arbeitsbedingungen
bei den Personalverleihern aber auch nicht sein:
Vor zehn Jahren waren nur 37 Prozent der Zeit-
165 arbeitnehmer länger als drei Monate im Einsatz
– heute sind es immerhin 41 Prozent.
Dass die Arbeitsverhältnisse meist von kurzer
Dauer sind, hängt mit den besonderen Rechten
der Arbeitnehmer zusammen. Diese dürfen dem
170 Verleiher sofort Ade sagen, wenn sie von einem
Kundenunternehmen abgeworben werden:

Rund ein Drittel der aus der Zeitarbeit Ausge-
schiedenen fand kurzfristig eine sozialversiche-
rungspflichtige Beschäftigung.
175 Dieser Klebeeffekt war es auch, den man im Rahmen von Hartz I mittels der Personal-Service-
Agenturen (PSA) für die Vermittlung von Arbeitslosen nutzen wollte. Nicht weniger als 500 000
Arbeitslose sollten in derlei staatlich geförderten
180 Zeitarbeitsunternehmen beschäftigt werden.
Die Idee scheiterte allerdings schon im Ansatz.
Vergessen wurde nämlich, dass Zeitarbeit mehr
ist als die simple Bereitstellung von Arbeitskräften. Zeitarbeitsbetriebe erbringen heutzutage
185 auch personalwirtschaftliche Leistungen. Mitarbeiter müssen termin- und fachgerecht akquiriert
werden. Auch in verleihfreien Phasen hat die Zeitarbeitsfirma ihren Arbeitgeberpflichten nachzu-
kommen und kann z. B. durch Weiterbildung die
190 Einsatzmöglichkeiten des Arbeitnehmers verbessern. All dies wurde nur selten erfüllt, wenn die
PSA nicht von einem etablierten Zeitarbeitsunternehmen geführt wurde.

Zeitarbeit kann Türen zur Karriere öffnen

Diese Form der Beschäftigung wird in Deutschland immer beliebter – Höher qualifiziertes Personal zunehmend gefragt

Augsburg

Die MAN-Firmen tun es, und auch der Computerhersteller Fujitsu-Siemens nutzt gern die Möglichkeit, mithilfe von Leiharbeitern der großen Nachfrage Herr zu werden. In einer wachsenden Zahl von Unternehmen sind Arbeitnehmer, die auf Zeit eingesetzt werden, zu einem wichtigen Puffer geworden, um auf Veränderungen der Auftragslage schnell reagieren zu können. „Zeitarbeit ist ein Ventil für den herkömmlichen, zu wenig flexiblen deutschen Arbeitsmarkt", sagt Andreas Kopton, einer der Vizepräsidenten der Industrie- und Handelskammer (IHK) Schwaben, die rund 400 Unternehmen aus der Region zu diesem Thema befragt hat.

Leiharbeit ist bundesweit eine Wachstumsbranche, die nach der Reform des Leiharbeitsrechts im Jahr 1997 durchschnittlich um 17 Prozent zugelegt hat. Erst 2001 wurde das Wachstum gebremst, legte aber schon im Jahr 2004 wieder um 15 Prozent zu, wie das Institut für Arbeitsmarkt- und Berufsforschung der Bundesagentur für Arbeit auflistet. Dabei ist Zeitarbeit nach Ansicht von IHK-Vizepräsident Kopton „für die

Unternehmen kein Mittel, um reguläre Arbeitsplätze durch billigere befristet zu ersetzen". Umgekehrt stellen Firmen Leiharbeiter, die sich in ihrem Betrieb bewährt haben, zunehmend fest ein. Das Nürnberger Zeitarbeitsunternehmen Hofmann Personal Leasing hat zum Beispiel beobachtet, dass „die Übernahmebereitschaft der Unternehmen, besonders bei kaufmännisch ausgebildeten Mitarbeitern, zunimmt". Das gelte auch für höher qualifiziertes Personal. Universitätsabgänger sollten deshalb Zeitarbeit als Einstieg in den Arbeitsmarkt nutzen, rät Firmenchefin Ingrid Hofmann.

Generell ist aber der größte Teil der Leiharbeiter gering qualifiziert, wie auch die Umfrage der IHK Schwaben bestätigt. Das sehen viele Firmen als Problem, denn sie müssen die Arbeitskräfte oft lange einarbeiten. Deshalb wird mehr als die Hälfte der Zeitarbeiter in Schwaben in der Produktion eingesetzt und ein gutes Fünftel in Lager und Logistik. Nur acht Prozent arbeiten in der Verwaltung und drei Prozent mit direktem Kundenkontakt. Vor allem die Industrie greift auf

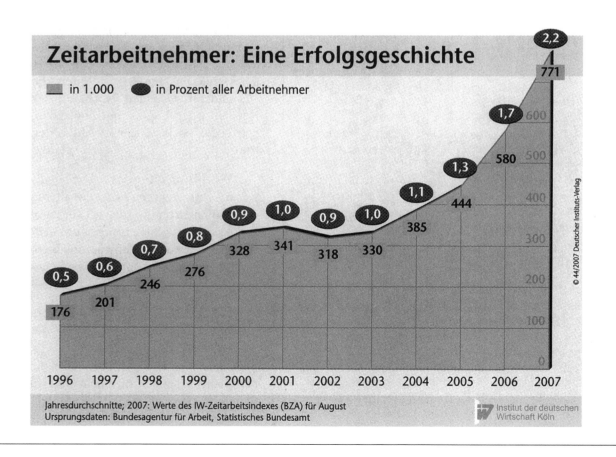

Zeitarbeitnehmer: Eine Erfolgsgeschichte

■ in 1.000 ● in Prozent aller Arbeitnehmer

1996: 176 (0,5); 1997: 201 (0,6); 1998: 246 (0,7); 1999: 276 (0,8); 2000: 328 (0,9); 2001: 341 (1,0); 2002: 318 (0,9); 2003: 330 (1,0); 2004: 385 (1,1); 2005: 444 (1,3); 2006: 580 (1,7); 2007: 771 (2,2)

© 44/2007 Deutscher Instituts-Verlag

Jahresdurchschnitte; 2007: Werte des IW-Zeitarbeitsindexes (BZA) für August
Ursprungsdaten: Bundesagentur für Arbeit, Statistisches Bundesamt

Institut der deutschen Wirtschaft Köln

Leiharbeiter zurück, zeigt die Umfrage. Jedes zweite Industrieunternehmen in Schwaben nutzt dieses Ventil. Die MAN-Gruppe, einer der großen Arbeitgeber in Schwaben, hat zum Beispiel in Deutschland in den ersten drei Monaten die Mitarbeiterzahl um 710 aufgestockt, aber nur ein Viertel davon sind feste Arbeitsplätze.

Der vom Zeitarbeitsunternehmen Hofmann beobachtete Trend zur Übernahme von Leiharbeitnehmern wird auch durch die schwäbische Umfrage bestätigt. „Fast zwei Drittel der befragten Unternehmen, die Leiharbeiter einsetzten, übernahmen gelegentlich einzelne flexible Arbeitskräfte in ein festes Arbeitsverhältnis", sagt IHK-Volkswirt Peter Lintner. In konkreten Zahlen: Die befragten Unternehmen stellten im vergangenen Jahr insgesamt 2727 Arbeitsplätze zur Verfügung, und dabei wurden immerhin 155 Zeitarbeiter in eine feste Anstellung übernommen. Insgesamt haben schon mehr als 60 Prozent der Firmen, die Zeitarbeiter einsetzen, solche Arbeitskräfte übernommen. Auch in Schwaben zeigt sich zudem, dass die Ansprüche an die Qualifikation der Leiharbeiter zunehmen.

von Klaus Köhler

Arbeitnehmerüberlassung

Zeitarbeit als Beschäftigungsform hat sich hierzulande in den sechziger Jahren gebildet und seitdem immer mehr an Bedeutung gewonnen. Der Zeitarbeitnehmer ist in der Regel unbefristet beim Zeitarbeitsunternehmen angestellt, das ihn in anderen Firmen einsetzt, die vorübergehend Personalbedarf haben. Das kann nur für wenige Tage sein, aber auch für Wochen oder Monate.

Die Mehrheit der Leiharbeiter arbeitet aber nur für einen kurzen Zeitraum von bis zu drei Monaten in einem Betrieb, wie auch die Umfrage aus Schwaben zeigt. Die rechtlichen Grundsätze der Zeitarbeit sind im Arbeitnehmerüberlassungsgesetz geregelt. Zwischen Zeitarbeitunternehmen und Kundenbetrieb werden die Einzelheiten in einem Arbeitnehmerüberlassungsvertrag festgelegt.

Der Kunde zahlt an das Zeitarbeitsunternehmen das dort vereinbarte Honorar. Die Arbeitnehmer erhalten die im Arbeitsvertrag vereinbarte Vergütung. Wenn sie nicht nur für diesen Einsatz eingestellt wurden, erhalten sie die Vergütung auch dann, wenn das Zeitarbeitsunternehmen einmal keine Einsatzmöglichkeit für sie hat.

Zeitarbeiter werden überwiegend als Hilfspersonal eingesetzt, vor allem in Industriebetrieben, zunehmend auch im kaufmännischen Bereich.

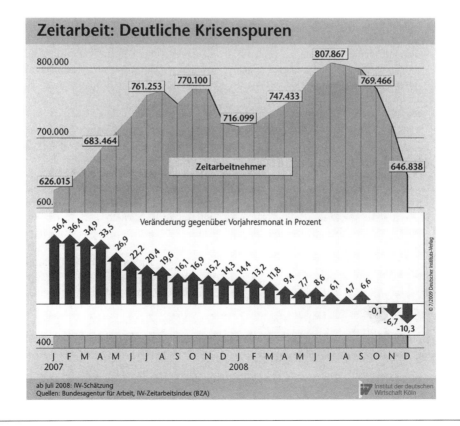

Veränderung der Qualifikationsanforderungen

Das Wohl der deutschen Wirtschaft hängt wegen ihrer Rohstoffarmut von einem hohen technischen Know-how und überdurchschnittlichen Mitarbeiterqualifikationen ab. Deutsche Firmen müssen daher ständig an neuen und verbesserten Produkten und Verfahren arbeiten. Gefragt sind darüber hinaus innovative Dienstleistungen wie z. B. der elektronische Verkauf über das Internet. Ob Flugtickets über eine deutsche Domain oder in Amerika bestellt werden, ist dem Nutzer egal.

In dem Maße, wie der Wettbewerbsdruck zunimmt, werden auch höhere Anforderungen an Wissenschaft, Forschung und Entwicklung gestellt. Der Faktor Zeit spielt dabei eine immer größere Rolle; in immer kürzerer Zeit müssen Forschungsergebnisse präsentiert und in marktreife Produkte umgesetzt werden. Unternehmen, die ihren Fuß in der Tür behalten wollen, müssen sich der schnelleren Gangart anpassen. Personal und Einrichtungen müssen eine schnelle Entwicklung garantieren, mitunter auch im Ausland. Um diese Forderungen zu erfüllen, müssen die Erwerbstätigen in Zukunft damit rechnen, ihren Beruf zu wechseln und auch für eine gewisse Zeit im Ausland zu arbeiten.

Durch eine gute Ausbildung erhoffen sich Jugendliche bessere Chancen auf dem Arbeitsmarkt. Auszubildende in Düsseldorf 2005

Lebenslanges Lernen, berufliche Fortbildung und ständige Erneuerung des Wissens sind Grundvoraussetzungen für zukünfige berufliche Laufbahnen. Wer sich weiterbilden möchte, kann von der Entwicklung des Internets profitieren. Neue Medien und Kommunikationstechniken bieten viele Möglichkeiten für individuelle Fortbildung von zu Hause aus. Um daran teilzunehmen, braucht man lediglich einen Multimedia-PC mit Internetzugang und schon kann es losgehen: man lernt individuell, nach eigenem Fahrplan, unabhängig von Zeit und Ort. Besonders für Menschen, die sich aus finanziellen Gründen nicht an einen bestimmten Ort binden können, ist diese Möglichkeit der Weiterbildung eine gute Chance, die hohen Anforderungen zu erfüllen, die in Zukunft auf sie zukommen werden.

Otto Mayr: Arbeit und Arbeitswelt © Brigg Pädagogik Verlag GmbH, Augsburg

Die Zukunft der Arbeit

Die Zukunft der Arbeit in unserer Gesellschaft wird geprägt von der starken Zunahme der Dienstleistungen und der umfassenden Nutzung von Informations- und Kommunikationstechnologien. Die für unsere zukünftige Arbeitswelt prägenden Entwicklungstrends lassen sich wie folgt zusammenfassen:

- Die „Globalisierung" der Märkte verändert den Raum, innerhalb dessen Unternehmen (und Volkswirtschaften) miteinander konkurrieren. Standortvorteile und -nachteile stehen weltweit miteinander im Wettbewerb.

- Die Unternehmen reorganisieren sich in dem Bemühen, sich den veränderten Rahmenbedingungen besser anzupassen. Die Folge sind neue Arbeitsformen, flachere Hierarchien, kleinere Unternehmenseinheiten etc.

- Die Ökologie wird für die Wirtschaft immer bedeutsamer. Der Verbrauch natürlicher Ressourcen wird tendenziell teurer.

- Als Folge der sich entwickelnden Computer-Technologie kommt es zu neuartigen Anwendungen und Vernetzungen. Digitalisierung, Miniaturisierung und Integration prägen die Innovation in der Kommunikationstechnik.

- Wissen und Kommunikation werden zu den entscheidenden Ressourcen für erfolgreiches Wirtschaften. Diese und andere Trends haben für die Wirtschaft erhebliche Auswirkungen:

- Die klassischen Unternehmenskonfigurationen werden zunehmend flexibilisiert, z. T. aufgelöst. Aus dem Großbetrieb werden viele kleine, aus festen rechtlichen und organisatorischen Beziehungen werden zeitlich begrenzte Kooperationen selbstständiger Unternehmen oder Personen („virtuelle Unternehmen").

- Die Beschäftigten arbeiten häufig nicht mehr an einem Ort in ihrem Betrieb zusammen, sondern zu Hause oder wo immer sie wollen (Telearbeit). Betroffen sind nicht nur „freischaffende" Berufe, Software-Entwickler u. a., sondern auch Schreibkräfte, Buchhalter etc.

- Der klassische Arbeitnehmerstatus wird vielfach ersetzt durch selbstständige Arbeit für die Unternehmen auf Auftragsbasis.

- Atypische Arbeitsverhältnisse nehmen zu (geringfügige Beschäftigung, Teilzeitarbeit, befristete Arbeitsverträge).

Biotechnologie

In Deutschland eine junge Branche

Auf dem Gebiet der Biotechnologie hat Deutschland zuletzt zugelegt. Rund um den Globus wird die Zahl der Biotechunternehmen auf 5000 geschätzt. Von diesen Firmen
5 *sind etwa 600 börsennotiert. Jedes zehnte Unternehmen hat sich in Deutschland angesiedelt. Der Weltumsatz der Branche liegt 2006 bei 68,5 Milliarden Euro; die Bundesrepublik konnte sich im vergangenen Jahr 1,54*
10 *Milliarden Euro vom Kuchen sichern.*

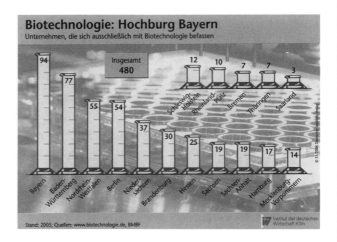

Biotechnologie: Hochburg Bayern
Unternehmen, die sich ausschließlich mit Biotechnologie befassen

Insgesamt 480

Bayern 94, Baden-Württemberg 77, Nordrhein-Westfalen 55, Berlin 54, Niedersachsen 37, Brandenburg 30, Hessen 25, Sachsen 19, Sachsen-Anhalt 19, Hamburg 17, Mecklenburg-Vorpommern 14, Schleswig-Holstein 12, Rheinland-Pfalz 10, Bremen 7, Thüringen 7, Saarland 3

Stand: 2005; Quellen: www.biotechnologie.de, BMBF

Institut der deutschen Wirtschaft Köln

Dass Deutschland in der Biotechnik noch nicht ganz vorne mitspielt, hat seinen Grund. Hierzulande erwachte die Branche relativ spät aus dem Dornröschenschlaf. Erst Mitte
15 der neunziger Jahre, als das Forschungsministerium einen Wettbewerb ins Leben rief, kam es zu einem regelrechten Gründerboom. Dementsprechend ist die Branche in Deutschland noch relativ jung: Die Hälfte
20 der derzeit bestehenden „reinen" Biotechunternehmen, die sich ausschließlich dieser Materie widmen, wurde in den Jahren 1997 bis 2001 gegründet. Das Durchschnittsalter dieser Firmen lag 2005 bei 6,9 Jahren.
25 Die Biotechnologie ist etwas für Spezialisten. So agierten im vergangenen Jahr am Standort Deutschland 480 reine Biotechfirmen und lediglich 59 Unternehmen, bei denen die moderne Biotechnologie ein Geschäfts- oder
30 Tätigkeitsfeld neben anderen ist. Vor allem Pharma- und Chemieunternehmen leisten sich ein solches zweites Standbein.
Große Beschäftigungsmotoren sind die Firmen nicht – eher kleine Think-Tanks. So
35 zählten alle Unternehmen zusammen im Jahr 2005 nur knapp 24 000 Mitarbeiter, davon waren gut 54 Prozent in den eigentlichen Biotechunternehmen tätig.

Die Mehrzahl der reinen Biotechnologiefir-
40 *men – 88 Prozent – beschäftigt weniger als 50 Mitarbeiter.*
Umsatzmäßig backen die Biotechschmieden eher größere Brötchen. Der Umsatz der Branche im engeren Sinne betrug 2005 rund
45 1,54 Milliarden Euro, knapp die Hälfte davon (714 Millionen Euro) wurde in Forschung und Entwicklung investiert. Umgerechnet auf die Zahl der Unternehmen sind das 3,2 Millionen Euro Umsatz pro Biotechfirma – mehr als
50 doppelt so viel wie im gesamtwirtschaftlichen Durchschnitt aller Betriebe in Deutschland.
Eine der wichtigsten Finanzierungsquellen für die Branche ist das Venture Capital: Insgesamt waren 44 Prozent der reinen Biotech-
55 unternehmen wagniskapitalfinanziert; nach Angaben der Unternehmen flössen auf diese Weise im Jahr 2005 rund 262 Millionen Euro in die Kassen. Bund, Länder und Kommunen sponserten die Biotechnologiefirmen zudem
60 mit rund 50 Millionen Euro.
Das Hauptgeschäftsfeld der originären Biotechfirmen ist mit einem Anteil von 83 Prozent die Medizin. Der Schwerpunkt der Geschäftsstrategien liegt naturgemäß in der Forschung,
65 dicht gefolgt von Dienstleistungen sowie der Produkt-und Prozessentwicklung.
Biotechnologie-Hochburg ist Bayern mit 94 Unternehmen (Grafik); es folgen Baden-Württemberg (77) und Nordrhein-Westfalen (55).
70 „Nachzügler" sind dagegen das Saarland, Thüringen und Bremen mit zusammen 17 Biotechschmieden.
Dabei gehen eine starke Hochschullandschaft und Firmengründungen Hand in Hand.
75 Insgesamt bieten 38 Unis und FHs 2540 passende Studienplätze an – die meisten dieser Hochschulen stehen in Baden-Württemberg (5), Bayern, NRW und Niedersachsen (jeweils 4). Mau sieht es in Bremen und im Saarland
80 aus – der Hochschulkompass der Hochschulrektorenkonferenz weist in beiden Ländern kein Biotechstudienfach aus.

Zum Himmel stinkt da nichts mehr

Umweltschutz in der Chemie-Industrie am Beispiel Gersthofen

Gersthofen

Alles blitzt in Edelstahl-Optik, der Raum ist hell und trocken, von stechendem Geruch keine Spur – Werkleiter Detlef Kampmann bemerkt
5 das Staunen des Besuchers und erklärt mit erkennbarem Stolz in der Stimme: „Dies ist das Herz unserer Chemiefabrik." Durch einen Prozess namens katalytische Hydrierung entsteht in dieser Halle reine Monochloressig-
10 säure (MCE), ein Stoff, der zum Beispiel für die Herstellung von Tapetenkleister und Sekundenkleber verwendet wird, Folgeprodukte findet man aber auch in Haarwaschmitteln und Anti-Falten-Cremes, und sogar in Mayonnaise,
15 Ketchup und vielen Medikamenten.
Vor wenigen Jahren hatte das Herz der Chemiefabrik CABB (früher: Clariant, noch früher: Hoechst) in Gersthofen nahe Augsburg noch in einem anderen, ruppigeren Takt geschlagen.
20 Um reine MCE zu gewinnen, musste eine ganze Halle voller Kristallisatoren betrieben werden, die viel Energie verbrauchten und überdies 3000 Tonnen aufzuarbeitende Abfallstoffe im Jahr hinterließen. Jetzt übernehmen die neu-
25 en, silbern funkelnden, meterhohen Hydriertürme, in deren Innerem sich ein Katalysator befindet, diese Aufgabe – und sie machen es besser: Es gibt praktisch keine Abfälle mehr, der Energieverbrauch ist kräftig gesunken, das
30 Unternehmen spart mehrere hunderttausend Euro im Jahr. „Das", sagt Kampmann, der die neue Technik erst im Labor mitentwickelt hat, danach das Pilotprojekt leitete und jetzt die großtechnische Umsetzung verantwortet, „ist
35 produktionsintegrierter Umweltschutz."
„Anders geht es heute gar nicht mehr", bestätigt Hermann Teufel, der Chef des Industrieparks Gersthofen. Mehrere Firmen arbeiten auf dem Gelände, der Chemiestandort ist über 100 Jah-
40 re alt und mit 1600 Mitarbeitern einer der größten Industriearbeitgeber unserer Region. Das Beispiel der Firma CABB, so Teufel, „belegt gut, wie die drei Eckpfeiler Ökonomie, Ökologie und Soziales zusammenspielen":
45 Mit Investitionen auch in den Umweltschutz bleibe der Betrieb rentabel und auf dem neuesten Stand der Technik, was im Falle eines Wiederverkaufs die Arbeitsplätze sichere (Eigentümer von CABB ist derzeit der niederlän-
50 dische Investor Gilde Buy-Out Fund). „Es ist in jeder Hinsicht wichtig, dass das ‚magische Dreieck' gewahrt wird", betont Teufel, der auch

Die alte Chlorchemie: So sah die Herstellung von Chloressigsäure im Jahr 1927 aus.

Vorsitzender des Fördervereins Kompetenzzentrum Umwelt (Kumas) sowie Bezirkschef
55 der Vereinigung der Bayerischen Wirtschaft (vbw) ist. „Nur so lässt sich Nachhaltigkeit im Wirtschaftsleben erzielen." Eine weitere große Umstellung wurde von CABB, die in Gersthofen rund 200 Mitarbeiter beschäftigt, bei der Chlor-
60 herstellung vollzogen, die der Produktion von Monochloressigsäure vorausgeht. Heute wie früher wird Steinsalz, das im Raum Heilbronn bergmännisch abgebaut und in Güterwaggons auf das Gersthofener Betriebsgelände gelie-
65 fert wird, mithilfe der Elektrolyse zu Chlor, Natronlauge und Wasserstoff umgesetzt. Doch das alte Verfahren mit giftigem Amalgam ist seit 2000 komplett durch eine neue, quecksilberfreie Membrantechnik ersetzt. „Auf diese
70 Weise haben wir den Energieverbrauch, der in der Größenordnung einer Stadt wie Gersthofen oder Neusäß liegt, um mehr als 20 Prozent gesenkt", berichtet Werkleiter Kampmann.
Und der Umweltschutz geht weiter. Vor zwei
75 Jahren wurde die Abfall-Verbrennungsanlage der CABB umgerüstet. Jetzt wird der bisherige Brennstoff Erdgas so weit wie möglich durch Wasserstoff ersetzt, der bei der Chlorherstellung als Nebenprodukt anfällt. 2005 konnten
80 350 000 Kubikmeter Erdgas eingespart werden – ein Minus von 75 Prozent, und zwar sowohl bei den Energiekosten als auch beim klimaschädlichen Kohlendioxid.
Ein ganz neues Projekt ist der Einbau eines be-
85 sonderen Wärmetauschers (Regenerator-Rad), der im Trocknungsprozess für eine Spezial-Chemikalie 25 Prozent Energie einspart. Und auch die Abwässer, die bereits seit Jahrzehnten

in eine biologische Kläranlage fließen, sollen in
90 Zukunft noch besser vorgereinigt werden.
Trotz aller Anstrengungen bleibt indes unbe-
stritten, dass die Chemiebetriebe in Gersthofen
mit Gefahrstoffen arbeiten. Die Monochloressigsäure zum Beispiel ist hoch reaktiv, wodurch
95 sie giftig und ätzend ist, und zusätzlich hoch
korrosiv („ein Edelstahlrohr würde binnen weniger Stunden durchrosten"). Deswegen bestehen alle Anlagenteile, in denen MCE strömt,
innen aus Glasemail oder der Stahl ist dick mit
100 Teflon oder Keramik beschichtet. Doch das Risiko ist aus Sicht des Betreibers beherrschbar:
„Die Rohre und Behälter sind absolut dicht und
auf meine Mitarbeiter ist Verlass", sagt Kampmann. „Gravierende Betriebsstörungen oder
105 Arbeitsunfälle hat es in den letzten Jahren bei
uns nicht gegeben." Angst vor den chlororga-
nischen Verbindungen müsse niemand haben,
betont Kampmann: „Die Endprodukte sind völlig chlorfrei." Die in Gersthofen seit 100 Jahren
110 produzierte Chloressigsäure „ist nur ein wichtiger Baustein, der die Herstellung vieler Produkte erst ermöglicht". Deswegen spielt MCE
sogar bei der Produktion von synthetischem
Vitamin D, von Koffein (unter anderem für Erfri-
115 schungsgetränke) und Penicillin eine Rolle.
Dies geschieht dann in Fabriken rund um den
Globus – aber das unentbehrliche Vorprodukt
stammt zu einem erheblichen Teil aus unserer
Region.

Wortweiser: Nachhaltigkeit

In der Forstwirtschaft hatte der Begriff bereits
Tradition, als er 1992 auf dem Weltgipfel von
Rio de Janeiro der Öffentlichkeit präsentiert
5 wurde. Die „nachhaltige Entwicklung" (sustain-
able development" wurde dort als globales
Ziel festgelegt. Das Motto soll nicht nur für
Entwicklungsländer gelten, sondern auch die
Politik und das wirtschaftliche Handeln in den
10 Industrieländern bestimmen. Im Kern geht es
darum, einen Ausgleich zwischen wirtschaftlicher Entwicklung, sozialer Gerechtigkeit und
dem Erhalt der natürlichen Lebensgrundlagen
zu finden. Diese drei Werte sind die Eckpunkte
15 des „magischen Dreiecks".
Immer mehr Unternehmen und Branchen be-
kennen sich inzwischen zur Nachhaltigkeit.
Selbst frühere „Sorgenkinder" wie die Chlorchemie haben umgesteuert. Gefährliche (Chlorver-
20 bindungen wie das Insektengift DDT oder die
als Flammschutzmittel eingesetzten polychlo-
rierten Biphenyle (PCB) sind ohnehin seit lan-
gem verboten. Heute sind sogar 70 Prozent der
Endprodukte aus der Chlorchemie vollkommen
25 chlorfrei. Auch die Produktionsprozesse wurden in den vergangenen 20 Jahren von Grund
auf neu strukturiert. Stichworte dazu sind:
geschlossene Anlagentechnik, Senkung der
Emissionen, Einführung von Kreislaufsystemen
30 und Umstellung auf alternative Verfahren.

Von Winfried Züfle

Die neue Chlorchemie: In diesem blitzsauberen Rohren und „Hydriertürmen" entsteht in Gersthofen die als Vorprodukt für Kleber, aber auch für Ketchup benötigte Chloressigsäure. Die
Steuerung der Anlage erfolgt übrigens zeitgemäß am Computer.
www.industriepark-gersthofen.de

Thema 5: Arbeiten in Europa

Lernziele

1. Die Schüler sollen Chancen, Wagnisse und Perspektiven des Arbeitens in Europa kennenlernen.
2. Die Schüler sollen sich bewusst machen, mit welchen Anforderungen sich jemand auseinandersetzen muss, wenn er im Ausland arbeiten will.
3. Die Schüler sollen die Bedeutung des EWR erläutern können.
4. Die Schüler sollen den Bereich „Ausbildung in Europa" kennenlernen.
5. Die Schüler sollen EURES als Portal zur beruflichen Mobilität kennenlernen.
6. Die Schüler sollen Anlaufstellen für den Wunsch, im Ausland zu arbeiten, kennenlernen.

Medien

Folie, Informationsblätter, Arbeitsblatt

Einstieg in das Thema

Was bringt Europa?/Die vier Freiheiten im Binnenmarkt (Folie S. 92)

Erarbeitung

Arbeiten in Europa: Chance – Wagnis – Perspektive (Info-Blatt S. 93)
Arbeiten im Ausland – Motive und persönliche Perspektiven (Info-Blatt S. 94)
Fit fürs Ausland? (Info-Blatt S. 95)
Arbeiten in einem anderen Land des EWR (Info-Blätter S. 96)
Berufliche Bildung in Europa (Info-Blatt S. 98)
Ausbildung in der Europäischen Union (Info-Blatt S. 99)
EURES – das europäische Portal zur beruflichen Mobilität (Info-Blatt S. 100)
Berufsausbildung im Ausland (Info-Blatt S. 101)
Als Friseurin an der Costa Blanca – ein Erfahrungsbericht (Info-Blatt S. 102)
Arbeiten in Europa (Arbeitsblatt S. 103)

Was bringt Europa?

Die vier Freiheiten im Binnenmarkt

Freier Personenverkehr

Wegfall der Grenzkontrollen

Harmonisierung der Einreise-, Asyl-, Waffen-, Drogengesetze

Niederlassungs- und Beschäftigungsfreiheit für EU-Bürger

Verstärkte Außenkontrollen

Freier Dienstleistungsverkehr

Liberalisierung der Bank- und Versicherungsdienstleistungen

Harmonisierung der Banken- und Versicherungsaufsicht

Öffnung der Transport- und Telekommunikationsmärkte

Freier Warenverkehr

Wegfall der Grenzkontrollen

Harmonisierung oder gegenseitige Anerkennung von Normen und Vorschriften

Steuerharmonisierung

Freier Kapitalverkehr

Größere Freizügigkeit für Geld- und Kapitalbewegungen

Schritte zu einem gemeinsamen Markt für Finanzdienstleistungen

Liberalisierung des Wertpapierverkehrs

ZAHLENBILDER

715 320

Otto Mayr: Arbeit und Arbeitswelt © Brigg Pädagogik Verlag GmbH, Augsburg

Arbeiten in Europa: Chance – Wagnis – Perspektive

Mit ca. 400 Millionen Bürgern ist der Europäische Wirtschaftsraum (EWR) der größte Arbeitsmarkt der Welt. Ihm gehören derzeit 30 Staaten an:

27 EU-Staaten: Belgien, Bulgarien, Dänemark, Deutschland, Estland, Finnland, Frankreich, Griechenland, Irland, Italien, Lettland, Litauen, Luxemburg, Malta, Niederlande, Österreich, Polen, Portugal, Rumänien, Schweden, Slowakische Republik, Slowenien, Spanien, Tschechische Republik, Ungarn, Vereinigtes Königreich, Zypern.
Drei weitere Staaten: Liechtenstein, Island, Norwegen.

Für den EWR gilt ein Großteil der Freiheiten, die den Waren- Dienstleistungs- Personen- und Kapitalverkehr innerhalb der EU kennzeichnen.

Der EWR besteht aus den

▮ EFTA-Mitgliedsstaaten (mit Ausnahme der Schweiz)

▮ EU-Mitgliedsstaaten

Nicht nur Industrie und Handel profitieren vom europäischen Binnenmarkt. Auch Arbeitnehmerinnen und Arbeitnehmern bietet der europäische Arbeitsmarkt neue Chancen und interessante Perspektiven. Zugegeben: Der Einstieg in die neue Lebens- und Arbeitsumgebung erfordert große Anpassungsbereitschaft und ist nicht immer einfach. Dafür sammelt man viele neue Erfahrungen, die einen beruflich und persönlich weiterbringen. Eine Stelle im Ausland kann auch eine Alternative zur Arbeitslosigkeit sein.

Deutsche Fachkräfte sind im Ausland gefragt, z. B. Facharbeiter, Ingenieure, IT-Fachleute, mancherorts auch medizinisches Personal und Lehrer. Deutschlands duales Ausbildungssystem (Berufsschule und Betrieb) wird hoch geschätzt.

Die Bundesagentur für Arbeit hält eine breite Palette spezieller Dienstleistungen rund um das Thema „Arbeiten in Europa" für jeden bereit, der seine berufliche Zukunft im europäischen Ausland finden möchte. Erste Informationen findet man auf der Internetseite des Europaservice der Bundesagentur für Arbeit unter www.europa-serviceba.de. Hier erfährt man beispielsweise, ob der Zugang zum Arbeitsmarkt eines Landes eingeschränkt ist und wie man gegebenenfalls eine Arbeits- und Aufenthaltsgenehmigung in einzelnen Ländern erhält.

Arbeiten im Ausland – Motive und persönliche Perspektiven

Die Gründe für eine Arbeitssuche im europäischen Ausland sind so vielfältig wie die Menschen selbst. Hier berichten deutsche Arbeitnehmer, warum sie ihr berufliches Glück im Ausland suchen:

„ICH WILL ARBEIT!"

„Als Baufachmann hat man es in Deutschland zurzeit schwer. Die Krise der Baubranche dauert jetzt schon mehr als zehn Jahre. Trotzdem habe ich damals meine Ausbildung in diesem Bereich gemacht. Ich habe mich eben sehr dafür interessiert. Vor vier Monaten hat mein Betrieb Insolvenz angemeldet, und ich stand plötzlich auf der Straße. Eine neue Stelle ist nicht in Sicht. Dabei bin ich gut ausgebildet, bringe vier Jahre Berufserfahrung mit.

Auf die Idee, es im Ausland zu versuchen, bin ich vor ein paar Wochen gekommen. Ich spreche sehr gut Englisch, weil ich viele Ferienfreizeiten als Jugendbetreuer in Schottland verbracht habe. Bei der Europa- und Auslandshotline der Bundesagentur für Arbeit habe ich mich schon über die Formalitäten informiert: wie es mit meiner sozialen Absicherung aussähe, was ich in Sachen Aufenthaltserlaubnis beachten muss und so weiter. Jetzt hoffe ich auf ein Stellenangebot in Großbritannien oder Irland."

„SCHWEDEN IST EINFACH EIN TOLLES LAND ..."

„Die Sprache, die Freundlichkeit der Menschen, die Natur: Schweden ist einfach mein Traumland. War es schon immer. Die Familie meines Vaters stammt aus Göteborg, deswegen kenne ich mich mit der schwedischen Kultur und Mentalität bestens aus. Beides gefällt mir, und ich kann mir sehr gut vorstellen, in Schweden zu leben, am liebsten im Norden des Landes.

Für mich als Forstingenieur ist Schweden natürlich auch aus beruflicher Sicht hochinteressant; schließlich ist es eines der waldreichsten Länder der Erde. Da ich vor allem im Bereich Holzkunde und Holzverwertung viel Berufserfahrung gesammelt habe, bin ich guter Hoffnung, eine Stelle in Schweden finden zu können. Ich habe schon einige Informationen eingeholt, zum Beispiel auf einer großen Forstwirtschaftsmesse in Jönköping. Dort habe ich auch schon erste Kontakte zu möglichen Arbeitgebern geknüpft.

Meine Frau unterstützt meine Pläne voll und ganz; sie ist Krankenschwester und wird sich eine Stelle suchen, sobald wir in Schweden Fuß gefasst haben. Um unsere kleine Tochter mache ich mir gar keine Sorgen. Das Kinderbetreuungssystem in Schweden ist perfekt ausgebaut."

„UM KARRIERE ZU MACHEN, BRAUCHE ICH AUSLANDSERFAHRUNG"

„Ich bin gelernte Vertriebskauffrau, arbeite in der Umweltschutzgüter-Branche. In diesem Bereich ist Deutschland Export-Spitzenreiter. Auslandserfahrung zu sammeln ist für mich immens wichtig, um in dieser Branche weiterzukommen. Denn ich muss mit den unterschiedlichen Mentalitäten meiner Geschäftspartner in den europäischen Ländern vertraut sein. Gute Fremdsprachenkenntnisse allein genügen da nicht.

Lettland interessiert mich am meisten, wegen meiner Sprachkenntnisse und weil das Land zurzeit recht stark in den Umweltschutz investiert. Ich weiß, dass ich mich auf ein vergleichsweise niedriges Einkommen gefasst machen muss, falls ich in Lettland einen Job finde. Aber dafür sind die Lebenshaltungskosten dort auch niedriger. Und außerdem mache ich gerne Abstriche, wenn es meiner Karriere förderlich ist. Zurück in Deutschland, rechne ich mir gute Chancen auf eine höher dotierte Stelle aus, als ich sie jetzt habe."

Otto Mayr: Arbeit und Arbeitswelt © Brigg Pädagogik Verlag GmbH, Augsburg

Fit fürs Ausland?

Im Ausland arbeiten möchten viele – aber nicht jeder ist dafür geeignet. Welche Eigenschaften und Fähigkeiten sind erforderlich, um in der neuen Heimat bestehen zu können?

Fachliches Können und Berufserfahrung:

Die Anforderungen an die fachliche Eignung von Bewerbern sind in den vergangenen Jahren deutlich gestiegen. Arbeitgeber legen großen Wert auf eine abgeschlossene Berufsausbildung und zwei bis drei Jahre Berufserfahrung. Was der Bewerber zuletzt gemacht hat, ist für den zukünftigen Chef am wichtigsten. Führungskräfte müssen zudem nachweisen, dass sie Verantwortung tragen und Personal führen können.

Sprachkenntnisse:

Wer im Ausland arbeiten möchte, muss die jeweilige Sprache beherrschen. Wie gut, hängt von der Tätigkeit ab: Wissenschaftler und Führungskräfte müssen sich verhandlungssicher verständigen können, bei Handwerkern und Facharbeitern reichen teilweise auch Grundkenntnisse.

Toleranz und Anpassungsbereitschaft:

In einer anderen Kultur zu leben ist spannend – aber auch anstrengend. Jeden Tag begegnet man fremden Mentalitäten und Verhaltensweisen. Die Anforderungen an die Kommunikationsfähigkeit sind hoch. Wer im Ausland arbeiten möchte, sollte sich auf Neues einlassen und Unsicherheiten aushalten können. Sonst droht der Aufenthalt zur Qual zu werden.

Das sollte man auch noch wissen ...

Wer sich für eine Tätigkeit im Ausland interessiert, muss berücksichtigen:

- In den meisten Ländern ist das soziale Netz (Renten-, Kranken- und Unfallversicherung) nicht so gut ausgebaut wie in Deutschland.
- Arbeitsplätze befinden sich keineswegs nur in schönen, kulturell interessanten oder klimatisch verträglichen Regionen. Die Vermittlung in eine Urlaubsgegend ist ein Glücksfall.
- Der Ehepartner wird nicht unbedingt am Wohnort eine Stelle finden. Die gleichzeitige Vermittlung zusammengehöriger Personen ist äußerst selten.
- Oft ist es schwer, für die Kinder eine geeignete Schule zu finden. Vielen fällt es nicht leicht, sich in einem fremden Schulsystem zurechtzufinden. Zudem kann der Besuch einer Auslandsschule teuer sein.
- Die Rückkehr nach Deutschland kann vor allem nach einem längeren Auslandsaufenthalt erhebliche persönliche und berufliche Schwierigkeiten mit sich bringen.

Arbeiten in einem anderen Land des EWR

Jeder Bürger eines EWR-Staates hat das Recht, in allen Ländern des EWR als Arbeitnehmer oder Selbstständiger zu arbeiten, auf Stellensuche zu gehen oder seinen Ruhestand zu verbringen. Jeder EWR-Bürger muss dabei wie ein Inländer behandelt werden.

Zugang zur Beschäftigung

Für jeden EWR-Bürger gelten die gleichen Einstellungsvoraussetzungen. Man kann sich auf alle Stellenanzeigen in den teilnehmenden Staaten bewerben, auch auf Stellen im Öffentlichen Dienst. Bestimmte Bereiche (z. B. Polizei, Justiz) können Staatsangehörigen des jeweiligen Mitgliedstaates vorbehalten sein.

Anerkennung der Berufsausbildung

Das Grundprinzip ist sehr einfach: Wenn man in seinem Heimatland für den jeweiligen Beruf qualifiziert ist, darf man ihn auch in allen anderen Mitgliedstaaten ausüben.
Für manche Berufe (z. B. Lehrer, Rechtsanwalt) muss man bei den zuständigen Behörden des Landes die Anerkennung des Berufsabschlusses beantragen. Bei einigen Berufen (z. B. Arzt, Apotheker, Zahnarzt) wird der Abschluss automatisch anerkannt.
Im Einzelfall hilft die Beratung der Bundesagentur für Arbeit weiter.

Auf Stellensuche

Arbeitslose dürfen sich in jedem anderen Mitgliedstaat auf Stellensuche begeben und sich zu diesem Zweck ausreichend lange dort aufhalten. In den meisten Mitgliedstaaten gilt hier eine Frist von 6 Monaten.

Aufenthaltsrecht

Wenn man in einem anderen europäischen Land arbeitet, hat man auch das Recht, dort zu wohnen.

Arbeitsbedingungen

Hinsichtlich Bezahlung, Entlassung, beruflicher Wiedereingliederung sowie Sicherheit und Gesundheitsschutz am Arbeitsplatz gelten die gleichen Bedingungen wie für die Angehörigen des Gastlandes. Auch die Vorschriften über die Gleichstellung von Mann und Frau hinsichtlich Stellenvergabe, Bezahlung, Weiterbildung, beruflicher Aufstieg, Arbeitsbedingungen und Sozialversicherung gelten in gleichem Maße.

Wahrnehmung der Arbeitnehmerrechte

Jeder Bürger des EWR kann sich einer Gewerkschaft anschließen und sich unter den gleichen Bedingungen wie einheimische Beschäftigte gewerkschaftlich betätigen. Jeder genießt die gleichen Rechte und den gleichen Schutz wie inländische Arbeitnehmervertreter.

Soziale Absicherung

Die Staaten der Europäischen Union (EU) und des Europäischen Wirtschaftsraumes (EWR) sowie die Schweiz haben sich darauf verständigt, dass die Rechte, die sich ein Arbeitnehmer im Bereich der sozialen Sicherheit erworben hat, bei einem Wechsel in ein anderes EWR-Land beibehalten und übertragen werden. Die Vereinbarungen beziehen sich auf Leistungen der Krankenversicherung, der Rentenversicherung, der Arbeitslosenversicherung, der Unfallversicherung und Familienleistungen. Entsprechende Abkommen stellen sicher, dass kein Arbeitnehmer Nachteile erleidet, weil er im Laufe seines Erwerbslebens in mehreren Mitgliedstaaten erwerbstätig war.

Die Europäische Krankenversicherungskarte wurde nach und nach eingeführt und ist seit Anfang 2006 in allen EU-Staaten sowie in Norwegen, Island, Liechtenstein und in der Schweiz gültig. Sie ersetzt u. a. den Auslandskrankenschein.

Sozialversicherung

Im Prinzip ist man in dem Land sozialversichert, in dem man arbeitet. Der Arbeitnehmer und seine Familienangehörigen haben Anspruch auf die gleichen Sozialversicherungsleistungen wie die Einheimischen.

Sozialleistungen

Sobald man im Gastland eine Stelle angetreten hat, stehen dem Arbeitnehmer und seinen Familienangehörigen die gleichen Sozialleistungen zu wie den Einheimischen. Diese dürfen nicht unter Hinweis auf die Staatsangehörigkeit oder auf andere diskriminierende Bedingungen verweigert werden.

Steuern

Dadurch, dass man in einem anderen Mitgliedstaat arbeitet und seinen Wohnsitz in das andere Land verlegt, ist man auch für dieses Land steuerpflichtig. Steuerliche Vergünstigungen müssen dem Gast wie den Einheimischen in gleicher Weise gewährt werden.

Familie

Die Familienangehörigen haben unabhängig von ihrer Staatsangehörigkeit das Recht, den Arbeitnehmer zu begleiten oder nachzureisen. Das gilt für den Ehepartner, die Kinder, die Eltern und die Großeltern.

Berufliche Bildung in Europa

Eine Zeit lang sah es fast so aus, als würde Europa durch verzögerte technische Entwicklung gegenüber Japan und den USA ins Hintertreffen geraten, besonders in den Bereichen Hochtechnologie und Medizin. Gelähmt wurde die Leistungskraft der europäischen Länder in erster Linie durch Zersplitterung. Jedes Land setzte auf die eigenen Technologien und die eigene Bildungspolitik. Eine europäische Bildungspolitik, die bereits im Schulbereich beginnt, ist deshalb für die künftige Entwicklung Europas von zentraler Bedeutung.

Deshalb regte die EU eine gemeinsame Bildungspolitik an. Im Bereich der beruflichen Bildung startete zum 1. Januar 2000 die zweite Phase des europäischen Bildungsprogramms „Leonardo da Vinci II" für den Zeitraum vom 01.01.2000 bis 31.12.2006 mit einem Budget von 1,15 Mrd. Euro. Dieses Programm gab der europäischen Zusammenarbeit in der Berufsbildung neue Impulse. Schwerpunkte waren u. a. zukunftsweisende Themen der Wissensgesellschaft, lebensbegleitendes Lernen, Chancengleichheit, Förderung des Unternehmergeistes sowie die Nutzung neuer Informations- und Kommunikationstechnologien in der beruflichen Bildung.

Das neue LEONARDO DA VINCI Programm im Rahmen des Programms für lebenslanges Lernen startete am 01. Januar 2007.

Ausbildung in der Europäischen Union

Europaweite Kontakte gehören für viele Berufstätige schon heute zum Arbeitsalltag. Nicht nur Führungs- sondern auch Fachkräfte sind zunehmend gefordert, im Rahmen ihrer beruflichen europäischen Kontakte auf andere Mentalitäten und Arbeitsweisen einzugehen. Fremdsprachenkenntnisse sind gefragt. Ob Großunternehmen oder Einzelhandel – die Ausbildung wird zunehmend auf die Erfordernisse des europäischen Marktes ausgerichtet.

Heute nehmen von den ca. 1,6 Millionen Auszubildenden in Deutschland lediglich ein Prozent die Chance wahr, Auslandserfahrungen zu sammeln. Zu den Hindernissen gehören die von Land zu Land verschiedenen Ausbildungsinhalte, Stundenpläne und Prüfungsordnungen sowie die damit zusammenhängenden Schwierigkeiten der gegenseitigen Anerkennung von Berufsabschlüssen.
Seit dem 1. April 2005 ist der Weg ins Ausland etwas einfacher geworden. Das neue Berufsbildungsgesetz schreibt das Recht fest, einen Teil der Ausbildung im Ausland absolvieren zu können. Bis zu einem Viertel der Lehrzeit können Jugendliche künftig in einem anderen Land verbringen und sich in Deutschland anrechnen lassen.

Wer schon im Rahmen der Ausbildung Erfahrungen im Ausland sammeln möchte oder gar mit dem Gedanken spielt, eine komplette Erstausbildung im Ausland zu absolvieren, sollte sich unter www.europaserviceba.de informieren.
Die Anforderungen in den einzelnen Staaten sind unterschiedlich, sodass keine allgemeinen Ratschläge gegeben werden können.

Einige grundlegende Fakten aber gelten:

1. *Aufenthaltsrecht für Arbeitnehmer, Selbstständige und Arbeitslose*
   Als EU-Bürger hat man das Recht, in einem anderen Land der EU eine Arbeit auszuüben. Nähere Bestimmungen kann man der o. g. Adresse entnehmen.

2. *Anerkennung von Berufsausbildungen*
   Die EU hat eine Reihe von Maßnahmen eingeführt, um sicherzustellen, dass ein in einem Mitgliedstaat erworbener Abschluss auch in den anderen EU-Ländern gilt. Nähere Ausführungen siehe unter o. g. Adresse.

3. *Sozialversicherung*
   Hier gilt im Rahmen der EU das Abkommen, dass alle Arbeitnehmer, gleich ob aus dem eigenen Staat oder aus einem anderen EU-Staat, den Schutz der Sozialversicherung genießen.

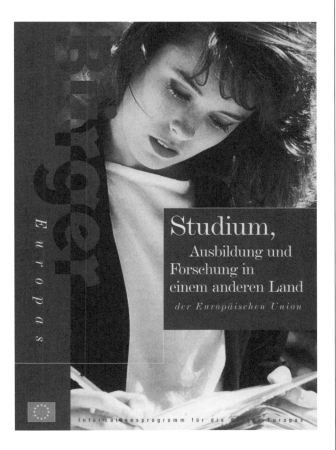

EURES – das europäische Portal zur beruflichen Mobilität

Als Bürger eines Lands des Europäischen Wirtschaftsraums (EWR) ist man berechtigt, in jedem anderen EWR-Land als angestellter Arbeitnehmer oder selbstständig Erwerbstätiger zu arbeiten, ohne dass man eine Aufenthaltserlaubnis benötigt. Allerdings können für Bürger der neuen Mitgliedstaaten, die ab dem 01. Mai 2004 der EU beigetreten sind, gewisse Einschränkungen gelten.

In der Praxis heißt dies, dass Bürger aus den neuen Mitgliedstaaten eventuell eine Arbeitserlaubnis benötigen, um in einigen der anderen Mitgliedstaaten während eines Übergangszeitraumes zu arbeiten.

Dies betrifft die Länder Estland, Lettland, Litauen, Malta, Polen, Slowakische Republik, Slowenien, Tschechische Republik, Ungarn, Zypern (Beitritt zum 01. Mai 2004) sowie die Länder Bulgarien und Rumänien (Beitritt zum 01. Januar 2007).

Um diese Möglichkeiten der beruflichen Mobilität zu nutzen, wurde im Jahr 1993 EURES gegründet. EURES ist ein Kooperationsnetz zwischen der Europäischen Kommission und den öffentlichen Arbeitsverwaltungen der EWR-Mitgliedstaaten (EU-Mitgliedstaaten plus Norwegen, Island und Liechtenstein) und anderen Partnerorganisationen. Auch die Schweiz wirkt an der EURES-Kooperation mit.

Das EURES-Portal (www.eures.europa.eu) zur beruflichen Mobilität ist eine Hilfe, vorhandene Arbeitsmöglichkeiten in den EWR-Ländern zu finden. Damit kann man auf freie Stellen in 31 europäischen Ländern zugreifen; diese Stellen werden in Echtzeit aktualisiert.

Aufgabe des EURES-Netzes ist es, Informationen, Beratung und Vermittlung für Arbeitskräfte und Arbeitgeber sowie generell allen Bürgern anzubieten, die vom Recht auf Freizügigkeit Gebrauch machen möchten.

Die Hauptziele von EURES („EURopean Employment Services") sind:

- Information, Orientierung und Beratung für mobilitätswillige Arbeitskräfte über Arbeitsmöglichkeiten und Lebens- und Arbeitsbedingungen im europäischen Wirtschaftsraum;
- Unterstützung vor Arbeitgebern bei der Rekrutierung von Arbeitskräften aus anderen Ländern;
- spezielle Beratung und Hilfestellung für Arbeitskräfte und Arbeitgeber in grenzüberschreitenden Regionen.

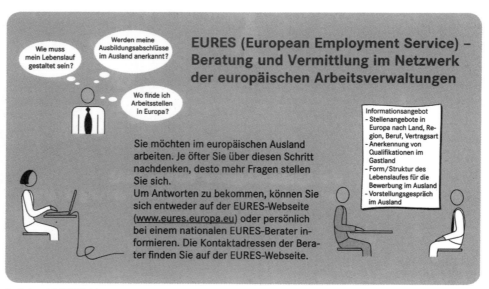

Auf der EURES-Homepage (www.eures.europa.eu) finden Sie zusätzliche Informationen zu Lebens- und Arbeitsbedingungen in der EU sowie aktuelle Stellenangebote.

 Otto Mayr: Arbeit und Arbeitswelt © Brigg Pädagogik Verlag GmbH, Augsburg

Berufsausbildung im Ausland

Andere Länder – andere Gewohnheiten: Gerade auch bei der beruflichen Ausbildung trifft dies zu.

Das deutsche System der betrieblichen Berufsausbildung mit dem regelmäßigen Wechsel zwischen beruflicher Praxis in Betrieben und theoretischem Unterricht in der Berufsschule existiert in dieser Form in Europa nur in der Schweiz und in Österreich. Wer sich für eine berufliche Ausbildung im Ausland interessiert, betritt deshalb in vielerlei Hinsicht Neuland.

In den meisten Ländern findet berufliche Ausbildung an Schulen statt. Häufig sind diese Schulen mit unseren Berufsfachschulen oder Fachakademien vergleichbar. Private, kommunale und staatliche Schulen bieten zahlreiche unterschiedliche Ausbildungsgänge an. Häufig nehmen Privatschulen – mit oft hohen Schulgebühren – eine wichtige Stellung im Ausbildungssystem ein.

So vielfältig wie die einzelnen Länder sind auch die Systeme der beruflichen Ausbildung. Auch das Niveau der Ausbildungsgänge kann sehr unterschiedlich ausfallen. Manche Berufe, die bei uns an einer Berufsfachschule erlernt werden, sind im Ausland nur über Studiengänge zu erreichen.

Betriebliche Ausbildungen

Selten gibt es im Ausland eine geregelte betriebliche Ausbildung mit klaren Normen und festen Prüfungen wie in Deutschland, in einigen Ländern gibt es jedoch Ansätze einer betrieblichen Ausbildung. Der Jugendliche beginnt dann meist ein reguläres Beschäftigungsverhältnis und ergänzt sein berufspraktisches Wissen durch zusätzliche Kurse und Seminare.

Schulische Ausbildungen

Sie vermitteln gleichzeitig allgemein- und berufsbildende Kenntnisse und zum Teil Schul- und Berufsabschlüsse. Diese ermöglichen ohne eine weitere Ausbildung den direkten Einstieg ins Berufsleben oder berechtigen zum Studium.
Für viele Ausbildungen existieren eigene Schulen, berufliche Bildungszentren und berufliche Gymnasien. Die Theorie steht häufig im Vordergrund; kürzere oder längere Praxisphasen im Betrieb ermöglichen Einblicke in die berufliche Wirklichkeit.

Anerkennung

Wer eine berufliche Erstausbildung im Ausland beginnen will, benötigt exakte Informationen über den Stellenwert und das Niveau dieser Ausbildung. In vielen Fällen ist eine formelle Anerkennung der Ausbildung nicht möglich. Über die Vergleichbarkeit von Ausbildungen informiert Band 4 der Blätter für Berufskunde (einsehbar in den Berufsinformationszentren der Arbeitsagenturen). Auch die Kammern (z. B. IHK, HwK) geben Auskunft über Fragen der Anerkennung. Rechtzeitige Information ist daher unbedingt notwendig.

Checkliste für die Berufsausbildung im Ausland

Wer sich für die Berufsausbildung in einem anderen europäischen Land interessiert sollte folgende Schritte zur Vorbereitung bedenken:

1. Termin mit der Berufsberatung der Agentur für Arbeit vereinbaren.

2. Erste Informationen über die Berufsausbildung in den einzelnen Staaten sammeln und eine Auswahl an infrage kommenden Ländern treffen.

3. Berufsinformationszentrum (BIZ) besuchen und sich näher mit den ausgewählten Ländern beschäftigen.

4. Im Beratungsgespräch Fragen erarbeiten, die an ein Nationales Europäisches Beratungszentrum weitergeleitet werden.

5. Unterlagen aus dem zuständigen Nationalen Berufsberatungszentrum durcharbeiten und Fragestellung gegebenenfalls präzisieren.

6. Kontakt mit den Spezialisten des zuständigen Europäischen Beratungszentrums aufnehmen, entweder über die örtliche Berufsberatung oder direkt.

7. Spezifizierte Unterlagen auswerten und Ausbildungseinrichtungen im gewünschten europäischen Land anschreiben.

Als Friseurin an der Costa Blanca – ein Erfahrungsbericht

Moraira liegt an der Costa Blanca, einem beliebten Touristenziel – „darum ist hier leider alles etwas teurer", erzählt die 30-jährige Nicola Mayer. „Gleichzeitig verdient man als Friseurin weniger als in Deutschland." Im Berufsleben sei die berühmte spanische Siesta der einzige auffällige Unterschied zu einem typischen Arbeitstag in Deutschland: „Zwischen 14.00 und 19.00 Uhr passiert hier nicht viel. Dann dösen oder schlafen die Leute. Anschließend wird weitergearbeitet.

„Alles fing mit Salsa an ..."

Am Anfang war der Rhythmus. „Ich habe schon in Deutschland leidenschaftlich gern Salsa getanzt", blickt Nicola Mayer zurück. „Das hat auch meine Faszination für den spanischsprachigen Raum insgesamt geweckt. Als ich dann noch eine Rucksackreise durch dieses schöne Land unternommen habe, wusste ich, dass ich hier irgendwann einmal leben wollte."

Bis es so weit war, sollten noch fünf Jahre vergehen: Nicola Mayer durchlief eine Ausbildung zur Friseurin, besuchte in Berlin die Meisterschule und darf sich seit einigen Monaten Friseurmeisterin nennen. „Dem Berufsberater der Agentur für Arbeit habe ich oft signalisiert, dass ich nach Spanien will. Aber lange Zeit konnte man mir nicht weiterhelfen. Erst vor einem knappen halben Jahr bekam ich ein Angebot, und zwar von einem deutschen Friseur, der sich im spanischen Örtchen Moraira selbstständig gemacht hatte und Fachkräfte aus Deutschland suchte."

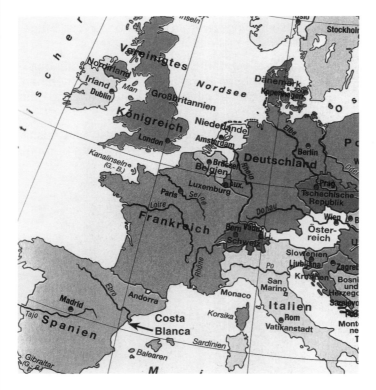

Und wie funktioniert die Verständigung? „Ich habe noch in Deutschland Spanischkurse an der Volkshochschule besucht, aber das nimmt einem natürlich nicht den Praxisschock. Ich muss mich auch noch daran gewöhnen, nach Berlin in einer 4000-Seelen-Gemeinde gelandet zu sein, in der es beispielsweise nur einen Frauenarzt für Privatpatientinnen gibt. Aber zumindest habe ich auch privat schon ein paar Leute kennengelernt."

Demnächst gründet Nicola Mayer zusammen mit zwei Frauen in ihrem Alter die vermutlich erste deutsch-bulgarischspanische Wohngemeinschaft von Moraira.

Arbeiten in Europa

Mit ca. _____ Millionen Bürgern ist der Europäische Wirtschaftsraum (EWR) der größte Arbeitsmarkt der Welt. Ihm gehören derzeit _____ Staaten an. Arbeitnehmern bietet dieser europäische Arbeitsmarkt neue Chancen. Wenn man im Ausland arbeiten will, sind jedoch einige Grundvoraussetzungen nötig:

1. _____

2. _____

3. _____

Eine gute Hilfe, vorhandene Arbeitsstellen in den EWR-Ländern zu finden, ist das _____. Hier kann man auf freie Stellen zugreifen.

Wenn jemand gezielt beabsichtigt, im EWR-Raum zu arbeiten oder sogar seine Berufsausbildung zu beginnen, bietet die Internetseite der Bundesagentur für Arbeit „_____" erste Informationen.

Auch wenn einzelne Bestimmungen in den verschiedenen Mitgliedstaaten unterschiedlich sind, so gilt doch für alle Bürger der EWR-Mitgliedstaaten:

Jeder Bürger hat grundsätzlich das Recht, in allen Ländern des EWR als _____ oder _____ zu arbeiten.

Ein beruflicher Aufenthalt im Ausland ist jedem jungen Menschen zu empfehlen:

_____

_____

_____

Arbeiten in Europa

Mit ca. _____**400**_____ Millionen Bürgern ist der Europäische Wirtschaftsraum (EWR) der größte Arbeitsmarkt der Welt. Ihm gehören derzeit _____**30**_____ Staaten an. Arbeitnehmern bietet dieser europäische Arbeitsmarkt neue Chancen. Wenn man im Ausland arbeiten will, sind jedoch einige Grundvoraussetzungen nötig:

1. *Fachliches Können und Berufserfahrung*

2. *Sprachkenntnisse*

3. *Toleranz und Anpassungsbereitschaft*

Eine gute Hilfe, vorhandene Arbeitsstellen in den EWR-Ländern zu finden, ist das _____**EURES-Portal**_____. Hier kann man auf freie Stellen zugreifen.

Wenn jemand gezielt beabsichtigt, im EWR-Raum zu arbeiten oder sogar seine Berufsausbildung zu beginnen, bietet die Internetseite der Bundesagentur für Arbeit „_____**www.europaserviceba.de**_____" erste Informationen.

Auch wenn einzelne Bestimmungen in den verschiedenen Mitgliedstaaten unterschiedlich sind, so gilt doch für alle Bürger der EWR-Mitgliedstaaten:

Jeder Bürger hat grundsätzlich das Recht, in allen Ländern des EWR als _____**Arbeitnehmer**_____ oder _____**Selbstständiger**_____ zu arbeiten.

Ein beruflicher Aufenthalt im Ausland ist jedem jungen Menschen zu empfehlen:

Man lernt ein anderes Land kennen (andere Sprache, anderer Lebensstil,

andere Alltagssituationen, andere Anforderungen ...) Für eine Bewerbung ist

ein Auslandsaufenthalt oft von Vorteil.

Thema 6: Arbeitslosigkeit

Lernziele

1. Die Schüler sollen Arbeitslosigkeit als schlimmes Schicksal begreifen.
2. Die Schüler sollen für Probleme, die Arbeitslosigkeit schafft, sensibilisiert werden.
3. Die Schüler sollen Ursachen von Arbeitslosigkeit kennenlernen.
4. Die Schüler sollen Problemgruppen auf dem Arbeitsmarkt kennenlernen.
5. Die Schüler sollen sich bewusst machen, wie man Arbeitslosigkeit vermeiden kann.

Medien

Folie, Informationsblätter, Arbeitsblätter

Einstieg in das Thema

Was am Arbeitsplatz wichtig ist (Folie S. 106)

Erarbeitung

Arbeitslos – ein schlimmes Schicksal (Info-Blatt S. 107)
Arbeitslosigkeit hinterlässt Spuren (Info-Blatt S. 108)
Verschiedene Ursachen der Arbeitslosigkeit (Info-Blatt S. 109)
Zur Arbeitslosigkeit können beitragen ... (Arbeitsblatt S. 110)
Folgen der Arbeitslosigkeit für den Einzelnen (Info-Blatt S. 111)
Mögliche gesellschaftliche Auswirkungen der Arbeitslosigkeit (Info-Blatt S. 111)
Problemgruppen auf dem Arbeitsmarkt (Info-Blatt S. 112)
Wie kann man Arbeitslosigkeit vermeiden? (Info-Blätter S. 113)
Arbeitslose Ausländer: Qualifikation fehlt (Info-Blatt S. 115)
Problem Arbeitslosigkeit (Arbeitsblatt S. 116)

Lösung zu Seite 110

Nachlässigkeiten aufseiten der Arbeitnehmer:

- nicht ausreichende Qualifikation,
- fehlende räumliche Mobilität,
- mangelhafte Weiterbildung,
- fehlende Schlüsselqualifikationen.

Beschäftigungshemmende politische Entscheidungen:

- zu hohe Belastung mit Unternehmenssteuern,
- hohe Steuerlast für die breite Bevölkerung,
- investitionsfeindliche Gesetzgebung,
- zu lange bürokratische Entscheidungswege.

Schlechtes Management in den Betrieben:

- mangelnde Kundenorientierung,
- veraltete Vertriebsstrukturen,
- falsche Beurteilung der Märkte,
- unrentable Produktion.

Äußere wirtschaftliche Faktoren:

- Anwachsen der Erwerbsbevölkerung,
- Konjunkturrückgang,
- verschärfte internationale Konkurrenz,
- Verlagerung der Betriebe ins Ausland.

Was am Arbeitsplatz wichtig ist

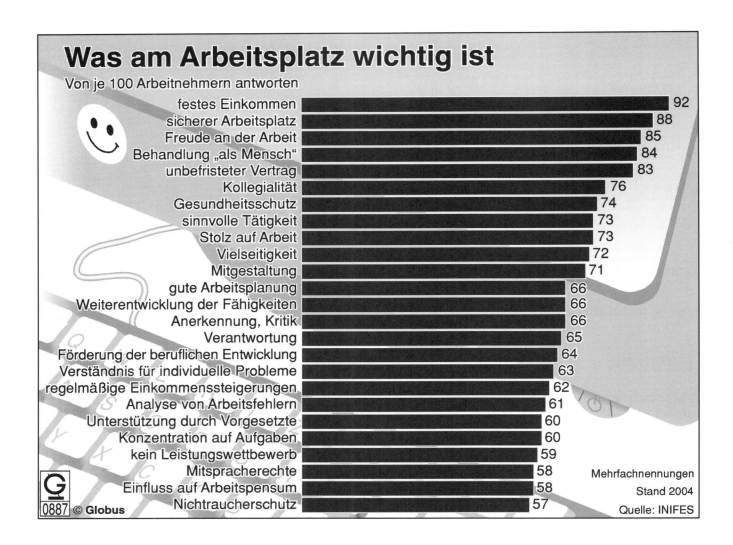

Was am Arbeitsplatz wichtig ist

Von je 100 Arbeitnehmern antworten

festes Einkommen	92
sicherer Arbeitsplatz	88
Freude an der Arbeit	85
Behandlung „als Mensch"	84
unbefristeter Vertrag	83
Kollegialität	76
Gesundheitsschutz	74
sinnvolle Tätigkeit	73
Stolz auf Arbeit	73
Vielseitigkeit	72
Mitgestaltung	71
gute Arbeitsplanung	66
Weiterentwicklung der Fähigkeiten	66
Anerkennung, Kritik	66
Verantwortung	65
Förderung der beruflichen Entwicklung	64
Verständnis für individuelle Probleme	63
regelmäßige Einkommenssteigerungen	62
Analyse von Arbeitsfehlern	61
Unterstützung durch Vorgesetzte	60
Konzentration auf Aufgaben	60
kein Leistungswettbewerb	59
Mitspracherechte	58
Einfluss auf Arbeitspensum	58
Nichtraucherschutz	57

Mehrfachnennungen

Stand 2004

Quelle: INIFES

0887 © **Globus**

Otto Mayr: Arbeit und Arbeitswelt © Brigg Pädagogik Verlag GmbH, Augsburg

Arbeitslos – ein schlimmes Schicksal

Mit Ende 30 hatte er es zum Leiter des Zentrallagers gebracht, ca. 3.000 € brutto im Monat verdient. Jetzt ist er 42 Jahre alt und heraus aus dem Spiel.
Arbeitslos. Nach dem ersten Schock redet man sich ein, dass doch alles wieder gut wird und man sicher bald wieder eine Stelle bekommt. Auf diese Weise, erinnert sich Herr Baumann, waren die ersten drei, vier Wochen gar nicht so schlecht, wie ein langer Urlaub eben, aber dann? Viel Zeit, zäh, langweilig, unendlich lang, Tag für Tag, Woche für Woche, Monat für Monat. Immer wieder Gespräche mit der Arbeitsvermittlung – ergebnislos.
Herr Baumann brachte den Sohn in die Schule, dann war es 8.30 Uhr. Anschließend las er die Zeitung, dann war es 10.00 Uhr. Er schaltete den Fernseher ein und zappte sich durch die Programme. Schließlich begann er zu trinken.

Konflikte in der Familie traten auf. Der Sohn konnte z. B. nicht mehr am Klassenausflug teilnehmen, an Skifahren gar nicht zu denken. Die Sonntagsausflüge mit dem Auto waren nicht mehr zu finanzieren. Nur die Schulden für das Haus blieben. Streitigkeiten mit der Ehefrau häuften sich. „Der Gesichtsverlust ist unbeschreiblich", schildert Herr Baumann seine Lage.

Er bewarb sich zigmal für eine neue Stelle, sammelte Absagen und demütigende Angebote: Aushilfstankwart für 400 € im Monat usw. „Ohne Arbeit bist du nichts wert", erzählt er. „Du wirst behandelt wie der letzte Penner." Er spricht vom Verlust der Ehre, von Lebenszielen, die zerbrochen sind. „In Deutschland dreht sich alles um Arbeit und Geld. Wer Arbeit hat, zeigt, dass er etwas geworden ist. Er ist ein richtiger Mensch, anders als ein Arbeitsloser. Wer Arbeit hat, kann sich Dinge leisten, die wichtig sind für das Prestige. Arbeit vermittelt Chancen, Bestätigung, Ansehen. Der Job gibt dir Halt – Arbeitslosigkeit führt zwangsläufig zu Minderwertigkeitsgefühlen."

Welche Folgen hat die Arbeitslosigkeit für Herrn Baumann, für seine Familie?

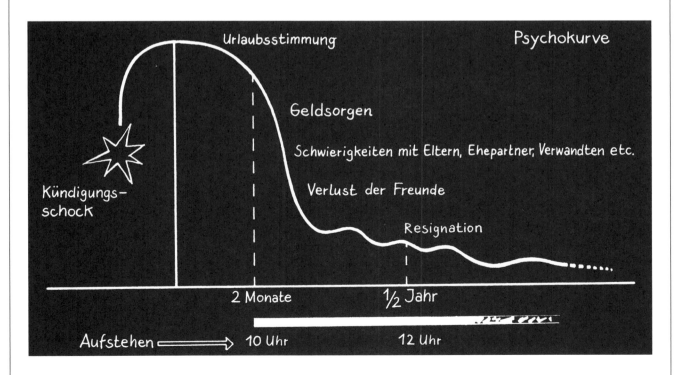

Arbeitslosigkeit hinterlässt Spuren

Arbeitslosigkeit hinterlässt ihre Spuren – vor allem bei jenen, die längerfristig ihre Arbeit verlieren und ohne Aussicht auf eine weitere Beschäftigung leben müssen. Die Betroffenen leiden darunter und sind auf das Verständnis von anderen angewiesen. Arbeitslosigkeit, vor allem wenn sie von Dauer ist, nagt an der Persönlichkeit, verändert die Lebensführung und untergräbt das Selbstbewusstsein. Arbeitslosigkeit ist also weit mehr als ein nur materielles Problem: Ganz wesentlich ist der Verlust an Selbstvertrauen, Lebensmut, Zukunftsplanung und Leistungswillen.

Arbeitslosigkeit belastet die über Jahr gewachsenen Bindungen in Ehe, Familie, Freundeskreis und Nachbarschaft. Die Nachbarn schauen komisch: „Na, wie lange dauert der Urlaub denn noch?" Schon die Frage „Wie gehts denn?" wird zur Qual. Die Scham, als Versager dazustehen, zerfrisst das Selbstbewusstsein. Viele versuchen, so lange wie möglich, den Schein aufrechtzuerhalten. Die Familien aber halten oft dem Druck nicht stand. Vor allem, wenn die Kinder in der Schule mit ihren Freunden nicht mehr „mithalten" können, tauchen häufig Probleme auf. Alkohol, Scheidung, Schulden – die nächsten Schritte sind nicht mehr weit.

Darum ist es verständlich, dass es nur einen geringen Anteil an Menschen gibt, die vorsätzlich auf Kosten des Sozialstaates leben wollen. Wie verschiedene Untersuchungen der Arbeitsagenturen gezeigt haben, gehören ca. 10 Prozent der Arbeitslosen zur Sparte der „Absahner und Drückeberger". Alle anderen wollen Arbeit und bemühen sich auch. Nur gibt der Arbeitsmarkt für viele von ihnen nichts mehr her. Die Kluft zwischen den Arbeitsplatzbesitzern und den Langzeitarbeitslosen wächst. Entsprechend wachsen Pessimismus und Resignation bei den Verlierern.

Besonders gefährdet ist die Gruppe der jugendlichen Arbeitslosen. Bedingt durch die fehlende Zukunftsperspektive in Verbindung mit dem jugendlichen Alter kommt es bei dieser Gruppe zu einer deutlichen Zunahme krimineller Handlungen (Diebstahl, Drogenkonsum …).

Arbeitsaufgaben:

1. Welche Folgen kann die längerfristige Arbeitslosigkeit beim einzelnen Menschen haben?
2. Welche Folgen hat die Arbeitslosigkeit für die Familie?
3. Schildere an einem konkreten Fall, welche Folgen die Arbeitslosigkeit des Vaters/der Eltern für ein Kind in der Schule haben könnte!
4. Beurteile die Aussage „Arbeitslose sind Drückeberger"!
5. Welche Gruppe der Arbeitslosen ist besonders gefährdet! Warum?

Otto Mayr: Arbeit und Arbeitswelt © Brigg Pädagogik Verlag GmbH, Augsburg

Verschiedene Ursachen der Arbeitslosigkeit

1. Konjunkturelle Arbeitslosigkeit:

In diesem Fall hängt die Ursache der Arbeitslosigkeit mit den regelmäßig wiederkehrenden Schwankungen der Nachfrage und des Absatzes in unserer Wirtschaft zusammen. Dieses Auf und Ab nennt man Konjunktur. Kommt die Nachfrage nach Waren und Dienstleistungen ins Stocken, drosseln die Unternehmen ihre Produktion. Der Bedarf an Arbeitskräften sinkt. Sobald die Produktion wieder auf ausreichende Nachfrage stößt, investieren die Unternehmen in den neuen Aufschwung der Wirtschaft. Es kommt zu Neueinstellungen bzw. zur Aufhebung der Kurzarbeit.

2. Saisonale Arbeitslosigkeit:

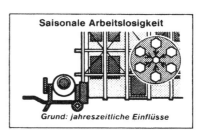

Sie entsteht dadurch, dass in verschiedenen Wirtschaftszweigen und Berufsgruppen saisonbedingt mal mehr und mal weniger Arbeitskräfte gebraucht werden. Diese Arbeitsplatzverluste sind z. B. auf die Witterung und auf sonstige jahreszeitliche Einflüsse zurückzuführen. Betroffen sind u. a. die Landwirtschaft und das Baugewerbe.

3. Strukturelle Arbeitslosigkeit:

Hier liegt die Ursache darin, dass in einzelnen Wirtschaftszweigen Arbeitsplätze dauerhaft verloren gehen, weil z. B. der Absatz unaufhaltsam schrumpft, die Produktion ins Ausland verlagert oder durch die Einführung moderner Technologien Arbeitsplätze und Arbeitskräfte wegrationalisiert werden. Ein typisches Beispiel für einen langfristigen Strukturwandel, der den Verlust von Arbeitsplätzen zur Folge hatte, ist der Niedergang der deutschen Textilindustrie.

4. Friktionelle Arbeitslosigkeit:

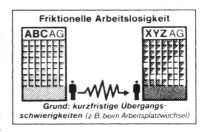

Sie stellt eigentlich keine „wirkliche" Arbeitslosigkeit dar, da sie nur die Zeit der Arbeitslosigkeit beim Übergang von einer alten in eine neue Stelle bezeichnet. Selbst wenn genügend Arbeitsplätze vorhanden wären, würde die Arbeitslosigkeit nicht auf null absinken. Angebot und Nachfrage greifen auf dem Arbeitsmarkt nie reibungslos ineinander. Es kommt immer wieder zu Entlassungen oder zu freiwilligen Kündigungen. Bis die betreffenden Arbeitsuchenden eine neue Stelle gefunden haben, vergeht meist eine gewisse Zeit. Informationen müssen beschafft, Bewerbungen geschrieben und Vorstellungsgespräche geführt werden.

Zur Arbeitslosigkeit können beitragen …

Nachlässigkeiten aufseiten der Arbeitnehmer

_____

_____

_____

Schlechtes Management in den Betrieben

_____

_____

_____

Beschäftigungshemmende politische Entscheidungen

_____

_____

_____

Äußere wirtschaftliche Faktoren

_____

_____

_____

Gründe

nicht ausreichende Qualifikation	fehlende räumliche Mobilität	fehlende Schlüssel-qualifikationen	mangelhafte Weiterbildung
unrentable Produktion	mangelnde Kundenorientierung	veraltete Vertriebs-strukturen	falsche Beurteilung der Märkte
zu hohe Belastung mit Unternehmens-steuern	hohe Steuer-last für die breite Bevölkerung	investitionsfeind-liche Gesetzgebung	zu lange bürokra-tische Entschei-dungswege
Anwachsen der Erwerbsbevölkerung	Konjunktur-rückgang	Verlagerung der Be-triebe ins Ausland	verschärfte interna-tionale Konkurrenz

Beschreibe, was mit den einzelnen Begriffen gemeint ist und ordne richtig zu!

Otto Mayr: Arbeit und Arbeitswelt © Brigg Pädagogik Verlag GmbH, Augsburg

Folgen der Arbeitslosigkeit für den Einzelnen

Materielle Folgen der Arbeitslosigkeit

- **Zunehmende finanzielle Einschränkungen bei den Grundbedürfnissen** (Wohnung, Kleidung, Nahrung, Freizeit)
- **Schwierigkeiten, finanzielle Verpflichtungen zu erfüllen** (Ratenzahlungen, Rückzahlung von Krediten)
- **Zusätzliche Kosten als Folge der psychischen Auswirkungen** (Genussmittelmissbrauch) **und aufgrund vermehrter Freizeitaktivitäten**
- **Aufwendungen im Zusammenhang mit der Arbeitsplatzsuche** (Kosten in Verbidung mit Bewerbungen, Vorstellungsgesprächen, Fort- und Weiterbildung, Umschulung usw.)

Mögliche physische Folgen längerer Arbeitslosigkeit

- **Nachlassen beruflicher Fähigkeiten und Fertigkeiten** infolge mangelnder Beanspruchung und fehlender Übung
- **Durch Stress, Leistungsdruck, Angst und Überforderung ausgelöste körperliche Erkrankungen,** wie Rückenschmerzen, Magenleiden, Migräne, Herz- und Kreislaufbeschwerden, Schlaflosigkeit
- **Beeinträchtigung der körperlichen Gesundheit** und Leistungsfähigkeit durch ungesunden Lebenswandel, Mangel an Bewegung und zunehmende Bequemlichkeit

Mögliche psychische und soziale Folgen längerer Arbeitslosigkeit

- **Verlust von sozialen Kontakten und mitmenschlichen Beziehungen**
- **Status- und Prestigeverluste**
- **Familiäre Probleme und Konflikte**
- **Verlust der Lebensperspektive, Gefühl der Sinnlosigkeit und Leere**
- **Resignation, Rückzug auf sich selbst und die eigenen Probleme**
- **Schuld- und Schamgefühl, Selbst- und Fremdvorwürfe**
- **Verringerung des Selbstvertrauens und des Selbstwertgefühls**
- **Spannungen, Aggressivität, Hassgefühle**
- **Größere Anfälligkeit für Alkohol- und Drogenkonsum**
- **Neigung zur Kriminalität**

Mögliche gesellschaftliche Auswirkungen der Arbeitslosigkeit

- **Materielle Verluste**

  Arbeitslose Mitbürger zahlen keine *Lohnsteuer*

  Die *Sozialversicherung* wird durch Auszahlung von Arbeitslosengeld und vorzeitige Rentenzahlungen übermäßig beansprucht.

  Immer mehr Arbeitslose erhalten staatliche Gelder, um leben zu können, z. B. *Arbeitslosengeld II (ALG II)*.
  Die Aufwendungen für *Fördermaßnahmen*, die von der Bundesanstalt für Arbeit geleistet werden, sind beträchtlich.

  Ein Teil der Arbeitslosen ist in Hinblick auf Genussmittelmissbrauch und steigende Kriminalität gefährdet. Die daraus resultierenden Folgeschäden wirken sich auf die ganze Gesellschaft aus.

- **Verschärfung des Konkurrenzdruckes auf dem Arbeitsmarkt** (weniger Spielraum für humane Arbeitsbedingungen, stärkerer Leistungsdruck, geringere Einflussmöglichkeiten der Gewerkschaften)
- **Beeinträchtigung von Toleranz und vorurteilslosem Denken und Handeln** (Fremdenhass, geringe Spendenbereitschaft, Vorbehalte gegen Behinderte und ALG-II-Empfänger (sogenannte Hartz IV-Empfänger).
- **Beeinträchtigung der kritischen Mitwirkung in einer Demokratie** (Neigung zu radikalen Anschauungen)

Problemgruppen auf dem Arbeitsmarkt

Jedes Jahr veröffentlich die Bundesagentur für Arbeit neben den aktuellsten Arbeitslosenzahlen auch die sogenannte Strukturanalyse der Arbeitslosigkeit in Deutschland. Darin werden die Arbeitslosenzahlen genau unter die Lupe genommen. Dabei wird deutlich, dass es auf dem Arbeitsmarkt ganz spezielle Problemgruppen gibt.

Die Analysen zeigen, dass eine **unterbrochene Erwerbstätigkeit** ein zentrales Problem darstellt. Wer schon einmal oder mehrmals arbeitslos war, läuft eher Gefahr, seinen Arbeitsplatz erneut zu verlieren, als derjenige, der ständig beschäftigt war. Häufig verringern sich dadurch die Chancen, wieder eine dauerhafte Stelle zu finden. Wer im Anschluss an Arbeitslosigkeit erst wieder kurz in einem Unternehmen tätig ist, genießt keinen so wirksamen Kündigungsschutz wie die Stammbelegschaft und wird daher bei einem Personalabbau auch zuerst wieder entlassen. Einige der Betroffenen geraten so in den Teufelskreis der Mehrfacharbeitslosigkeit. Die Chancen, überhaupt wieder eingestellt zu werden, nehmen immer weiter ab.

Auch die Arbeitsuchenden **ohne abgeschlossene Berufsausbildung** stellen eine Problemgruppe dar. Diese ungelernten Arbeitnehmer tragen im Berufsleben gleich ein doppeltes Risiko: Sie sind eher von Entlassungen betroffen als qualifizierte Kollegen und sie haben es anschließend schwerer, wieder einen neuen Arbeitsplatz zu finden. Denn die meisten Unternehmen legen bei Einstellungen Wert auf eine solide berufliche Ausbildung.

Weitere Gruppen, die es auf dem Arbeitsmarkt schwer haben, sind Arbeitnehmer mit Migrationshintergrund, vor allem wenn sie die deutsche Sprache nicht fließend sprechen, und alleinerziehende Mütter und Väter. Menschen mit Migrationshintergrund besitzen in Deutschland besonders häufig **keine abgeschlossene Schul- oder Berufsausbildung**.
Alleinerziehende können in der Regel oft nur 3–5 Stunden am Tag arbeiten.

Ältere und gesundheitlich eingeschränkte Personen zählen ebenfalls zu den Problemgruppen auf dem Arbeitsmarkt. Sie gelten bei den Arbeitsagenturen als schwer vermittelbar. Der Anteil der Arbeitslosen steigt deshalb mit zunehmendem Alter kontinuierlich an.

Personen, die schon ein Jahr oder länger arbeitslos sind, zählen zu den **Langzeitarbeitslosen** und haben es auf dem Arbeitsmarkt ebenfalls sehr schwer.

Ein besonderes Problem stellt für Gesellschaft und Politik die **Jugendarbeitslosigkeit** dar.

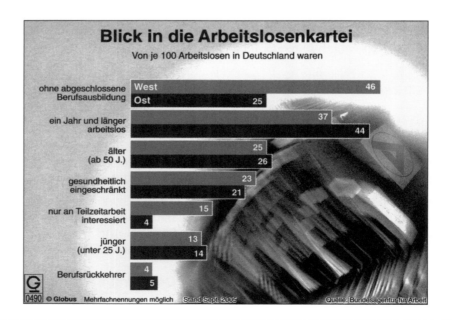

Otto Mayr: Arbeit und Arbeitswelt © Brigg Pädagogik Verlag GmbH, Augsburg

Wie kann man Arbeitslosigkeit vermeiden?

Der Informationsdienst des Instituts der deutschen Wirtschaft veröffentlichte im September 2000 folgenden Artikel, der die Ansprüche der Wirtschaft an die jungen Leute zum Inhalt hatte. Er hat bis heute nichts an seiner Gültigkeit verloren.

Der Weg zum Job der Zukunft

Wie aber können sich junge Leute, die auf dem Sprung in die neue Arbeitswelt sind, vorbereiten?

Die wichtigste Voraussetzung, um auf dem künftigen Arbeitsmarkt reüssieren zu können, wird sein, „beschäftigungsfähig" zu werden und zu bleiben. Schon macht das angelsächsische Schlagwort die Runde: employability for employment. Die Bewerber um eine offene Stelle müssen neu denken und umdenken, sich auf die neuen Arbeitsverhältnisse einstellen. Dabei gibt es zahlreiche Grundvoraussetzungen, die zu erfüllen sind, wenn sich jemand erfolgreich auf die Suche nach einer Lehrstelle oder einem Arbeitsplatz begeben will.

- **Schul-/Ausbildungsabschluss.**
  Mit seinen bestandenen Prüfungen hat der Absolvent bewiesen, dass er eine Sache erfolgreich durchziehen kann. Zudem hat er Einsicht in Betriebsabläufe gewonnen, und das wird von den Unternehmen honoriert.

- **Fachqualifikation auf breit angelegtem Grundwissen.** Auf einem soliden Fundament lässt sich nach Bedarf Spezialwissen aufbauen, das aufgrund des technischen Fortschritts zwar schnell veraltet, entsprechend den Erfordernissen aber auch schnell wieder erneuert werden kann.

- **Anpassungsbereitschaft/offenes Denken.** Das bedeutet einmal die Bereitschaft zu lebenslangem Lernen. Dies kann beispielsweise durch Nutzung der Aus- und Weiterbildungsmöglicheiten geschehen, die von den Unternehmen, auch im eigenen Interesse, verstärkt angeboten werden. Solche Maßnahmen konzentrieren sich einerseits auf betriebsspezifische Anforderungen; andererseits wollen sie das nachholen, was das Bildungssystem meist nicht leistet: die Mitarbeiter auf die Aufgaben einer global gewordenen Wirtschaft vorzubereiten. Zum anderen bedeutet das die Bereitschaft zur Anpassung an die veränderten Formen der Arbeit – an Gruppen- oder Projektarbeit im Betrieb, aber auch an Teilzeitarbeit, Telearbeit oder Leiharbeit.

- **Computer- und Sprachkenntnisse.** Die Vernetzung von Unternehmen und im Unternehmen (Intranet) schreitet fort, das Internet wird mehr und mehr genutzt. Zumindest Englisch wird bei den meisten hoch qualifizierten Facharbeitern vorausgesetzt.

- **„Weiche" Tugenden.** Über die Fachkompetenz hinaus erfordern internationaler Wettbewerb und technischer Fortschritt

In Zeiten sinkender Arbeitsplätze wird auch das Ausland für Arbeitssuchende attraktiv: Europatag in der Chemnitzer-Arbeitsagentur 2006

verstärkt Eigenschaften und Verhaltensweisen, die früher nicht unbedingt nötig waren: Aufgeschlossenheit gegenüber allem Neuen, ganzheitliches Denken, bei dem der Gesamtnutzen für den Betrieb im Mittelpunkt steht, Teamwork, Selbstständigkeit, Verantwortungsbereitschaft, Initiative, Kreativität, Motivation und Zuverlässigkeit.

Diese Schlüsselqualifikationen hat das Institut der deutschen Wirtschaft Köln (IW) im Auftrag des Bundesministeriums für Bildung, Wissenschaft, Forschung und Technologie aufgelistet und 800 Unternehmen vorgelegt. Diese sollen dann ankreuzen, was sie vor allem von Lehrstellenbewerbern erwarten.

Das Ergebnis: Leistungsbereitschaft, Zuverlässigkeit, Verantwortungsbewusstsein, Teamfähigkeit und Selbstständigkeit rangieren auf der Rangliste ganz oben (Tabelle). Jedes zweite Unternehmen hält Fachqualifikationen und Schlüsselqualifikationen für gleich wichtig. Immerhin ein Drittel würde im Zweifelsfall den Schlüsselqualifikationen Priorität einräumen.

Wer sich also mit diesem Wissen und diesen Fähigkeiten ausgestattet hat, dürfte in der Arbeitswelt der Zukunft seinen Platz finden.   *Autor: Bernd Meier*

Was Unternehmen vom Nachwuchs verlangen

Die Unternehmen messen diesen 17 vorgegebenen Eigenschaften von Lehrstellenbewerbern im kaufmännischen Bereich folgende Bedeutung zu (die Rangliste für den gewerblich-naturwissenschaftlichen Bereich weicht davon leicht ab) – in Prozent:

	sehr wichtig	eher unwichtig
Leistungsbereitschaft	100	0
Einstellung zur Arbeit	100	0
Zuverlässigkeit	97	3
Verantwortungsbewusstsein	97	3
Konzentrationsfähigkeit	97	3
Teamfähigkeit	95	4
Logisches Denken	95	5
Initiative	95	5
Selbstständiges Lernen	94	5
Zielstrebigkeit	93	7
Kommunikatives Verhalten	92	8
Planvolles Arbeiten	90	10
Motivation	88	11
Kritikfähigkeit	84	16
Beständigkeit	83	17
Belastbarkeit	83	17
Kreativität	76	24

Quelle: Betriebsbefragung „Anforderungsprofile von Betrieben – Leistungsprofile von Schulabgängern" des Instituts der deutschen Wirtschaft Köln (IW) im Auftrag des Bundesministerium für Bildung, 1998

Institut der deutschen Wirtschaft Köln

Zusammenfassend lässt sich wohl feststellen, dass vier ganz wesentliche Faktoren zur Vermeidung von Arbeitslosigkeit beitragen:
- ein guter Schulabschluss
- der Erwerb von Schlüsselqualifikationen
- eine solide Berufsausbildung
- die Bereitschaft zur stetigen Weiterbildung

Arbeitslose Ausländer: Qualifikation fehlt

Ausländer sind hierzulande fast doppelt so häufig arbeitslos wie Deutsche. Im Jahresdurchschnitt 2005 betrug ihre Arbeitslosenquote – bezogen auf die sozialversicherungspflichtig Beschäftigten – 25,5 Prozent. Vor allem Türken finden oft keinen Job.

Das Problem ist schnell beschrieben: Jeder dritte in Deutschland lebende erwerbsfähige Türke hat sich bei der Bundesagentur arbeitslos gemeldet. Ebenso trist ist das Bild bei den russischen Zuwanderern. Diese weisen eine Arbeitslosenquote von über 50 Prozent auf. Allerdings ist hier die absolute Zahl der Stellensuchenden mit 36.500 im Vergleich zu den arbeitslosen Türken (219.300) noch recht niedrig.

Dass die Menschen, die ihre Wurzeln östlich des Bosporus haben, auf dem deutschen Arbeitsmarkt nicht so recht Fuß fassen können, hat mehrere Gründe. Einer heißt Familiennachzug. Viele türkische Gastarbeiter haben, nachdem sie selbst Arbeit gefunden hatten, ihre Kinder und Ehepartner nach Deutschland geholt – die aber bekamen häufig keine Stelle mehr, da ihnen eine Ausbildung fehlt. Denn die Jobs für Geringqualifizierte sind aufgrund der Globalisierung zur Mangelware geworden.

Qualifikationsdefizite sind auch die Hauptursache der hohen Arbeitslosigkeit von in Deutschland geborenen Türken. Ähnliches gilt für Kriegsflüchtlinge vom Balkan, denen es an adäquater Ausbildung und Sprachkenntnissen mangelt.

Die Alternative für Ausländer, nach Hause zurückzukehren und dort nach Arbeit zu suchen, gibt es oft nur auf dem Papier. So ist in der Türkei die Arbeitslosenquote mit 10 Prozent zwar vergleichsweise niedrig, und der Monatsverdienst eines Industriearbeiters ist mit durchschnittlich 1250 Euro doch ziemlich hoch.

Allerdings dürften sich vor allem junge, in Deutschland geborene Ausländer in der Heimat ihrer Eltern nur schwer zurechtfinden, was eine „Heimkehr" ausschließt.

Erwerbstätigkeit in Deutschland:

Jahr	Erwerbstätige insgesamt (in 1000)		Veränderung gegenüber dem entsprechenden Vorjahreszeitraum in Prozent		
2006		39097	2005 2006		−0,1 0,6
2007		39768	2007		1,7
2006	2. Vierteljahr	38978	2006	2. Vierteljahr	0,7
	3. Vierteljahr	39303		3. Vierteljahr	0,9
	4. Vierteljahr	39679		4. Vierteljahr	0,9
2007	1. Vierteljahr:	39161	2007	1. Vierteljahr	1,9
	2. Vierteljahr	3637		2. Vierteljahr	1,7
	3. Vierteljahr	39926		3. Vierteljahr	1,6
	4. Vierteljahr	40346		4. Vierteljahr	1,7
2008	1. Vierteljahr	39773	2008	1. Vierteljahr	1,6
	2. Vierteljahr	40203		2. Vierteljahr	1,4

Quelle: Statistisches Bundesamt, August 2008

Problem Arbeitslosigkeit

... bei den Arbeitenden
- zu vermehrtem Leistungsdruck
- zu erhöhtem Konkurrenzdruck innerhalb der Belegschaft
- zur Unterlassung berechtigter Krankmeldungen

... beim Einzelnen
- zur Abnahme des Selbstwertgefühls
- zur Entmutigung Langzeitarbeitsloser mit Gefühlen des Unwertseins, der Hoffnungslosigkeit
- zu sozialer Isolation

Arbeitslosigkeit führt ...

... im Sozialverhalten
- zu mehr Kriminalität
- zu mehr Drogenabhängigkeit und Depressionen

... bei Familienangehörigen
- zur Zunahme familiärer Konflikte
- zur Schulleistungsschwächen bei Kindern von Arbeitslosen

... in der Gesellschaft
- zur Bildung von Randgruppen
- zu hohen Kosten für die Versorgung der Arbeitslosen

Verschiedene Formen der Arbeitslosigkeit:

1. _____
bedingt durch Schwankungen der Nachfrage und des Absatzes in der Wirtschaft.

2. _____
bedingt durch jahreszeitliche Einflüsse auf die Beschäftigungszahlen.

3. _____
bedingt dadurch, dass in einzelnen Wirtschaftsbereichen Arbeitskräfte dauerhaft verloren gehen.

Problemgruppen auf dem Arbeitsmarkt:

_____

_____

_____

Wie kann man Arbeitslosigkeit vermeiden?

Vier Faktoren werden in Zukunft besonders wichtig sein:

Problem Arbeitslosigkeit

... bei den Arbeitenden
- zu vermehrtem Leistungsdruck
- zu erhöhtem Konkurrenzdruck innerhalb der Belegschaft
- zur Unterlassung berechtigter Krankmeldungen

... beim Einzelnen
- zur Abnahme des Selbstwertgefühls
- zur Entmutigung Langzeitarbeitsloser mit Gefühlen des Unwertseins, der Hoffnungslosigkeit
- zu sozialer Isolation

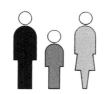

Arbeitslosigkeit führt ...

... im Sozialverhalten
- zu mehr Kriminalität
- zu mehr Drogenabhängigkeit und Depressionen

... in der Gesellschaft
- zur Bildung von Randgruppen
- zu hohen Kosten für die Versorgung der Arbeitslosen

... bei Familienangehörigen
- zur Zunahme familiärer Konflikte
- zur Schulleistungsschwächen bei Kindern von Arbeitslosen

Verschiedene Formen der Arbeitslosigkeit:

1. *Strukturelle Arbeitslosigkeit*
bedingt durch Schwankungen der Nachfrage und des Absatzes in der Wirtschaft.

2. *Saisonale Arbeitslosigkeit*
bedingt durch jahreszeitliche Einflüsse auf die Beschäftigungszahlen.

3. *Konjunkturelle Arbeitslosigkeit*
bedingt dadurch, dass in einzelnen Wirtschaftsbereichen Arbeitskräfte dauerhaft verloren gehen.

Problemgruppen auf dem Arbeitsmarkt:

Arbeitslose ohne abgeschlossene Berufsausbildung, häufigere Arbeitslosigkeit,

gesundheitlich eingeschränkte Menschen, ältere Menschen, Langzeitarbeitslose,

Migranten, Alleinerziehende, Jugendliche

Wie kann man Arbeitslosigkeit vermeiden?

Vier Faktoren werden in Zukunft besonders wichtig sein:

Guter Schulabschluss	*Erwerb von Schlüsselqualifikationen*	*solide Berufsausbildung*	*Bereitschaft zur ständigen Weiterbildung*

Thema 7: Regionaler Wirtschaftsraum

Lernziele

1. Die Schüler sollen den regionalen Wirtschaftsraum hinsichtlich verschiedener Faktoren untersuchen und kennenlernen (Sozialversicherungspflichtig Beschäftigte nach Personen- und Wirtschaftsgruppen, Wirtschaftszweige, Ausbildungsberufe in der Region).
2. Die Schüler sollen Auskunftssysteme nutzen können (Bundesagentur für Arbeit, IHK, Internet usw.).

Medien

Folie, Informationsblätter, Info-Texte

Einstieg in das Thema

Wirtschaft in der Region (Folie S. 119)

Erarbeitung

Vorinformationen:

Wege mit Hauptschulabschluss (Info-Blatt S. 120)
Wege mit Mittlerem Schulabschluss (Info-Blatt S. 121)
Unterschiede in der Ausbildung (Info-Blätter S. 122)

Berufsausbildung in der Region: Vorschläge zur Untersuchung (Info-Blätter S. 124)

Vorschlag 1: Welche Berufe kannst du in deiner Region in Fachschulen erlernen?
Vorschlag 2: Welche Berufe kannst du über das Berufsgrundbildungsjahr (BGJ) erlernen?
Vorschlag 3: Welche Berufe kann man nach dem dualen System erlernen?
Vorschlag 4: Welche Ausbildungsberufe gibt es im öffentlichen Dienst?

Betriebe in der Region: Vorschläge zur Untersuchung (Info-Blatt S. 126)

Vorschlag 1: Sozialversicherungspflichtig Beschäftigte nach Personengruppen- und Wirtschaftszweigen
Vorschlag 2: Wirtschaftszweige und Betriebe
Vorschlag 3: Gliederung nach Wirtschaftsbereichen

Der örtliche Bezirk der Bundesagentur für Arbeit: Vorschläge zur Untersuchung (Info-Blatt S. 127)

Auerquelle: Im Reich der Millionen Flaschen (Info-Text S. 128)
Region schärft High-Tech-Profile (Info-Text S. 129)

Tipp:
Zahlen, Daten, Fakten zum regionalen Wirtschaftsraum findet man in der örtlichen Agentur für Arbeit (Referat für Öffentlichkeitsarbeit), über die Internetadresse der Bundesagentur für Arbeit, im Branchenverzeichnis, in der Berufsschule, bei der Industrie- und Handelskammer, bei der Handwerkskammer,...)

Wege mit Hauptschulabschluss

M 10
10. Klasse an einer Hauptschule, M-Zug

Wirtschaftsschule
- 2-jährige Form
- Schüler mit Qualifizierendem Hauptschulabschluss + Englisch 3
- Schwerpunkt: kaufmännische Fächer

Quabi = Qualifizierter beruflicher Bildungsabschluss
Qualifizierender Hauptschulabschluss + Berufsabschluss mit Notendurchschnitt bis 2,5 + Englisch 3

BVJ
Das Berufsvorbereitungsjahr (BVJ) wird von Jugendlichen ohne Ausbildungsverhältnis besucht. In einem Jahr Vollzeitunterricht werden die jungen Menschen auf eine berufliche Tätigkeit vorbereitet.

Durch den regelmäßigen und erfolgreichen Besuch des BVJ wird die Berufsschulpflicht erfüllt. Unter bestimmten Voraussetzungen kann der Hauptschulabschluss erworben werden. Schließt sich eine Berufsausbildung an, muss die entsprechende Fachklasse der Berufsschule bis zum Ende der Ausbildungszeit besucht werden.

BGJ
In manchen Berufen findet das 1. Ausbildungsjahr in der Berufsschule statt (Berufsgrundbildungsjahr = BGJ). Das BGJ vermittelt praktische und theoretische Grundlagen und wird – sofern erfolgreich abgeschlossen – auf die weitere Ausbildung innerhalb des gleichen Berufsfeldes angerechnet. Die Ausbildung wird im 2. und 3. Ausbildungsjahr im Betrieb fortgesetzt.

Mittlerer Schulabschluss der Berufsschule
Berufsabschluss + Abschluss der Berufsschule/Berufsfachschule bis Notendurchschnitt 2,5 + Englisch 3

Vorstufe BOS
Vorbereitungsjahr an der Berufsoberschule

Fachschule
- z. B. „Technikerschulen", „Meisterschulen"
- wenn die Schule mindestens ein Jahr dauert, wird ein mittlerer Schulabschluss erreicht.

Es gibt vielfältige Möglichkeiten der beruflichen oder schulischen Weiterbildung. Auch nach einer abgeschlossenen Berufsausbildung kann auf unterschiedlichen Wegen ein höherer Schulabschluss erreicht werden. Viele Weiterbildungen sind auch berufsbegleitend möglich.

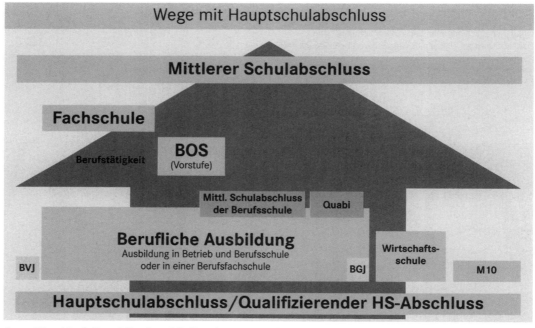

Aus: Alles klar? Beruf Regional © Bundesagentur für Arbeit, 2006/2007, S. 4

Wege mit Mittlerem Schulabschluss

FOS = Fachoberschule (2 Jahre)
Ausbildungsrichtungen:
- Technik
- Wirtschaft, Verwaltung, Rechtspflege
- Agrarwirtschaft
- Sozialwesen
- Gestaltung

Fachschule
- z. B. „Technikerschulen", „Meisterschulen"
- wenn die Schule mindestens ein Jahr dauert: Ergänzungsprüfung „Fachhochschulreife" möglich

Fachakademie
- z. B. für Sozialpädagogik („Erzieher/in")
- durch Ergänzungsprüfung Fachhochschulreife erreichbar

BGJ
In manchen Berufen findet das 1. Ausbildungsjahr in der Berufsschule statt (Berufsgrundbildungsjahr = BGJ). Die Ausbildung wird im 2. und 3. Ausbildungsjahr im Betrieb fortgesetzt.

BOS = Berufsoberschule (1 oder 2 Jahre)
Ausbildungsrichtungen:
- Technik
- Wirtschaft
- Agrarwirtschaft
- Sozialwesen

1. Jahr: Allgemeine Fachhochschulreife
2. Jahr: Fachgebundene Hochschulreife; + Kenntnisse in 2. Fremdsprache: Allgemeine Hochschulreife

Kolleg
3 Jahre: Allgemeine Hochschulreife

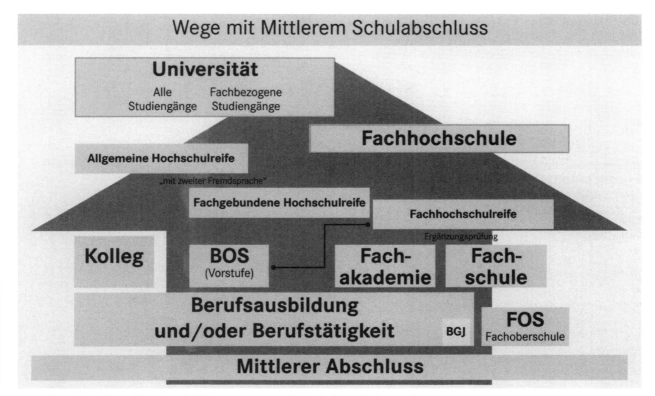

Aus: Alles klar? Beruf Regional © Bundesagentur für Arbeit, 2006/2007, S. 7

Unterschiede in der Ausbildung

Wenn du dich entschließt, nach der Schule eine Ausbildung zu beginnen, gibt es die Möglichkeit einer Berufsausbildung in einem Betrieb oder einer Ausbildung an einer Berufsfachschule.

Betriebliche Berufsausbildung

Eine betriebliche Berufsausbildung heißt auch Ausbildung im dualen System, weil sie sowohl in der Berufsschule als auch im Betrieb stattfindet. Als Auszubildende/r erwirbst du während der Arbeit im Ausbildungsbetrieb wichtige praktische Fähigkeiten für deinen späteren Beruf. Ergänzend dazu werden dir in der Berufsschule die theoretischen Grundlagen beigebracht.

Diese Mischung garantiert, dass du die Theorie gleich in die Praxis umsetzen kannst und richtig im Betrieb mitarbeiten darfst. Dafür bekommst du auch eine Ausbildungsvergütung. Unter bestimmten Voraussetzungen kann die Agentur für Arbeit auf Antrag zusätzlich eine Berufsausbildungsbeihilfe (BAB) zahlen.

Eine betriebliche Ausbildung dauert je nach Beruf zwischen 2 und 3½ Jahren. Handwerk, Industrie und Handel, Dienstleistungen, Verwaltungen und öffentlicher Dienst, Seeschifffahrt und Landwirtschaft sowie Vertreter von freien Berufen (zum Beispiel Ärzte, Notare, Rechtsanwälte oder Steuerberater) stellen die Ausbildungsplätze zur Verfügung. Neben der betrieblichen Ausbildung gibt es im öffentlichen Dienst auch die Ausbildung im Beamtenverhältnis. Zurzeit existieren etwa 350 anerkannte Ausbildungsberufe im dualen System. Anerkannt heißt, dass es für jeden dieser Berufe eine bundesweit geltende Ausbildungsordnung und Rahmenlehrpläne gibt.

Schulische Berufsausbildung

Du kannst einen Beruf auch an Berufsfachschulen im Rahmen einer schulischen Ausbildung lernen. Dies ist vor allem bei pflegerischen und sozialen Berufen der Fall. Aber auch für die Bereiche Wirtschaft, Musik und Fremdsprachen sowie für Gestalterische und Technische Assistenten gibt es solche berufsbildenden Schulen. Diese werden je nach Bundesland und Beruf zum Beispiel auch Berufskollegs oder Fachakademien genannt.

Bei einer solchen Ausbildung bekommen die Auszubildenden das berufliche Wissen durch Vollzeitunterricht in der Schule vermittelt. Das heißt aber nicht, dass praktische Tätigkeiten hier gar nicht gefragt sind. Das Gelernte wird in Betriebspraktika angewendet und vertieft.

Zwischen 2 und 3½ Jahre dauert eine solche Ausbildung. Eine Vergütung bekommst du dafür in den meisten Fällen nicht und je nachdem, ob du an einer privaten oder staatlichen Schule bist, muss Schulgeld gezahlt werden. Dafür besteht unter Umständen Anspruch auf BAföG (Förderung nach dem Bundesausbildungsförderungsgesetz).

Aus: Alles klar? Beruf Regional © Bundesagentur für Arbeit, 2006/2007, S. 12

Otto Mayr: Arbeit und Arbeitswelt © Brigg Pädagogik Verlag GmbH, Augsburg

Ausbildung im Vergleich

	Betriebliche Ausbildung	Schulische Berufsausbildung
Schulische Voraussetzungen	Kein bestimmter Schulabschluss vorgegeben, der Betrieb entscheidet	Nach Beruf und Bundesland unterschiedlich geregelte Zugangsvoraussetzungen
Wann bewerbe ich mich?	Unterschiedlich — abhängig vom jeweiligen Beruf und Betrieb bzw. Unternehmen; bei begehrten Berufen häufig ein Jahr vor Ausbildungsbeginn	Meist feste Anmeldetermine; oft ein Jahr vor Ausbildungsbeginn; manchmal wird ein Praktikum vor der Ausbildung verlangt
Wo bewerbe ich mich?	Beim Betrieb oder bei Behörden	Bei der Schule gibt es meist Anmeldeformulare; z.T. haben Schulen eine örtliche Zuständigkeit, die beachtet werden muss
Wie lange dauert die Ausbildung?	Je nach Beruf zwei, drei oder dreieinhalb Jahre	Unterschiedlich – überwiegend zwei oder drei Jahre
Wo lerne ich?	Im Betrieb oder bei Behörden; z.T. auch in überbetrieblichen Einrichtungen, und in der Berufsschule (duales System)	An Berufsfachschulen; z.T. auch in Praktikumsbetrieben oder Einrichtungen, in denen ein Praktikum durchgeführt wird
In welcher Form lerne ich?	Wechsel von Unterricht in der Berufsschule (einzelne Tage oder Blockunterricht) und Praxis im Betrieb	Vollzeitunterricht mit Praktika
Was bin ich?	Auszubildende/r mit Berufsausbildungsvertrag	Schüler/in
Wie viel verdiene ich?	Unterschiedlich — Betriebe und Behörden zahlen eine Ausbildungsvergütung, deren Höhe sich jedoch von Beruf zu Beruf unterscheidet	Meistens keine Vergütung; an privaten Schulen wird „Schulgeld" verlangt
Welche finanzielle Hilfe gibt es?	Unter bestimmten Voraussetzungen Berufsausbildungsbeihilfe (BAB) — bei der örtlichen Agentur für Arbeit zu beantragen	Unter bestimmten Voraussetzungen BAföG — beim Amt für Ausbildungsförderung zu beantragen

Aus: Alles klar? Beruf Regional © Bundesagentur für Arbeit, 2006/2007, S. 13

Berufsausbildung in der Region: Vorschläge zur Untersuchung

Vorschlag 1: Welche Berufe kannst du in deiner Region in einer Fachschule erlernen?

Berufe, die z. B. in der Region Donauwörth infrage kommen:

Altenpfleger – Erzieher – Fachlehrer (Technisches Zeichnen, Werken, Textverarbeitung, Kunsterziehung, Handarbeit und Hauswirtschaft) – Fremdsprachenkorrespondent – Hauswirtschaftshelfer – Hauswirtschafter – Heilerziehungspflegehelfer – Informatikassistent – Kinderpfleger – Kosmetiker – Kirchenmusiker – Logopäde – Medizinisch-technischer Laboratoriumsassistent – Musiker – Musiklehrer – Pharmazeutisch-technischer Assistent – Physiotherapeut

Aufbau der Untersuchung:

Berufsabschluss	Ausbildungsort	Dauer der Ausbildung	Zugangsvoraussetzungen
Fremdsprachenkorrespondent	*Fremdspracheninstitut Augsburg*	*2 Jahre*	*mittlerer Schulabschluss*
…	…	…	…

Vorschlag 2: Welche Berufe kannst du in deiner Region über das Berufsgrundbildungsjahr (BGJ) erlernen?

Hier findet das erste Ausbildungsjahr in der Berufsschule statt. Das BGJ vermittelt praktische und theoretische Grundlagen. Der erfolgreiche Abschluss des BGJ wird auf die weitere Ausbildung innerhalb des gleichen Berufsfeldes angerechnet.
Die Ausbildung wird im zweiten und dritten Ausbildungsjahr im Betrieb fortgesetzt.

Berufe, die z. B. in der Region Donauwörth infrage kommen:

Berufsfeld Agrarwirtschaft: *Landwirt – Pferdewirt – Tierwirt*
Berufsfeld Bautechnik: *Zimmerer*
Berufsfeld Ernährung und Hauswirtschaft: *Hauswirtschafter*
Berufsfeld Holztechnik: *Bootsbauer – Böttcher – Tischler – Holzmechaniker – Schiffszimmerer – Wagner*

Aufbau der Untersuchung:

Ausbildungsberuf:	Adressen der Berufsschule mit BGJ
Landwirt	Staatliche Berufsschule mit Berufsaufbauschule Neudegger Allee – 86609 Donauwörth
…	…

Otto Mayr: Arbeit und Arbeitswelt © Brigg Pädagogik Verlag GmbH, Augsburg

Vorschlag 3: Welche Berufe kann man nach dem dualen System erlernen?

Am besten ist es, die Region der örtlichen Bundesagentur für Arbeit zum Gegenstand der Untersuchung zu machen, da die Bundesagentur regionales Zahlenmaterial zur Verfügung stellen kann.

Die Schüler suchen Berufe heraus, die sie interessieren und in denen in der jeweiligen Region eine Ausbildung möglich ist. Eine Gliederung nach Berufsfeldern ist sinnvoll.

Die 13 Berufsfelder: Wirtschaft und Verwaltung – Metalltechnik – Elektrotechnik – Bautechnik – Holztechnik – Textiltechnik und Bekleidung – Chemie, Physik, Biologie – Drucktechnik – Farbtechnik und Raumgestaltung – Gesundheit – Körperpflege – Ernährung und Hauswirtschaft – Agrarwirtschaft.

Aufbau der Untersuchung:

Ausbildungsberufe in Betrieben (nach Berufsfeldern gegliedert)	Zahl der im vergangenen Jahr neu abgeschlossenen Ausbildungsverträge	Tendenz (Angebot und Nachfrage)	Von Betrieben gewünschter Schulabschluss
Bürokauffrau	*104*	*A -*	*QA, MR*
…	…	…	…

Vorschlag 4: Welche Ausbildungsberufe gibt es im öffentlichen Dienst?

Zum öffentlichen Dienst gehören verschiedene Verwaltungen und Behörden:

Kommunalverwaltung:	z. B. Stadtverwaltungen, Landratsämter, Gemeinden
Landesbehörden:	z. B. Finanzämter, Justizbehörden, Länderverwaltungen
Polizeidienst:	z. B. Polizeivollzugsdienst
Sozialversicherungsträger:	z. B. Rentenversicherungen (LVa), Berufsgenossenschaften
Bundesbehörden:	z. B. Bundesgrenzschutz, Bundesnachrichtendienst, Bundeswehrverwaltung, Bundesvermögensverwaltung
Zollverwaltung:	z. B. Zollgrenzdienst
Bundesagentur für Arbeit:	z. B. örtliche Agenturen

Typisch für die Behörden ist die Ausbildung im Beamtenverhältnis. Für die Zulassung zur Beamtenausbildung muss man an einem speziellen Auswahlverfahren teilnehmen. Bei der Ausbildung unterscheidet man vier Laufbahnen: einfacher Dienst, mittlerer Dienst, gehobener Dienst, höherer Dienst.

Daneben gibt es aber auch betriebliche Ausbildungen, z. B. Fachangestellte für Arbeitsförderung, Sozialversicherungsfachangestellte, Straßenwärter, Verwaltungsfachangestellte, Ver- und Entsorger u. a.

Behörde	Ausbildungsberuf	Ausbildungsdauer	Erforderliche Schulbildung
Amtsgericht	*Justizinspektor*	*5 Jahre*	*Mittlere Reife*
…	…	…	…

Betriebe in der Region: Vorschläge zur Untersuchung

Vorschlag 1: Sozialversicherungspflichtig Beschäftigte nach Personengruppen und Wirtschaftszweigen

Angaben der örtlichen Bundesagentur für Arbeit einholen und nach folgendem Schema ordnen:

Wirtschaftszweig	Anzahl der Betriebe	Beschäftigte									
		Insgesamt	Männer	Frauen	Deutsche	Ausländer	Arbeiter	Angestellte	Auszubildende	Vollzeit	Teilzeit
	1	2	3	4	5	6	7	8	9	10	11

Vorschlag 2: Wirtschaftszweige und Betriebe

Nach folgendem Schema könnte eingeteilt werden:

Energie, Bergbau
Energiewirtschaft
Bergbau

Verarbeitendes Gewerbe
Chemische Industrie
Kunststoffverarbeitung
Steine und Erden
Feinkeramik
Glas
Eisen- und Stahlerzeugung
Gießerei
Zieherei, Stahlverformung u. Ä.
Stahl- und Leichtmetallbau
Maschinenbau
Straßenfahrzeugbau
Schiffsbau
Luftfahrzeugbau
EDV-Anlagen
Elektrotechnik
Feinmechanik und Optik
Uhren
EBM-Waren
Musikinstrumente
Schmuckwaren
Sägewerke, Holzverarbeitung
Herstellung von Zellstoff, Papier
Papierverarbeitung
Druckerei, Vervielfältigung
Leder, Schuhe
Textilverarbeitung
Bekleidungsgewerbe
Nahrungs- und Genussmittel

Verkehr, Nachrichtenübermittlung
Eisenbahnen
Deutsche Post
Straßenverkehr
Schifffahrt
Spedition
Luftfahrt und sonstiger Verkehr

Kreditinstitute, Versicherungsgewerbe
Kredit- und Finanzierungsinstitute
Versicherungsgewerbe

Dienstleistungen
Gaststätten und Beherbergung
Reinigung, Körperpflege
Wissenschaft, Kunst, Publizistik
Gesundheits-, Veterinärwesen
Rechts- und Wirtschaftsberatung
Sonstige Dienstleistungen

Organisationen ohne Erwerbscharakter

Gebietskörperschaften
Gebietskörperschaften
Sozialversicherung

Land- und Forstwirtschaft/Fischerei
Fischerei, Fischzucht
Land- und Forstwirtschaft

Baugewerbe

Handel

Vorschlag 3: Gliederung nach Wirtschaftsbereichen (primärer Bereich: Landwirtschaft; sekundärer Bereich: Produzierendes Gewerbe; tertiärer Bereich: Handel, Dienstleistungen)

Otto Mayr: Arbeit und Arbeitswelt © Brigg Pädagogik Verlag GmbH, Augsburg

Der örtliche Bezirk der Bundesagentur für Arbeit: Vorschläge zur Untersuchung

1. Die Lage:

a) Seit wann gibt es den örtlichen Bezirk?
b) Wie ist seine Lage innerhalb des Bundeslandes?
c) Welche Regierungsbezirke grenzen an den örtlichen Bezirk?

2. Naturräumliche Gliederung:

a) Innerhalb welcher Großlandschaften liegt der Bezirk?
b) Welche Bedeutung haben die Gewässer?

3. Verkehrswege:

a) Gibt es einen direkten Anschluss an eine Autobahn?
b) Ist die Erschließung durch Bundesstraßen zufriedenstellend?
c) Welche Verkehrswege spielen darüber hinaus eine Rolle?

4. Politische Grenzen:

a) Decken sich die Grenzen des örtlichen Bezirks der Bundesagentur für Arbeit mit den Landkreisgrenzen?
b) Wie viele Dörfer, Marktgemeinden, Städte und Stadtteile gehören zum regionalen Bezirk, zum Landkreis?

5. Flächengröße:

a) Wie groß ist der regionale Bezirk?
b) Wie ist dieser Bezirk aufgeteilt? Wie ist die Zuständigkeit geregelt?

6. Die Situation auf dem regionalen Arbeitsmarkt:

a) Wie stellte sich der Arbeitsmarkt in der Vergangenheit dar (Beschäftigungswachstum, Kapazitätsauslastung der einzelnen Wirtschaftsbereiche, Arbeitslosigkeit, Vergleich der Region mit dem gesamten Bundesgebiet …)?
b) Wie ist die Lage auf dem Ausbildungsstellenmarkt (Zahl der Ausbildungsstellen früher und heute, Nachfragen nach offenen Stellen, Hilfe der Bundesagentur für Arbeit …)?
c) Wie sieht die Wirtschaftsstruktur aus (Monopolbildung oder Mischstruktur, Industrie, Landwirtschaft, Bedeutung des Dienstleistungssektors …)?
d) Wie groß sind die Betriebe (Kleinbetriebe, mittlere Betriebe, Großbetriebe …)?
e) Wo arbeiten die Beschäftigten (Haupterwerbszweige, Bedeutung der regionalen Großbetriebe, prozentualer Anteil der einzelnen Betriebsgrößen, Einpendler, Auspendler)?
f) In welchen Wirtschaftszweigen arbeiten die Menschen (verarbeitendes Gewerbe, Dienstleistungsbereich, Handel, Baugewerbe, Elektrotechnik, Nahrungs- und Genussmittel, Maschinenbau, Stahl- und Leichtmetallbau, Gesundheitswesen …)?

Auerquelle: Im Reich der Millionen Flaschen

Unternehmen feiert hundertjähriges Bestehen – Große Investition mit neuer PET-Abfüll-anlage steht bevor

Bissingen (mia).
Seit 100 Jahren ein Begriff, seit 40 Jahren im Familienbesitz der Hörhammers: In der Bissinger Auerquelle gibt es heuer viele
5 *Gründe, groß zu feiern. Ganz zum Stil der Familie gehört allerdings, dass das Feiern im Herbst eher zurückhaltend angegangen wird. Und dafür große Investitionen in den Vordergrund rücken.*

10 In den nächsten Wochen nämlich wird mit dem Aufbau einer PET-Flaschenabfüllan-lage begonnen, immerhin eine Investition zwischen vier bis fünf Millionen Euro. „Um konkurrenzfähig bleiben zu können, müssen
15 wir das Bissinger Wasser auch in Plastikfla-schen abfüllen", sagt Wolfgang Hörhammer, der gemeinsam mit seinem Vater Walter Ge-schäftsführer der Firma ist. Gerade für Schu-len, Kindergärten oder bei Sportveranstaltun-
20 gen sei es wichtig, unzerbrechliche Flaschen anzubieten. Glas werde aber natürlich weiter im Sortiment bleiben. Viele Verbraucher trin-ken Wasser lieber aus der Glasflasche, weil es ihnen so besser schmeckt.

25 Das „Bissinger Wasser" kommt inzwi-schen aus 342 Metern Tiefe. Die ursprüng-liche Quelle, auf die der Apotheker Max Premauer im Jahr 1906 stieß, lag rund 50 Meter unter der Erde. Viel hat sich seither
30 verändert: Damals wurden die einzelnen Fla-schen noch per Hand abgefüllt, heute laufen Millionen über eine hochmoderne Anlage.

Irgendwann in den 80er-Jahren aber wurde klar, dass die Wassermenge für den steigen-
35 den Bedarf nicht mehr reicht. Damals fäll-ten Walter Hörhammer und seine Frau Erna eine weitreichende Entscheidung: Sie gaben Bohrungen in größerer Tiefe in Auftrag. „Das zog sich über zwei Jahre hin, Millionen sind
40 dabei in den Boden geflossen", beschreibt Erna Hörhammer die Zeit der Unsicherheit, ob man fündig werden würde.

Sieben Bohrungen waren nötig, um auf die beiden Quellen zu stoßen, aus denen heute
45 das Wasser der Auerquelle fließt. Das kühle Nass ist mindestens 10000 Jahre alt, und es kommt fast genauso, wie es aus der Tiefe nach oben gepumpt wird, in die Flaschen.

„Das wertvolle Mineralwasser darf nicht ver-
50 ändert werden", erklärt Wolfgang Hörham-mer. Per Gesetz könnte man Schwefel und Mangan entziehen. Aber beides sei im Bis-singer Wasser nicht vorhanden. Das enthal-tene Eisen allerdings werde auf schonende
55 Weise herausgefiltert. Dazu werde das Was-ser belüftet und über ein Kiesbett geleitet, wo die hauchdünnen Eisenflocken hängen bleiben. Das Eisen würde im Wasser nicht stören, doch weil es sich am Flaschenboden
60 absetzt, wird es mit einem Qualitätsverlust gleichgesetzt.

Wirtschaftsfaktor

Die Einführung von Pet-Flaschen im Frühjahr wird auch das Angebot vergrößern. Neben
65 0,5- und 0,7-Liter-Flaschen gebe es dann auch Liter und 1,5-Liter-Flaschen gefüllt mit inzwischen 18 verschiedenen Mixgeträn-ken.
Über den Umsatz des Unternehmens Auer-
70 quelle schweigt sich Wolfgang Hörhammer aus. Tatsache aber ist, dass der Familienbe-trieb ein wichtiger Wirtschaftsfaktor im Kes-seltal ist. Zwischen 55 bis 60 Millionen Fla-schen werden jährlich abgefüllt, drei Viertel
75 davon mit dem Etikett „Auerquelle". „Der Rest sind Fremdabfüllungen", erläutert Wolfgang Hörhammer. 500 Kilometer ist die größte Ent-fernung zu einem Abnehmer. „Weiter weg rentiert sich nicht."

Region schärft High-Tech-Profil

Kohlefaser-Spezialist SGL Carbon bündelt weltweite Forschungsaktivitäten
bei Augsburg

Augsburg (scht).
Unsere Region profiliert sich immer mehr als weltweit führender High-Tech-Standort. Der Kohlefaser-Spezialist
5 *SGL Carbon gab gestern bekannt, seine weltweiten Forschungsaktivitäten in Meitingen bei Augsburg zu bündeln. Dort entsteht ein Zentrum mit 120 Wissenschaftlern. Kohlefaser gilt*
10 *als der Werkstoff der Zukunft.*

Damit machte Meitingen das Rennen gegen andere Standorte in Europa, aber auch solche in Asien und Amerika. SGL-Chef Koehler sprach gegen-
15 über unserer Zeitung von einer „ganz wichtigen Weichenstellung in Richtung Zukunftstechnologie für die Region". Es handele sich „um eine ganz grundsätzliche Entscheidung". Das Unter-
20 nehmen investiert acht Millionen Euro in ein Forschungszentrum, in dem neue Kohlefaser-Produkte entwickelt werden sollen. Der Werkstoff spielt eine Schlüsselrolle im immer wichtiger
25 werdenden Leichtbau. Er wird etwa im Maschinenbau und insbesondere in der Luftfahrt-Industrie verwendet. In diesen Zweigen verfügt die Region über weitere führende Unternehmen
30 wie EADS und Kuka in Augsburg oder Eurocopter in Donauwörth. Zudem

sucht SGL Carbon die Nähe zu den Universitäten Augsburg und München. Der Konzern ist der einzige europäi-
35 sche Kohlefaser-Hersteller. In Meitingen sind rund 1300 der weltweit 5250 Mitarbeiter beschäftigt.
Experten begrüßten die Investitionsentscheidung von SGL Carbon. „Das ist
40 eine Initialzündung", sagte Peter Saalfrank, Hauptgeschäftsführer der Industrie- und Handelskammer Schwaben, „Faserverbundstoffe sind ein wichtiger Pfeiler in der Zukunftsstrategie der
45 Wirtschaftsregion." Der Standort müsse jetzt die Chance ergreifen, „zu einer internationalen Führerschaft in diesem Bereich zu kommen". In der Region hängen rund 25 000 Arbeitsplätze di-
50 rekt oder indirekt an der Kohlefaser – Tendenz steigend.
Neben Faserverbundstoffen werden andere Zukunftstechnologien vorangetrieben – etwa die Mechatronik, die
55 80 000 Menschen Arbeit bietet. Offizieller Sitz des bayerischen Mechatronik-Netzwerks (Clusters) ist Augsburg, ebenso verhält es sich mit der Umwelttechnik. Stark vertreten sind
60 auch die Branchen Druck und Medien sowie angewandte Informatik.

Thema 8:	# Betriebe – Zusammenarbeit auf verschiedenen Ebenen

Lernziele

1. Die Schüler sollen die Grundfunktionen eines Betriebes kennenlernen.
2. Die Schüler sollen die absatzpolitischen Überlegungen eines Betriebes kennenlernen.
3. Die Schüler sollen die Werbung als einen wichtigen Teil der Kommunikationspolitik eines Unternehmens begreifen.
4. Die Schüler sollen eine Auftragsfertigung am Beispiel eines Industriebetriebs erläutern können.
5. Die Schüler sollen das Landratsamt als kommunalen Dienstleister kennenlernen.
6. Die Schüler sollen erkennen, wie verschiedene Handwerksbetriebe im Rahmen des Denkmalschutzes zusammenarbeiten.
7. Die Schüler sollen die Landwirtschaft als Umweltschützer kennenlernen.

Medien

Folie, Informationsblätter, Info-Texte

Einstieg in das Thema

Zusammenarbeit im Baugewerbe (Folie S. 131)

Erarbeitung

Die Grundfunktionen eines Betriebs (Info-Blatt S. 132)
Wie kann ich meine Ware am besten verkaufen? (Info-Blatt S. 133)
Werbung – ein wichtiger Teil der Kommunikationspolitik eines Unternehmens (Info-Blatt S. 134)
Ein Industriebetrieb – vom Auftrag zur Auslieferung (Info-Blatt S. 135)
Ablauforganisation in einem Industriebetrieb (Info-Blatt S. 136)
Das Landratsamt – ein Dienstleister auf kommunaler Ebene (Info-Blatt S. 137)
Denkmalschutz – verschiedene Handwerksbetriebe arbeiten zusammen (Info-Text S. 138)
Landwirtschaft und Umweltschutz (Info-Text S. 139)

Lösungen zu Seite 133:

Produktpolitik
Umweltfreundliche Verpackung
Rund-um-die-Uhr-Service
Farbpsychologie

Distributionspolitik
Post
Die Bahn AG
Maut-Gebühren
Fuhrpark

Preispolitik
Materialaufwand
Umsatz
Abschreibungen
Steuern

Kommunikationspolitik
Werbung in Tageszeitungen
Betriebsbesichtigungen
Pressekonferenz
Rücknahmegarantie
Probeausschank

Zusammenarbeit im Baugewerbe

Verkauf/Kundenberatung

Planung

Bauausführung

Die Grundfunktionen eines Betriebs

Jeder Betrieb erfüllt die gleichen Grundfunktionen – unabhängig vom Wirtschaftsbereich, zu dem er gehört. Jeder Betrieb kann in drei Funktionen aufgegliedert werden: Beschaffung (Einkauf), Produktion (Herstellung, Verarbeitung), Absatz (Verkauf, Marketing).
Als betriebliche Grundfunktionen bezeichnet man also die Grundeinteilung der Betriebe in Bereiche, die mit der Beschaffung, der Produktion und dem Absatz zu tun haben.

Arbeitsaufgaben:

1. Erläutere diese Grundeinteilung eines Betriebs anhand einer dir bekannten Firma oder eines Dienstleistungsunternehmens (Betriebserkundung, -praktikum)!
2. Ordne die Bilder den drei Grundfunktionen zu!

Wie kann ich meine Ware am besten verkaufen? – Absatzpolitische Überlegungen eines Betriebs

Bevor ein Unternehmer ein Produkt auf den Markt bringt, denkt er zunächst darüber nach, ob es dieses Produkt schon gibt (Konkurrenzerforschung), wer diese Ware kaufen soll (Zielgruppe) und wie er für sein spezielles Produkt Kunden gewinnen, d. h. Nachfrage erzeugen kann (Werbung). Er produziert also nicht einfach drauf los, sondern erforscht vorher ganz genau den Markt sowie die Kundenwünsche und entwickelt dann eine Verkaufsstrategie (Absatz). In großen Firmen übernimmt diese Aufgabe die Marketingabteilung. Eine andere Möglichkeit besteht darin, dass eine Werbeagentur – außerhalb der Firma – beauftragt wird, eine Werbekampagne zu erstellen. Sie hat letztlich die Aufgabe, festzustellen, welcher Käuferkreis welches Erzeugnis kaufen würde und muss die Werbemaßnahmen dahingehend ausrichten.

Im Einzelnen ist die Marketingabteilung/die Werbeagentur für folgende absatzpolitische Überlegungen eines Betriebs verantwortlich:

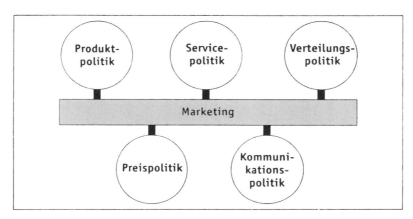

Produktpolitik

Sortiment (Warenangebot)

Qualität

Aussehen (Design)

Kundendienst

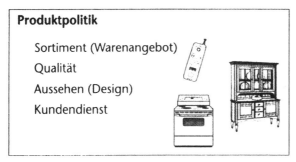

Preispolitik

Kalkulation

Listenpreis

Zahlungsbedingungen

Rabatte

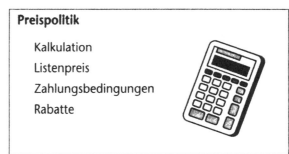

Distributionspolitik

eigenes / fremdes Vertriebssystem

Absatzweg

Transportwege

Transportmittel

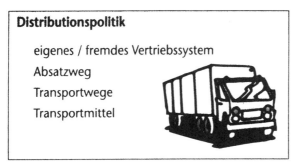

Kommunikationspolitik

verkaufsfördernde Maßnahmen

Werbung

Schulung des Verkaufspersonals

Öffentlichkeitsarbeit

Arbeitsaufgaben:

Ordne die folgenden Begriffe den einzelnen Bereichen zu:

Umweltfreundliche Verpackung – Materialaufwand – Post – Werbung in Tageszeitungen – Rund-um-die-Uhr-Service – Die Bahn AG – Betriebsbesichtigungen – Umsatz – Pressekonferenz – Abschreibungen – Maut-Gebühren – Farbpsychologie – Steuern – Rücknahmegarantie – Fuhrpark – Probeausschank

Werbung – ein wichtiger Teil der Kommunikationspolitik eines Unternehmens

Der Erfolg einer Werbekampagne für eine Marke oder Dienstleistung hängt nicht nur von der Leistung der beauftragten Werbeagentur ab, sondern entscheidend auch von professioneller Werbeplanung des Unternehmens: Zielorientierte Investitionen in die Werbung müssen ebenso komplex geplant werden wie Produktion und Vertrieb von Wirtschaftsgütern.

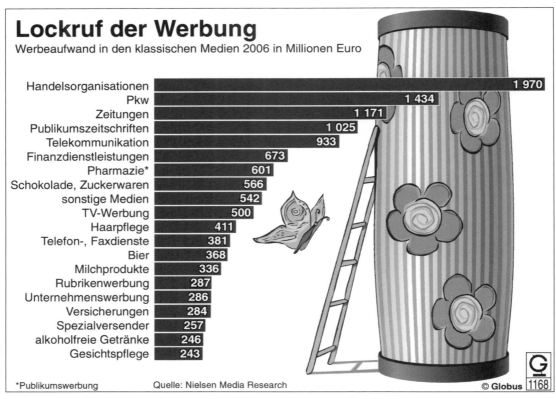

Lockruf der Werbung

Werbeaufwand in den klassischen Medien 2006 in Millionen Euro

Handelsorganisationen	1 970
Pkw	1 434
Zeitungen	1 171
Publikumszeitschriften	1 025
Telekommunikation	933
Finanzdienstleistungen	673
Pharmazie*	601
Schokolade, Zuckerwaren	566
sonstige Medien	542
TV-Werbung	500
Haarpflege	411
Telefon-, Faxdienste	381
Bier	368
Milchprodukte	336
Rubrikenwerbung	287
Unternehmenswerbung	286
Versicherungen	284
Spezialversender	257
alkoholfreie Getränke	246
Gesichtspflege	243

*Publikumswerbung   Quelle: Nielsen Media Research

© Globus 1168

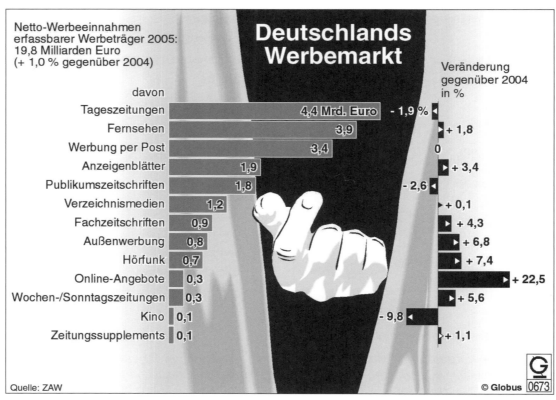

Deutschlands Werbemarkt

Netto-Werbeeinnahmen erfassbarer Werbeträger 2005: 19,8 Milliarden Euro (+ 1,0 % gegenüber 2004)

davon

		Veränderung gegenüber 2004 in %
Tageszeitungen	4,4 Mrd. Euro	- 1,9 %
Fernsehen	3,9	+ 1,8
Werbung per Post	3,4	0
Anzeigenblätter	1,9	+ 3,4
Publikumszeitschriften	1,8	- 2,6
Verzeichnismedien	1,2	+ 0,1
Fachzeitschriften	0,9	+ 4,3
Außenwerbung	0,8	+ 6,8
Hörfunk	0,7	+ 7,4
Online-Angebote	0,3	+ 22,5
Wochen-/Sonntagszeitungen	0,3	+ 5,6
Kino	0,1	- 9,8
Zeitungssupplements	0,1	+ 1,1

Quelle: ZAW

© Globus 0673

Otto Mayr: Arbeit und Arbeitswelt © Brigg Pädagogik Verlag GmbH, Augsburg

Ein Industriebetrieb – vom Auftrag zur Auslieferung

In der Industrie unterscheidet man bei den Betriebsabläufen zwischen der Auftragsfertigung und der Vorratsfertigung.

Bei der Auftragsfertigung werden die Erzeugnisse dann hergestellt, wenn ein Kundenauftrag vorliegt. Bei der Vorratsfertigung produziert man unbestellte Waren auf Lager und verkauft sie vom Lager ab. Diese Art der Fertigung tritt immer mehr in den Hintergrund, da ein Betrieb mit der sogenannten „Just-in-time"-Fertigung den Kundenwünschen genauer entsprechen kann und die hohen Lagerkosten entfallen.

Industrielle Betriebswirtschaft

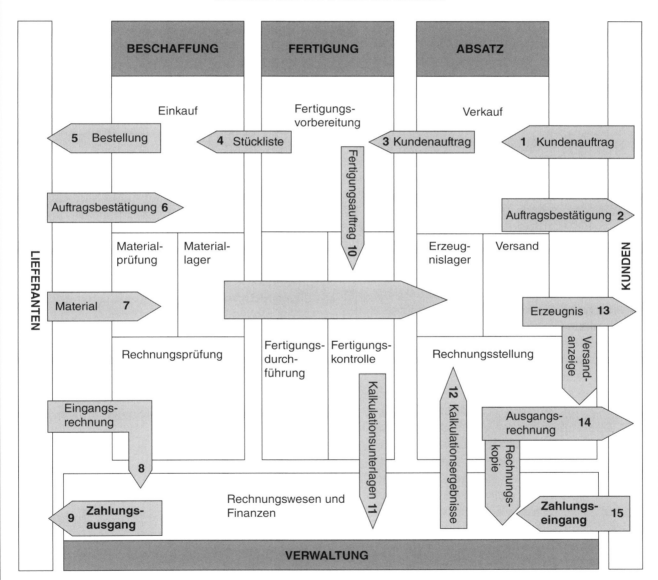

Arbeitsaufgabe:

Erläutere das folgende „klassische" Schema einer Fertigung!

Ablauforganisation in einem Industriebetrieb

Der Kundenauftrag wird dem **Funktionsbereich Absatz** zugeleitet. Die Abteilung Verkauf (oder Auftragsbearbeitung) überprüft, ob der Auftrag technisch, terminlich und wirtschaftlich von uns durchgeführt werden kann und ob der Kunde zahlungsfähig ist. Um verbleibende Unklarheiten zu beseitigen, nimmt ein Vertriebsingenieur Rücksprache beim Kunden. Da die Auftragsprüfung positiv verläuft, wird entschieden, den Kundenauftrag anzunehmen. Der Kunde erhält eine Auftragsbestätigung ②. In ihr werden die wesentlichen Aussagen der Bestellung wiederholt. Juristisch gesehen ist der Kundenauftrag ein Antrag, unsere Auftragsbestätigung eine Annahme. Zwischen unserer Firma und dem Kunden ist ein Vertrag zustandegekommen, nämlich ein Werklieferungsvertrag.

Der angenommene Kundenauftrag ③ gelangt in den **Funktionsbereich Fertigung**. Die Abteilung Fertigungsvorbereitung (oder Arbeitsvorbereitung) hat die Planung und Steuerung der Fertigung so vorzubereiten, dass Fertigung am Tage X reibungslos ablaufen kann. Zu diesem Zweck wird der künftige Fertigungsprozess gedanklich vorweggenommen und zu Papier gebracht. Aus dem Kundenauftrag werden Betriebsaufträge (innerbetriebliche Aufträge) für die Seilwinde, den Greifer, das Fahrwerk, den Elektroantrieb und das Steuerwerk entwickelt. Sie enthalten jeweils einen präzisen Fertigungsauftrag mit Konstruktionszeichnungen und Stücklisten sowie vorbereitete Fertigungsmaterialscheine und Fertigungslohnscheine. Die Unterlagen werden am Tage X ins Werk gehen. Vorerst wandern lediglich die Stücklisten (Durchschläge) ④, die eine Auflistung aller benötigten Einzelteile enthalten, in den **Funktionsbereich Beschaffung**.

Die Abteilung Einkauf vergleicht die Stücklisten mit den noch frei verfügbaren Lagerbeständen, ermittelt den noch zu deckenden Bedarf (in unserem Fall drei Stahlseile) und entscheidet, bei wem wann welche Menge von welcher Ausführung bestellt wird. Wir bestellen die Seile bei Drahtzieher & Co. ⑤ und erhalten eine Auftragsbestätigung ⑥. Wieder ist ein Vertrag geschlossen.

Wochen später liefern Drahtzieher & Co. die Stahlseile ⑦ und schicken eine Rechnung ⑧. Die Lieferung wird in der Abteilung Materialprüfung (oder Warenannahme) untersucht und hinsichtlich Art, Menge und Qualität mit der Bestellung verglichen. Da alles stimmt, werden die Seile mit einem Gabelstapler ins Materiallager gebracht und die Abteilung Fertigungsvorbereitung und Rechnungsprüfung benachrichtigt. Die Abteilung Rechnungsprüfung kontrolliert die Eingangsrechnung und leitet sie an den **Funktionsbereich Verwaltung** weiter. Hier wird zunächst gebucht, dass wir Material auf Kredit (Ziel) eingekauft haben. Wir haben also eine Verbindlichkeit (Schuld) gegenüber unserem Lieferanten. Nach Ablauf der Zahlungsfrist wird der Rechnungsbetrag an Drahtzieher & Co. durch Banküberweisung ⑨ gezahlt und der Zahlungsausgang sowie der Wegfall der Verbindlichkeit gebucht.

Inzwischen wird im **Funktionsbereich Fertigung** die Herstellung der Laufkatzen[1] aufgenommen, ausgelöst durch die Betriebsaufträge der Fertigungsvorbereitung ⑩. Im Werk werden die einzelnen Komponenten aus dem vom Lager geholten Fertigungsmaterial gefertigt, zusammengesetzt und nach Durchführung der Endkontrolle als Fertigerzeugnis an das Erzeugnislager abgegeben. Die dabei anfallenden Belege, insbesondere die ausgefüllten IM- und FL-Scheine, werden zur kalkulatorischen Auswertung und zur Berechnung der Löhne ⑪ an den **Funktionsbereich Verwaltung** weitergegeben. Die vollständige Stückkalkulation für die drei Laufkatzen ⑫ geht an den **Funktionsbereich Absatz**.

Die Laufkatzen kommen zum Versand ⑬ und werden von unseren Facharbeitern in der neuen Halle gestapelt. Auf der Grundlage der Versandanzeige, der Kalkulationsergebnisse und der Montagekosten wird die Ausgangsrechnung erstellt. Das Original erhält der Kunde ⑭, einen Durchschlag der **Funktionsbereich Verwaltung**. Hier wird zunächst gebucht, dass wir die drei Laufkatzen auf Kredit (Ziel) verkauft haben. Wir haben also eine Forderung gegenüber unserem Kunden. Überweist der Kunde ⑮, so wird der Zahlungseingang und der Fortfall der Forderung gebucht. Der Zahlungseingang muss überwacht werden. Nötigenfalls muss der Kunde gemahnt werden.

---

[1] Laufkatze = bewegliches Kranbauteil bei zahlreichen Kranbauarten zur Veränderung der Lage des Hubseils

Otto Mayr: Arbeit und Arbeitswelt © Brigg Pädagogik Verlag GmbH, Augsburg

Das Landratsamt – ein Dienstleister auf kommunaler Ebene

In vielen Angelegenheit des öffentlichen Rechts (Führerschein, Meldung eines Umzugs beim Einwohnermeldeamt) suchen die Bürger das Landratsamt auf. An der Spitze dieses kommunalen Dienstleistungsunternehmens steht der Landrat. Er ist für das Funktionieren der jeweiligen Abteilungen verantwortlich.

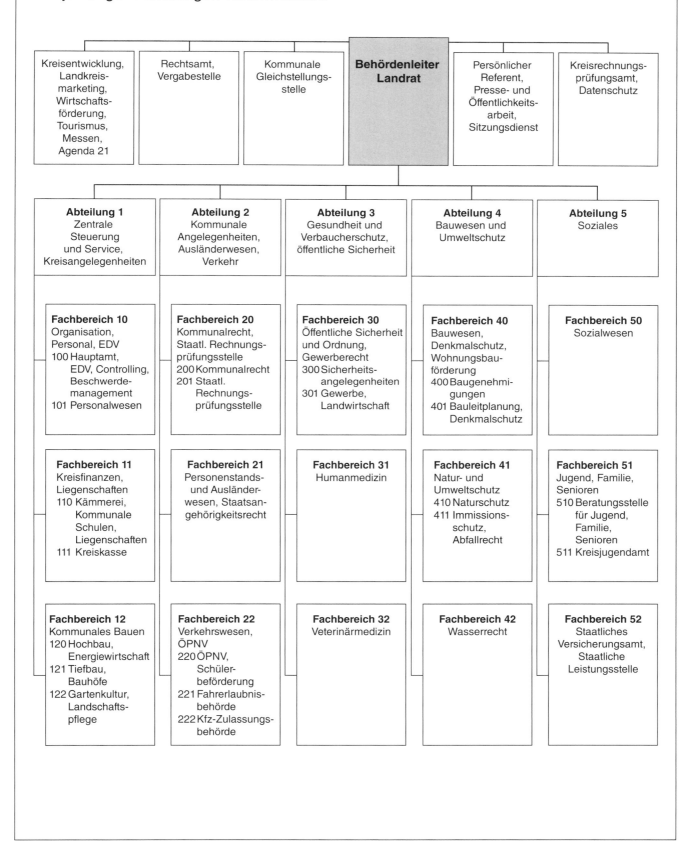

Denkmalschutz – verschiedene Handwerksbetriebe arbeiten zusammen

Dass Schreiner moderne Möbel herstellen können, ist bekannt. Wenn Skulpturen aus Stein gewünscht sind, wendet sich der Kunde an den Steinmetz. Doch für viele Handwerker genügt es nicht mehr, nur die neueren Herstellungsmethoden zu kennen. Vielmehr gehört heute Denkmalpflege zu den erforderlichen Kenntnissen des Handwerkers.

„Es gibt hier einen großen Bedarf", weiß Ursula Klein vom Verein „Akademie für Handwerkerfortbildung in der Denkmalpflege". „Die Leute sind sensibler geworden, es wird erheblich mehr restauriert als früher", ist ihre Erfahrung. „Heute müssen Handwerker mehr können als nur ihre normalen Aufgaben auszuüben." Natürlich eröffnet dieser Fertigkeitszweig auch viele Möglichkeiten", weiß Klein. Und weil Landkreis, Bezirk und auch der Bayerische Freistaat bei denkmalgeschützten Gebäuden, Häusern und ähnlichem teils mit kräftigen Zuschüssen locken, ist die Denkmalpflege mittlerweile für viele Handwerksbetriebe durchaus zum lohnenden Betriebszweig geworden. So waren beispielsweise an der Restaurierung des Kurhauses in Göggingen[1] viele Handwerksfirmen damit beschäftigt, Möbel, Türen, Fenster, Treppen, ja sogar Fußböden nach alten Vorlagen wiederherzustellen oder nachzubauen. „Es ist eine reizvolle Aufgabe", meint auch Isabell Tabert, studierte Restauratorin. Seit einem Jahr geht sie ihrem Beruf nach. Auch sie ist derzeit mit der Restaurierung von alten Fenstern und Türstöcken beschäftigt. Eine Ausbildung zur Schreinerin war Grundlage. Daran schloss sich ein dreijähriges Studium am Goehring-Institut in München an. „Mir macht es einfach Spaß, alte Dinge wieder herzurichten", berichtet die sympathische junge Dame.

Dennoch bedarf es für Arbeiten an denkmalgeschützten Gebäuden oft weithin verlorengegangener Fähigkeiten. Um Handwerker mit den traditionellen Techniken für Aufgaben der Denkmalpflege vertraut zu machen, wurde in Thierhaupten (Kreis Augsburg) eine Fortbildungs-Akademie gegründet. Die „Akademie für Handwerkerfortbildung in der Denkmalpflege" ist als Verein organisiert, dem unter anderem neben dem Bezirk Schwaben der Verband der bayerischen Bezirke, der Bayerische Handwerkstag, das Bayerische Landesamt für Denkmalpflege, die Handwerkskammer für Schwaben und der Landkreis Augsburg angehören. Die neue Einrichtung wird im ehemaligen Kloster Thierhaupten in nächster Nachbarschaft zum Bayerischen Bauarchiv wirken.

Der Bezirkstagspräsident wurde zum Vorsitzenden des Vereins gewählt. Von ihm ging die Initiative aus, in Zusammenarbeit mit dem Landesamt für Denkmalpflege dafür zu sorgen, dass Handwerker mit den fachlichen Zielen der Denkmalpflege vertraut werden; außerdem sollen sie historische Handwerkstechniken lernen und ihre Kenntnisse über historische Materialien vertiefen. Die Akademie will einmal bayernweit tätig werden.

Bisher gibt es 15 Gründungsmitglieder. Firmen aus allen Handwerksbereichen haben sich mittlerweile angeschlossen. Schreiner, Baufirmen, Glaser, Steinmetz und Zimmerer gehören dazu. Auch die Bauinnung zeigt inzwischen großes Interesse. „Dieser reizvolle Berufszweig eröffnet die Chance, altes Kulturgut zu sanieren und somit für die Nachwelt zu erhalten", so Ursula Klein.

Eva Augart

---

[1] Stadtteil von Augsburg

Landwirtschaft und Umweltschutz

Die Landwirtschaft liefert Getreide, Kartoffeln, Fleisch, Milch, Obst und Gemüse. Tatsächlich leistet sie aber wesentlich mehr, als „nur" Nahrungsmittel zu erzeugen – vor allem auch im ökologischen Bereich.

Zwei Beispiele:

Die Landwirtschaft erhält unsere Kulturlandschaft

Wer durch Felder und Wiesen geht, kommt kaum auf den Gedanken, dass dies keine
5 „natürliche" Landschaft ist. Aber: Die unverwechselbare Landschaft ist das Ergebnis einer jahrhundertelangen bäuerlichen Kulturarbeit. Generationen von Bauern haben gerodet, gepflügt, gesät und geerntet und
10 dabei unsere Landschaft geprägt. Die Landschaft zwischen Küste und Alpen ist so abwechslungsreich und vielgestaltig, wie es sie auf so engem Raum kaum anderswo auf der Erde gibt. Diese Landschaft ist ein kostbares
15 Kapital für uns alle – und nicht nur für den Tourismus.
Bauern und Bäuerinnen bewahren dieses Kapital durch fachgerechte Bewirtschaftung, und das zum Nulltarif. Rund 28 Milli-
20 onen Hektar oder 78 Prozent der gesamten Fläche Deutschlands werden von Land- und Forstwirten bewirtschaftet. Würden die Bauern aufhören, ihre Äcker zu bestellen und ihre Weiden zu pflegen, würde sich die Kultur-
25 landschaft schon in wenigen Jahren in eine eintönige Buschlandschaft zurückverwandeln. Nur wenigen würde das gefallen.
Auch die Haltung von Kühen, Schafen oder Pferden gehört in vielen Fällen zum typischen
30 Landschaftsbild. Weidehaltung und das Ernten von Grünfutter dienen gelegentlich sogar ausschließlich dazu, wertvolle Kulturlandschaften zu erhalten. Almwiesen und Heidelandschaften zum Beispiel machen eine
35 spezielle Form der Tierhaltung notwendig. Muss der Bauer diese Bewirtschaftung aufgeben, weil sich die Produktion nicht mehr lohnt, fehlte auch der Landwirtschaftspfleger. Damit ginge eine wertvolle Kulturlandschaft
40 verloren. Landwirtschaft ist Agrikultur.

Landwirtschaft ist verantwortungsvoller Umgang mit der Umwelt

Mit der Natur – nicht gegen sie – wirtschaftet der Bauer langfristig am besten. Die Bauern
5 selbst haben das allergrößte Interesse daran, dass die natürlichen Lebensgrundlagen geschützt werden. Denn Bodenfruchtbarkeit und -gesundheit sind das Kapital jedes Landwirts. Dieses Kapital zu erhalten, ist für
10 Landwirte ein ebenso wichtiges Ziel wie eine gute Ernte.
Niemand bestreitet: Landwirtschaft kann umweltbelastend sein. Wenn unverantwortlich mit Mineraldünger, Pflanzenschutzmitteln und
15 Gülle umgegangen wird, besteht die Gefahr, dass die Umwelt gefährdet wird. Daher ist der Beruf des Landwirts auch so überaus verantwortungsvoll. Unsere Bauern leben vom sachgerechten Umgang mit der Natur. Sie wissen
20 das und richten sich danach. Im eigenen Interesse und im Interesse des Gemeinwohls. Das Ausbildungsniveau in der deutschen Landwirtschaft gehört zu den höchsten der Welt. Ökologie spielt in der Ausbildung eine immer
25 größere Rolle. Landwirte kennen am ehesten die Gefahren, die von ihrem Tun ausgehen könnten, und sie wissen, wie man Gefährdungen der Umwelt vermeidet.
Das Umweltbewusstsein in der Landwirt-
30 schaft wächst genau wie in der übrigen Bevölkerung. Landwirte sind aktiv im Umweltschutz. Landwirte pflanzen Hecken, begrünen Gebäude, legen Biotope an, um seltenen Tier- und Pflanzenarten Lebensräume zu
35 schaffen. Auf dem Acker erweitern Landwirte die Fruchtfolge und setzen Dünger nur noch nach Bodenuntersuchungen und Bedarf ein. Sie verwenden Pflanzenschutzmittel sparsam und ganz gezielt. Viele Bauern verzich-
40 ten an den Ackerrändern auf jede Düngung oder Behandlung mit Pflanzenschutzmitteln. Immer mehr Landwirte lassen ihre Pflanzenschutzgeräte regelmäßig überprüfen.

Thema 9: Der Betrieb als wirtschaftliche Einrichtung

Unternehmen

Das Unternehmen als wirtschaftliche Einrichtung

Deutschland wurde 2007 zum wiederholten Male „Exportweltmeister" zum fünften Mal in Folge. Wie das Statistische Bundesamt mitteilte, wurden Waren im Wert von 961,1 Milliarden Euro ausgeführt – 8,5 Prozent mehr als 2006. Der mit Abstand wichtigste Markt für die Exporteure blieb die EU. Hinter diesen Erfolgszahlen stehen ca. zwei Millionen deutsche Unternehmen mit ca. 26 Millionen Beschäftigten.

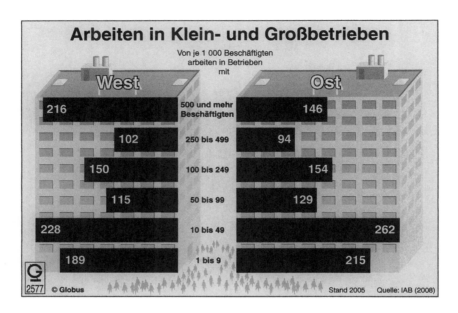

Den Hauptanteil von ihnen stellen die kleinen und mittleren Unternehmen. Sie bilden das eigentliche Rückgrat der deutschen Wirtschaft, produzieren meist im Inland, stellen das Gros der Arbeitsplätze und versteuern ihre Gewinne im Inland.

Stärker im Blickpunkt der öffentlichen Aufmerksamkeit stehen aber die großen, börsen-notierten, international operierenden Unternehmen.

Ein funktionierendes Wirtschaftsleben ist von elementarer Bedeutung für den Fortbestand einer Gesellschaft, für Wohlstand und sozialen Frieden. Wirtschaftliche Zusammenhänge beeinflussen unser Leben in entscheidendem Maße. Für uns spielen dabei die Unternehmen als Arbeitgeber eine wichtige Rolle. Deshalb sollte man auch Bescheid darüber wissen, welche Faktoren zusammenkommen müssen, damit ein Unternehmen erfolgreich wirtschaften kann. Denn nur dann kann ein Unternehmen Arbeitsplätze zur Verfügung stellen.

Unternehmen sind aber auch komplexe soziale Systeme, an die Erwartungen aus Staat und Gesellschaft herangetragen werden. In diesem Zusammenhang tauchen entscheidende Fragen auf, die überdacht sein wollen:

1. Sollen sich Unternehmen neben ihrem Streben nach Gewinn auch einer Verantwortung gegenüber der Gesellschaft verpflichtet fühlen?

2. Wie sollen sich Arbeitnehmer entscheiden, die durch zu hohe Lohnforderungen ihren Arbeitsplatz gefährden, durch zu niedrige aber ihre Kaufkraft?

3. Tragen Konsumenten, die sich nur noch für die billigeren (ausländischen) Angebote entscheiden, nicht zum Verlust einheimischer Arbeitsplätze bei?

4. Darf der Staat den Unternehmen unbequeme Rahmenbedingungen (z.B. im sozialen oder ökologischen Bereich) auferlegen?

Allgemeingültige Antworten auf diese Fragen sind nur schwer möglich, weil sich die Arbeit und die Arbeitswelt schnell wandelt. Ein Nachdenken darüber ist aber dringend nötig.

Ritter startet kraftvoll ins Jahr und expandiert

Schwabmünchen. „Um den stetig steigenden Anforderungen des Markts und dem starken Umsatzwachstum gerecht zu werden, plant die Ritter GmbH 2007 Investitionen in Höhe von 3 Mio. Euro", berichtete Geschäftsführer Ralf Ritter. In den letzten drei Monaten wurden mehr als 20 neue Arbeitsplätze geschaffen. Das seit 1965 bestehende Unternehmen zog vor zehn Jahren aus Untermeitingen nach Schwabmünchen und beschäftigt dort 192 Mitarbeiter. Darüber hinaus bestehen drei Auslandsniederlassungen in Slowenien, England und Amerika mit insgesamt ca. 50 Mitarbeitern. Das Geschäftsgebiet des Unternehmens ist die Kunststoffverarbeitung im Spritzgussverfahren. Die ausschließlich für den Eigenbedarf benötigten Produktionswerkzeuge werden in der betriebseigenen Entwicklungsabteilung konstruiert und im integrierten Formenbau hergestellt.

Zu den Investitionen der Ritter GmbH gehört auch eine neue Spritzgussmaschine. Die Maschine findet ihren Einsatz in der Produktion einer Kunststoffverpackung von Druckfarben.

Arbeitsaufgaben:

1. Beschreibe die Zusammensetzung der deutschen Unternehmen nach ihrer Größe!
2. „Ein funktionierendes Wirtschaftsleben ist von elementarer Bedeutung." Erläutere diesen Satz näher!
3. Welche Zukunftsfragen stellen sich?
4. Warum ist eine eindeutige Antwort nur schwer möglich?
5. Warum ist die Beantwortung dieser Fragen für uns sehr wichtig?

Unternehmen im Spannungsfeld von Markt, Gesellschaft und Staat

Ob Autos für den amerikanischen Markt, Bücher für das heimische Bücherregal, Creme gegen trockene Haut: Unternehmen produzieren Güter und Dienstleistungen für den Fremdbedarf. Sie wirtschaften selbstständig und sind darauf ausgerichtet, Gewinn zu erzielen. Obwohl dies nicht das vorrangige Ziel ist, dienen sie doch der Befriedigung von menschlichen Bedürfnissen. Die Betriebe sind in den Wirtschaftskreislauf eingebunden und tragen zur Güterversorgung, zur Einkommensentstehung und zur Bereitstellung vor Arbeitsplätzen bei.

Unternehmen sind zunächst einmal **komplexe wirtschaftliche Systeme**. Um ihre Ziele zu erreichen, benötigen sie eine funktionierende Organisation. Gewinn und Verlust sind dabei die steuernden Entscheidungskriterien, denn schließlich steht bei dauerhaften Verlusten die Existenz eines Unternehmens auf dem Spiel.

Unternehmen sind aber auch **komplexe soziale Systeme**. Ohne die Berücksichtigung der Bedürfnisse, Interessen und Ideen der Beschäftigten bleiben die Unternehmen unterhalb ihrer Möglichkeiten. Deshalb sind die im Unternehmen tätigen Menschen nicht als bloßer Produktionsfaktor zu begreifen und wie eine erworbene Ware zu behandeln.

Unternehmen sind schließlich auch **ökologische Systeme**, die durch den gesellschaftlichen Wertewandel beeinflusst werden. Wie sollen hier die vom Staat vorgegebenen Rahmenbedingungen gestaltet sein, damit ein Unternehmen zum Wohle aller angemessen wirtschaften kann?

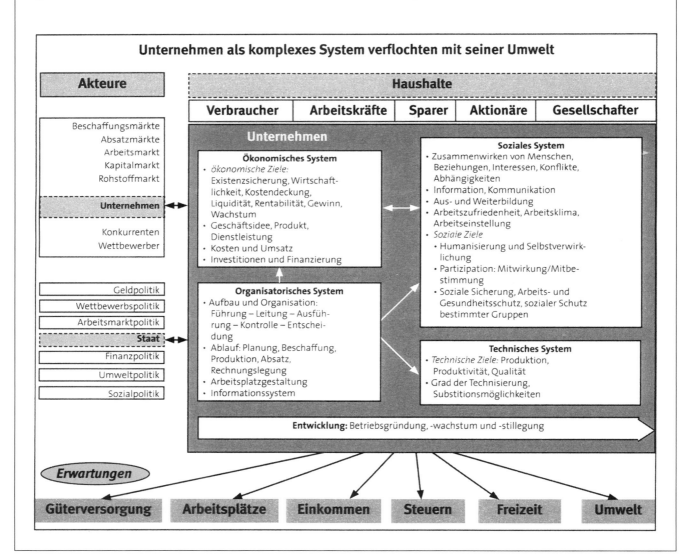

     Otto Mayr: Arbeit und Arbeitswelt © Brigg Pädagogik Verlag GmbH, Augsburg

Betriebe, Firmen, Unternehmen

Betriebe bzw. Unternehmen sind die Akteure, die in modernen Gesellschaften für die Produktion und Bereitstellung von Gütern sorgen. Sie kombinieren Produktionsfaktoren (Arbeit, Rohstoffe, Technik, Kapital, Wissen) und handeln nach dem Prinzip der Wirtschaftlichkeit. Dabei kommt den Kunden eine überragende Rolle zu: Sie belohnen eine gute Leistung des Unternehmens durch positives Kaufverhalten oder bestrafen die mangelhafte Leistung durch negatives Kaufverhalten. Da die Konkurrenz ebenfalls um die Gunst der Käufer wirbt, müssen Unternehmen auf Kundenbedürfnisse eingehen, da sie sonst auf ihrem Angebot sitzen bleiben.

In der Annahme, dass die Konsumenten sich bei gleich guten Produkten zumeist für das günstigere Angebot entscheiden und bei gleichem Preis das Produkt mit dem höheren Nutzen bevorzugen, müssen sich Unternehmen stets um die Gunst der Kunden bemühen. Der Wettbewerb treibt sie an, nach Möglichkeiten der Kostensenkung zu suchen, z. B. durch sparsamen Umgang mit den Rohstoffen, günstigen Einkauf und effektive Organisation der Produktion. Außerdem versuchen die Unternehmen dem Kunden zu verdeutlichen, dass ihr Produkt das beste auf dem Markt ist und deshalb auch seinen Preis wert ist.
Somit trägt das zunächst eigennützige Gewinnstreben zum Gesamtinteresse bei: Die professionelle Erstellung von Gütern und Dienstleistungen dient der Güterversorgung der Menschen, schafft Arbeitsplätze und bringt dem Staat Steuern.

Patent- und Markenamt: Deutscher Erfindungsreichtum auf Platz 1

Innovationen sind die Basis wirtschaftlichen Erfolgs. Um im Wettbewerb bestehen zu können, müssen Unternehmen ständig neue Produktionsverfahren und -technologien entwickeln. Im europäischen Vergleich schneiden dabei deutsche Firmen als Ideengeber sehr gut ab: So führten laut Eurostat fast zwei Drittel der Unternehmen 2002 bis 2004 neue oder deutlich verbesserte Produkte und Produktionstechnologien ein. An zweiter Stelle folgen österreichische Firmen mit einem Anteil von 53 Prozent. Den niedrigsten Anteil innovativ tätiger Unternehmen hatten Lettland und Bulgarien mit weniger als 20 Prozent. Im EU-Durchschnitt gaben 42 Prozent eine Innovationstätigkeit an. Jedes vierte innovative Unternehmen suchte sich einen Partner zwecks Kooperation.
In diesem Zusammenhang sei auch auf den jüngst veröffentlichten „Patentatlas Deutschland – Ausgabe 2006" des Deutschen Patent- und Markenamts verwiesen. Dieser befasst sich mit der Statistik zu Patentanmeldungen von Erfindern mit Wohnsitz in Deutschland.
Weiter Infos zu diesem Thema gibt es unter der E-mail: post@dpma.de

Unternehmen mit Ideen
Von je 100 Unternehmen sind innovativ* in

Deutschland	65
Österreich	53
Dänemark	52
Luxemburg	52
Irland	52
Belgien	51
Schweden	50
Estland	49
Zypern	46
Finnland	43
Großbritannien	43
Portugal	41
Tschechien	38
Griechenland	36
Italien	36
Spanien	35
Niederlande	34
Frankreich	33
Litauen	29
Slowenien	27
Polen	25
Slowakei	23
Ungarn	21
Malta	21
Rumänien	20
Lettland	18
Bulgarien	16

*Unternehmen, die im Zeitraum 2002 bis 2004 neue oder deutlich verbesserte Produkte oder Produktionstechnologien eingeführt haben
Quelle: Eurostat (2007)

Arbeitsaufgaben:

1. Was versteht man unter „Produktionsfaktoren"?
2. Welche Rolle spielen die Kunden?
3. Welche Mittel setzen die Unternehmen ein, um ihr Produkt so preisgünstig wie möglich anzubieten?
4. In welcher Weise trägt das Gewinnstreben zum Gemeinwohl bei?

Organisation von Unternehmen

Erfolgsvoraussetzungen für jedes Unternehmen sind eine zündende Geschäftsidee, der Mut, sie umzusetzen, eine realistische Planung, Kapital, Rohstoffe und Arbeitskräfte. Produktion und Absatz lassen sich nach verschiedenen Prinzipien organisieren.

Mit der Geschäftsidee auf den Markt

Wenn Unternehmen neu gegründet werden, benötigen sie zunächst eine Geschäftsidee, also eine Vorstellung von einem Produkt oder einer Dienstleistung, die am Markt Erfolgsaussichten hat. Allein eine Erfindung ist noch lange keine Geschäftsidee. Das Telefon hielt die amerikanische Postgesellschaft Western Union noch 1876 für ein Kommunikationsmittel mit viel zu ernsthaften Mängeln, als dass es von Nutzen sein könnte.

Was lernen wir daraus? – Aus Erfindungen werden erst dann erfolgreiche Produkte, wenn sie am Markt eingeführt und genutzt werden können. Die Menschen müssen den Nutzen einer Geschäftsidee erkennen können und bereit sein, dafür zu bezahlen.

Unternehmer, die Produkte am Markt einführen wollen, müssen also neben einer überzeugenden Geschäftsidee ermitteln, ob für diese Leistung überhaupt ein Markt vorhanden ist und ob Wettbewerber schon vergleichbare Produkte anbieten.

Sie müssen zunächst den Markt analysieren, auf dem ihre Produkte verkauft werden sollen.

Des Weiteren ist zu prüfen, welche Mittel benötigt werden, um die Leistung anzubieten. Dabei muss geklärt werden, inwieweit die eigenen Mittel zur Vorfinanzierung reichen und wie viel Fremdmittel benötigt werden.

Gleichzeitig ist auch die Frage nach den Produktionsfaktoren zu klären. Stehen folgende wesentlichen Faktoren zur Verfügung:

1. Betriebsmittel: Maschinen, Werkzeuge, Gebäude, Grundstücke
2. Werkstoffe: Rohstoffe, Hilfsstoffe, Halb- und Fertigerzeugnisse
3. Arbeitsleistungen

Neben dem Absatzmarkt muss auch der Beschaffungsmarkt analysiert werden. So müssen die Produktionsfaktoren zur Verfügung stehen, obwohl noch unsicher ist, ob ihr Einsatz tatsächlich die erwünschten Erträge einbringt.

Dazu bedarf es der Finanzierung. Dabei kann entweder Eigenkapital oder Fremdkapital bereitgestellt werden. Der Unternehmer muss mit der begründeten Hoffnung in die Produktion einsteigen, dass er später einen höheren Ertrag erwirtschaftet als er beim Start ausgegeben hatte.

Die Ausgaben und Einnahmen sind von Beginn an so zu steuern, dass Unternehmen jederzeit ihre Verbindlichkeiten erfüllen können: Sie müssen „flüssig" sein, soll nicht ein Konkurs das Ende des Unternehmens einläuten. Die laufenden Einnahmen müssen höher sein als die laufenden Ausgaben, um die Rechnungen der Lieferanten, die Löhne und Gehälter, die Steuern, Abgaben und Zinsen begleichen zu können.

Otto Mayr: Arbeit und Arbeitswelt © Brigg Pädagogik Verlag GmbH, Augsburg

Das Grundkonzept: ein Geschäftsplan

Unternehmensgründungen sind für die Beteiligten mit hohen finanziellen und persönlichen Risiken verbunden. Die Erstellung eines Geschäftsplanes ist daher dringend notwendig. Dieser Plan zwingt den zukünftigen Unternehmer, das eigene Vorhaben systematisch zu durchdenken, die notwendigen Informationen einzuholen, eigene Schwächen auszugleichen und sich der notwendigen Entscheidungen bewusst zu werden.

Der Geschäftsplan ist aber auch nötig, um andere zu überzeugen. Da häufig das Eigenkapital nicht reicht, sind Gründer auf Fremdkapital angewiesen. Die Personen, die dieses Kapital zur Verfügung stellen, müssen davon überzeugt werden, dass ihre Investition eine angemessene Rendite verspricht.

Kredite werden von den Banken nur vergeben, wenn sie überzeugt sind, dass die Schulden samt Zins und Zinseszins auch beglichen werden können.

Selbst qualifiziertes Personal lässt sich eher gewinnen, wenn es von der Unternehmensidee überzeugt ist.

Unternehmen nach Branchen			
Wirtschafts-abschnitt	Unternehmen insgesamt	Sozialversiche-rungspfl. Beschäftigte 2003	Umsatz in 1000 Euro 2003
Bergbau, Steine, Erden	2912	88781	32502401
Verarbeitendes Gewerbe	281187	6718008	1491294702
Energie, Wasserversorgung	10240	279566	164817168
Baugewerbe	312228	1434646	168116470
Handel, Reparatur, Instandhaltung	709103	3776188	1297042929
Gastgewerbe	256214	691694	55331733
Verkehr, Nachrichtenüber-mittlung	129084	1378651	248873447
Kredit-/Versicherungs-gewerbe	45488	1024437	43706138
Grundstücks-/Wohnungs-wesen, Vermietung	831961	2837873	456023410
Erziehung und Unterricht	56690	845404	7246202
Gesundh., -Sozial- und Veteriärwesen	232063	2916595	35065278
Erbringung öffentl. und persönl. Dienstleistung	305601	1311855	90349988
Insgesamt	**3172771**	**23303698**	**4090369866**
Statistisches Bundesamt 9. Mai 2006			

Aufgaben des Managements

Um die Unternehmensziele zu erreichen, müssen Unternehmen die Leistungserstellung angemessen organisieren. Dazu gehören eine zweckmäßige Organisation der Arbeitsabläufe und eine sinnvolle Abstimmung der Teilaufgaben.

Die drei Grundfunktionen von Unternehmen – Beschaffung, Produktion, Absatz – sind zunächst auf eine Vorfinanzierung angewiesen, während erst der Absatz der Produkte Einnahmen verspricht. Dies ist vom Management in allen Planungen zu berücksichtigen.

1. Aufbau- und Ablauforganisation:

Unter Aufbauorganisation versteht man die Zusammenfassung von Teilaufgaben und die Übertragung von Kompetenzen auf Personen.

Die Ablauforganisation erfordert die Koordination der Aufgaben in einem Unternehmen nach ihrem zeitlichen und räumlichen Ablauf.

2. Steuerung eines komplexen Systems:

Das Unternehmen ist ein offenes System, das mit seiner Umwelt vielfältig verflochten ist. Es trifft auf Ansprüche und Interessen vieler Gruppen. Neben dem Eigentümer, Managern und Mitarbeitern gehören dazu auch die Kunden, Lieferanten, aber auch der Staat und die Öffentlichkeit. Ihre unterschiedlichen Interessen erfordern eine komplexe Unternehmenssteuerung:

Während die **Unternehmenslenker** hauptsächlich nach Gewinn streben, sind die **Arbeitnehmer** vor allem an einem regelmäßigen und angemessenen Einkommen interessiert.

Die **Investoren** hoffen auf eine Vermehrung ihres eingesetzten Kapitals.

Die **Konsumenten** erwarten vor allem eine preisgünstige Güterversorgung.

Die **Kommunen** hoffen auf Arbeitsplätze, ein entsprechendes Steueraufkommen und wollen negative Auswirkungen auf die Umwelt vermeiden.

Von den **Zulieferern** werden Betriebsmittel in ausreichender Menge und Qualität erwartet, während diese angemessene Bezahlung, günstige Konditionen und dauerhafte Geschäftsbeziehungen erhoffen.

Schließlich gehen die **Konkurrenten** untereinander von der Einhaltung der Wettbewerbsregeln aus.

Arbeitsaufgaben:

1. Welche Aspekte müssen bei der „Leistungserstellung" berücksichtigt werden?
2. Was sind die Aufgaben der Aufbau- und Ablauforganisation?
3. Beschreibe die Interessen der Teilnehmer an dem offenen System „Unternehmen"!

Otto Mayr: Arbeit und Arbeitswelt © Brigg Pädagogik Verlag GmbH, Augsburg

Die Unternehmerpersönlichkeit

Unternehmerisches Entscheiden und Handeln ist mit erheblichen Unsicherheiten und Risiken verbunden. So ist ungewiss, ob die Produkte kaufkräftige und interessierte Nachfrage finden und ob die Konkurrenten preisgünstigere und qualitativ bessere Produkte anbieten.

In diesem Zusammenhang kommt der Unternehmerpersönlichkeit herausragende Bedeutung zu. Dabei gelten Wissen und Wagemut, Innovations- und Kalkulationsfähigkeit als Charakteristika des unternehmerischen Denkens und Handelns:

- Wissen und Wagemut kennzeichnet die unternehmerische Bereitschaft zur Existenzgründung, zum Entwickeln von Produkten, zum Erschließen neuer Märkte und zum Tragen des damit verbundenen Risikos.
- Innovation schließt das Entwickeln völlig neuer Produkte, das Beschreiten neuer Wege, den Einsatz neuer Technologien, Strategien und Arbeits-Organisationsformen ein.
- Kalkulation bezieht sich auf die systematische Planung, Organisation, Kontrolle sowie die Richtigkeit der Rechnungslegung.

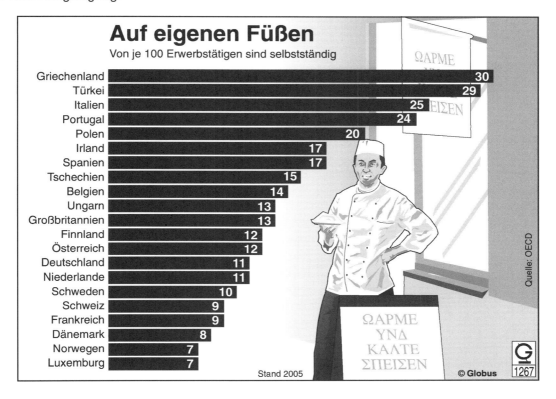

Auf eigenen Füßen
Von je 100 Erwerbstätigen sind selbstständig

Griechenland	30
Türkei	29
Italien	25
Portugal	24
Polen	20
Irland	17
Spanien	17
Tschechien	15
Belgien	14
Ungarn	13
Großbritannien	13
Finnland	12
Österreich	12
Deutschland	11
Niederlande	11
Schweden	10
Schweiz	9
Frankreich	9
Dänemark	8
Norwegen	7
Luxemburg	7

Stand 2005 — Quelle: OECD — © Globus 1267

„Er hat einfach diesen Instinkt."

Unternehmer – Arbeitgeber, Macher oder was?

1. Das Bild des Unternehmers in der Öffentlichkeit

Was ist der Unterschied zwischen Mutter Teresa und einem Unternehmer? Die Frage scheint nur auf den ersten Blick unsinnig zu sein, denn während Mutter Teresa vielen Menschen half, indem sei teilte und den Armen gab, was andere gespendet hatten, ist die Aufgabe von Unternehmern, nicht zu teilen, sondern Neues zu schaffen, zu vermehren. Die Frage, wer mehr zur Überwindung der Armut tut – der, der ihr barmherzig begegnet, oder derjenige, der durch die Schaffung von Arbeitsplätzen Wohlstand schafft, stellt sich nicht – beides ist von hohem Rang.
Gleichwohl findet das Unternehmertum nicht immer Anklang in der Bevölkerung. Das anonyme, von Managern geleitete Großunternehmen ist vielen offenkundig unheimlich. Dem Unternehmer allerdings, den man ja auch als Klempner von nebenan oder als Restaurantbesitzer kennt, wird Hochachtung entgegengebracht. Er ist keineswegs der „böse Bube", sondern der durchsetzungsfähige „Macher" und tüchtige „Malocher". Und so sehen die Bundesbürger die deutschen Unternehmer:

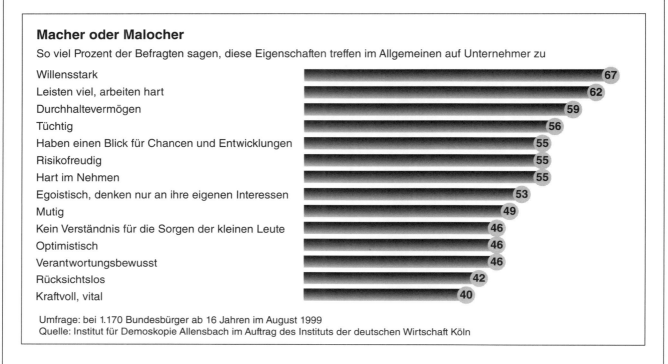

Macher oder Malocher

So viel Prozent der Befragten sagen, diese Eigenschaften treffen im Allgemeinen auf Unternehmer zu

Eigenschaft	Prozent
Willensstark	67
Leisten viel, arbeiten hart	62
Durchhaltevermögen	59
Tüchtig	56
Haben einen Blick für Chancen und Entwicklungen	55
Risikofreudig	55
Hart im Nehmen	55
Egoistisch, denken nur an ihre eigenen Interessen	53
Mutig	49
Kein Verständnis für die Sorgen der kleinen Leute	46
Optimistisch	46
Verantwortungsbewusst	46
Rücksichtslos	42
Kraftvoll, vital	40

Umfrage: bei 1.170 Bundesbürger ab 16 Jahren im August 1999
Quelle: Institut für Demoskopie Allensbach im Auftrag des Instituts der deutschen Wirtschaft Köln

2. Selbsteinschätzung, Motive und Ziele der Unternehmer

Bei einer genauen Analyse der Motive und Ziele unternehmerischen Denkens und Handelns muss zunächst zwischen dem selbstständigen Eigentümer-Unternehmer und dem angestellten Manager-Unternehmer unterschieden werden. Letztere findet man häufig im Vorstand großer Aktiengesellschaften. Der selbstständige Unternehmer, der oft ein kleines oder mittelgroßes Familienunternehmen leitet, hat sein privates Vermögen im Unternehmen investiert. Er trägt somit das Finanzrisiko und muss im ungünstigsten Fall zusehen, wie bei einem Misserfolg des Unternehmens sein Kapital verloren geht. In vielen Fällen hat der Unternehmer die Firma von seinen Eltern geerbt und ist im höchsten Maße am dauerhaften Bestand des Unternehmens interessiert, nicht zuletzt um es in gutem Zustand an die Kinder weitervererben zu können. Auf dieses langfristige Ziel ist er – anders als ein angestellter Manager mit Fünfjahresvertrag – bei allen seinen Planungen und Handlungen ausgerichtet.
Kennzeichnend ist darüber hinaus seine Einstellung zum Unternehmensgewinn: Gewinn muss zwar sein – und zwar langfristig gesichert, sonst gerät das ganze Unternehmen in Gefahr. Doch spielen auch andere Ziele eine wichtige Rolle, wie etwa die Verbundenheit zur Region. Sie kann bei Standortentscheidungen einen großen Einfluss ausüben.

Otto Mayr: Arbeit und Arbeitswelt © Brigg Pädagogik Verlag GmbH, Augsburg

Im Gegensatz zu der vielfach anonymen Situation in Großbetrieben kennt der mittelständische Unternehmer seine Mitarbeiter und häufig auch deren Familien persönlich. Das darf ihn nicht an Entlassungen hindern, wenn sie zur Sicherung des Unternehmens und der verbleibenden Arbeitsplätze unumgänglich sind. Doch warten mittelständische Unternehmen mit derart einschneidenden Personalmaßnahmen wesentlich länger als es bei Großunternehmen üblicherweise der Fall ist. Zum Teil verzichten sie schon einmal auf einen Teil des Unternehmereinkommens, bevor sie sich von bewährten Mitarbeitern trennen und die Arbeitslosenquote ihrer Region erhöhen.

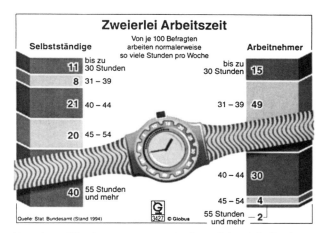

Von einem Wochenprogramm wie die meisten Arbeitnehmer können die Selbstständigen nur träumen. 41 Prozent von ihnen waren 40 bis 54 Stunden pro Woche tätig.

3. Unternehmer und Gesellschaft:

Was Unternehmer benötigen ist die Fähigkeit, ihre Vorstellungen in der Gesellschaft durchzusetzen. Dr. Manfred Lennings, Ehrenpräsident des Instituts der deutschen Wirtschaft hierzu: „Wir erwarten nicht, von allen geliebt zu werden. Vielmehr wollen wir darum kämpfen, von allen respektiert zu werden. Aus diesem Respekt und dieser Einsicht in unsere Aufgaben muss dann auch der politische Wille erwachsen, die Rahmenbedingungen so zu gestalten, dass wir Unternehmer den bestmöglichen Beitrag zum wirtschaftlichen, sozialen und gesellschaftlichen Fortschritt leisten können."

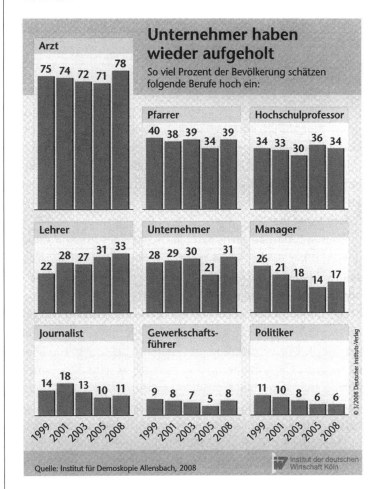

Dass es an Einsichtsfähigkeit in die Wirkungsweise der sozialen Marktwirtschaft teilweise noch hapert, zeigt die Einstellung der Bevölkerung zum Gewinn: Gut zwei Drittel gehen immer noch davon aus, dass es den Unternehmen vor allem darum geht, Kosten zu reduzieren und hohe Gewinne zu erzielen – und dass dabei Arbeitsplätze auf der Strecke bleiben. Dass Firmen, die rote Zahlen schreiben, gewiss keine neuen Jobs anbieten, wird völlig übersehen.

Warum der Gewinn in Deutschland häufig argwöhnisch beurteilt wird, lässt sich mit Logik kaum erklären. Denn in der Marktwirtschaft ist der Gewinn ein Signal für jeden Unternehmer: Hier gibt es etwas zu verdienen, hier lohnt sich das Engagement. Und je mehr Firmen letztlich wegen hoher Gewinne auf den Markt drängen, desto mehr Jobs werden geschaffen. Auch die Verbraucher profitieren davon, weil dann ein Preiskampf und ein Qualitätswettbewerb einsetzt.

Erstellung von Gütern und Dienstleistungen

Die Produktion von Gütern und Dienstleistungen ist die eigentliche Aufgabe von Unternehmen. Dazu müssen Produktionsfaktoren angemessen kombiniert werden, um bestimmte Produkte in einer bestimmten Menge produzieren zu können. Dabei ist auf eine kostengünstige Produktion zu achten.
Bevor allerdings komplexe Produktionsanlagen zur Produktion großer Mengen eingesetzt werden, sind nicht nur die gegebenen Produktionskapazitäten zu berücksichtigen, sondern auch die Ungewissheit der Absatzmenge.

Produktions- und Absatzmenge müssen sinnvoll aufeinander abgestimmt sein. Einerseits verursachen volle Lager Kosten und sie bergen die Gefahr, dass die dort produzierten Mengen durch äußere Einflüsse (Veränderung der Mode, Zeitgeist, Konkurrenz) plötzlich unverkäuflich werden. Andererseits müssen Unternehmen aber auch auf plötzlich steigende Nachfrage flexibel reagieren können.

Die Fertigung der Produkte lässt sich grundsätzlich durch die beiden Grundtypen der Fließ- oder Werkstattfertigung charakterisieren:

Bei der **Fließfertigung** wird das zu produzierende Werkstück in einer vorgegebenen Geschwindigkeit über ein Fließband oder eine Transferstraße weitertransportiert. Dieses Fertigungsverfahren ist hochproduktiv, da die Arbeitskräfte immer die gleiche Tätigkeit durchführen; es erlaubt eine genaue Anpassung an die vorgesehene Menge und ist gut kontrollierbar.
Ein solches Verfahren kann aber nur dann eingesetzt werden, wenn die Produktentwicklung voll ausgereift ist, somit Massenfertigung möglich ist, da die Entwicklung der notwendigen Produktionsanlage sehr teuer ist. Diese Anlagen sind bei einer notwendigen Produktionsumstellung wenig flexibel. Ganz abgesehen davon bringt dieses Fertigungsverfahren für die Arbeitskräfte erhebliche körperliche und seelische Belastungen mit sich.

Bei der **Werkstattfertigung** kann man sich flexibel der Nachfrage anpassen. Die Tätigkeiten sind für die Arbeitskräfte erheblich vielseitiger. Solche Verfahren sind vor allem für Einzelfertigungen, in denen Produkte nur einmal nach speziellen Kundenwünschen erstellt werden, unverzichtbar.
Das Problem: Die Tätigkeiten müssen so organisiert sein, dass die Werkstätten ausgelastet sind. Dennoch sind Zwischenstopps und Leerzeiten oft unvermeidbar.

Computergesteuerte Maschinen *(CAM – Computer Aided Manufactoring)* haben in beiden Fertigungsverfahren Einzug gehalten und sie erlauben ein flexibleres Eingehen auf Kundenwünsche. Durch die Integration der Computersteuerung kann beispielsweise die ursprünglich für die Massenproduktion geeignete Fließfertigung auf **Varianten- und Reihenfertigung** umgestellt werden, indem eine begrenzte Anzahl standardisierter Produkte hergestellt wird.
Einseitige Belastungen der Fließfertigung können durch **Gruppenfertigung** reduziert werden. Dabei wird der Gruppe die Verantwortung für das Ergebnis übertragen, womit sich allerdings der soziale Druck auf den Einzelnen verstärkt.

Die **Baustellenfertigung** wird angewandt, wenn das zu erzeugende Produkt an einen bestimmten Standort gebunden ist und die erforderlichen Mittel zur Baustelle geschafft werden müssen.

Computergesteuerte Maschinen finden sich in der Fließband- und der Werkstattfertigung. Sie erlauben ein flexibleres Eingehen auf Kundenwünsche. Roboterfertigung in Eisenach 2006

Arbeitsaufgaben:

1. Was ist die eigentliche Aufgabe von Unternehmen?
2. Worauf muss dabei besonders geachtet werden?
3. In welcher Abhängigkeit stehen Produktions- und Absatzmenge?
4. Beschreibe die zwei Grundtypen der Produktfertigung!
5. Was bedeutet CAM?

Strategien zur Absatzförderung

Als die Nachfrage nach Gütern noch wesentlich höher war als die zur Verfügung stehenden Produkte, war der Absatz keine besondere Herausforderung. Solche Märkte wurden als Verkäufermärkte bezeichnet.

Heute haben sich viele Märkte zu Käufermärkten verwandelt. Als Ursachen gelten hierfür die zunehmende Sättigung des Bedarfs, die Zunahme ausländischer Importe und die verhaltene Binnennachfrage.

Umso wichtiger ist es für die Unternehmen, neue Absatzmöglichkeiten aufzuspüren. Dabei gibt es verschiedene Strategien:

1. Unternehmen konzentrieren sich darauf, die billigsten Preise anzubieten (dies finden wir vor allem im Bereich der Lebensmittel- und Elektronikdiscounter),
2. Unternehmen stellen ein hochwertiges Angebot bereit, bei dem der Preis eine geringere Rolle spielt (z. B. Top-Mode-Unternehmen, Schmuckherstellung),
3. Unternehmen bieten einzigartige Lösungen für spezifische Probleme an (z. B. Bau von Spezialwerkzeugmaschinen).

Konsumenten sind nicht allein an einem preisgünstigen, sondern auch an einem guten Angebot interessiert. Eine reine Kostensenkungspolitik verfehlt oft ihren Zweck. Den Unternehmen stehen aber unterschiedliche Instrumente zur Verfügung, den Absatz ihrer Produkte anzukurbeln:

Absatzpolitische Instrumentarien			
Produktpolitik	Preispolitik	Kommunikationspolitik	Vertriebspolitik
Produkt -innovation -verbesserung -differenzierung Sortiment Marke, Name Verpackung Kundenservice	Preishöhe Kredite, Rabatte Skonto Konditionen (Lieferung, Zahlung, Garantie)	Werbung Verkaufsförderung Persönlicher Verkauf Ausstellung, Messen Public Relation (Öffent- lichkeitsarbeit, Sponso- ring, Event Marketing)	Vertriebssysteme Vertriebswege

Produktpolitik

Bei der Produktpolitik geht es um die Entscheidung, welche Produkte am Markt angeboten werden sollen. Die Entscheidungen beziehen sich auf die Entwicklung neuer Produkte, die Veränderung des bisherigen Angebots sowie die Erweiterung oder Variierung des angebotenen Sortiments.

Dabei hat die Produktpolitik mit vielfältigen Problemen zu kämpfen. Gerade bei den Produkten des täglichen Gebrauchs verhalten sich die Käufer oft „markentreu": Sie kaufen nach bewährten Gewohnheiten, auch wenn es bessere Alternativen gibt.

In anderen Bereichen – z. B. bei Textilien oder technischen Gebrauchsgütern – versprechen Neuerungen dem Konsumenten scheinbar eine persönliche Note: Die Konsumenten sorgen so für einen schnellen Verschleiß alter Produkte und auch für technischen Fortschritt.

Nicht unwesentlich ist auch die Sortimentspolitik, bei der zu entscheiden ist, wie unterschiedliche Produkte zu einem geeigneten Ganzen zusammengestellt werden. Ein kleines Sortiment ist zwar kostengünstiger, ein großes Sortiment aber verkaufsgünstiger. So spezialisieren sich Discounter und Warenhäuser auf die unteren Preisklassen, während Spezialgeschäfte ein kleines, aber beratungsintensives Angebot bieten.

Direct-Encoding: Aufnahme auf MP3-Player

Kommunikationspolitik

Produkte müssen nicht nur bekannt gemacht, die Konsumenten müssen auch vom Nutzen der Produkte überzeugt und somit zum Kauf angeregt werden. Deshalb strebt die Kommunikationspolitik des Unternehmens an, durch geeignete Darstellung des Angebots auf die Kunden einzuwirken.

Um dieses Ziel zu erreichen, bedient sich das Unternehmen vor allem der Werbung in den Medien, der Verkaufsförderung vor Ort, der Direktwerbung und der Öffentlichkeitsarbeit. Die Öffentlichkeitsarbeit dient speziell einer besseren Präsentation des Unternehmens.

Hingegen dient die Werbung dazu, höhere Verkaufszahlen zu erreichen. Höhere Umsätze durch Werbung bedeuten jedoch nicht zwangsläufig einen höheren Gewinn, denn schließlich hat Werbung auch ihren Preis: So kosteten 2006 beispielsweise 30 Sekunden Werbung in der ARD durchschnittlich 12.000 €, zu Spitzenzeiten sogar bis zu 24.000 €.

Um überhaupt eine Wirkung zu erzielen, muss Werbung zunächst eine möglichst große Zahl an Personen der angestrebten Zielgruppen erreichen. Dabei wird das AIDA-Prinzip verfolgt: Die Werbung muss sowohl die Aufmerksamkeit auf das Produkt lenken (Attention), das Interesse wecken (Interest), einen Kaufwunsch auslösen (Desire) und schließlich zum Kauf führen (Action).

 Otto Mayr: Arbeit und Arbeitswelt © Brigg Pädagogik Verlag GmbH, Augsburg

Preispolitik

Unternehmen nutzen verschiedene Strategien, um die Nachfrage nach ihren Produkten zu erhöhen. Neben dem Preis existieren auch Anreize über Rabatte, Skonti, Liefer- und Zahlungsbedingungen sowie Garantieleistungen.

Problematisch ist die Einführung eines neuen Produkts: Da bei einem hohen Preis die Nachfrage in der Regel eher gering ausfällt, der Einführung neuer Produkte aber oft immense Entwicklungskosten vorausgehen, kann die Präsentation mitunter nicht kostendeckend erfolgen.

Interessant ist auch die Tatsache, dass der Preis auch eine psychologische Größe ist. So sind die Kunden beispielsweise geneigt, vom Preis auf die Qualität zu schließen. Auch dieser Aspekt muss im Rahmen der Preispolitik beachtet werden.

Vertriebspolitik

Im Rahmen seiner Vertriebspolitik sucht das Unternehmen nach geeigneten Vertriebssystemen und Absatzwegen auf dem Weg zum Verbraucher: Einzelhandel, Großhandel, Direktvertrieb. Die Frage ist immer: Wie kann der Kunde am besten erreicht werden und welcher Vertriebsweg verursacht welche Kosten? Sinnvolle Vertriebswege sind nur in Abhängigkeit vom speziellen Produkt und der Verbrauchergruppe, um die es geht, zu sehen. So benötigt z. B. Tiefkühlkost andere Vertriebswege als Elektrogeräte.

Arbeitsaufgaben:

1. Was ist ein Verkäufermarkt, was ist ein Käufermarkt?
2. Welche Strategien verfolgen Unternehmen?
3. Welche Instrumentarien stehen den Unternehmen zur Verfügung?
   Erläutere jeweils in einigen Sätzen!

Gewinne oder Verluste – die wirtschaftliche Seite

Entscheidungen über die Einführung neuer Produkte, die Einstellung oder die Veränderung von Produktionsprozessen, die Einstellung oder Entlassung von Mitarbeitern sind vor allem darauf gerichtet, Gewinn zu erzielen.
Diese Orientierung wird auch als erwerbswirtschaftliches Prinzip bezeichnet.
Die Gewinnerzielung selbst wird aber von vielen Rahmenbedingungen beeinflusst:

- Werden die Bedürfnisse der Kunden nach angemessenen Preisen und guter Qualität nicht berücksichtigt, wird sich das beim Umsatz bemerkbar machen.
- Werden die Mitarbeiter durch schlechte Arbeitsbedingungen oder niedrige Löhne demotiviert, können Auswirkungen auf die Qualität die Folge sein.
- Gilt Kostensenkung als oberstes Ziel, kann schlechte Qualität das Ansehen eines Unternehmens nachhaltig beeinträchtigen.
- Wird das Ziel, Gewinne zu erwirtschaften, vernachlässigt, sind zunächst keine Investitionen mehr möglich – auf Dauer steht die Existenz des Unternehmens auf dem Spiel.
- Wird die Steigerung des Unternehmenswertes, ausgedrückt im Kurswert der Aktien vernachlässigt, verlieren die Kapitalgeber das Interesse am Unternehmen und ziehen ihre Anteile zurück.

Wirtschaftlichkeit und Produktivitätssteigerung

Das ökonomische Prinzip als Grundlage für jedes unternehmerische Handeln gilt in zweierlei Hinsicht:
Zum einen sollen entweder die vorhandenen Mittel so eingesetzt werden, dass sie den größtmöglichen Ertrag bringen (Maximalprinzip) oder aber es soll ein angestrebter Ertrag mit möglichst geringem Einsatz erreicht werden (Minimalprinzip).
Soweit die Theorie; in der Praxis werden aber nicht zwingenderweise Gewinne erzielt, denn ob wirtschaftliches Handeln durch Erfolg belohnt oder durch Misserfolg bestraft wird, hängt letztendlich vom Markt ab, auf dem die Ware oder die Dienstleistung angeboten wird.
Mit dem Begriff der *„Lean Production"* gewann das ökonomische Prinzip in den letzten Jahren noch stärkere Bedeutung. Diese „schlanke Produktion" bezieht sich auf alle Bereiche der Herstellung: Produktentwicklung, Konstruktion, Beschaffung, Vertrieb. Danach sollen die Kundenwünsche mit möglichst geringem Personalaufwand erfüllt werden. Diese Ansicht hat sich auf viele gesellschaftliche Bereiche ausgedehnt; so sollen auch Staat und Verwaltung „schlanker" werden.

Eine weitere Voraussetzung zur Verbesserung des Leistungsergebnisses ist die Steigerung der produzierten Gütermenge im Verhältnis zur eingesetzten Menge der verfügbaren Mittel. So kann eine Steigerung der Produktivität bedeuten, dass die gleiche Anzahl an Arbeitskräften in der gleichen Arbeitszeit mehr Güter produziert.
Diese Produktionssteigerung kann sowohl durch Lerneffekte als auch durch eine verbesserte Arbeitsorganisation sowie durch den Ersatz menschlicher Arbeitskraft durch Maschinen (Automatisierung) bedingt sein.

Otto Mayr: Arbeit und Arbeitswelt © Brigg Pädagogik Verlag GmbH, Augsburg

Gewinn: Belohnung durch den Markt

Um dauerhaft bestehen zu können, müssen Unternehmen Gewinne anstreben. Dabei gilt der Gewinn als Antriebsfeder für unternehmerisches Handeln: Er ist der „Lohn" für die Inkaufnahme von Risiken. Gewinne entstehen nur, wenn der am Markt erzielte Umsatz höher ist als die für die Produktion aufgewandten Kosten.

Gewinne werden beeinflusst durch die Käufer, durch das Angebot der Konkurrenz sowie durch den eigenen Umgang mit den vorhandenen Mitteln. Ein Unternehmen kann den Preis nicht beliebig wählen, da die Verbraucher nicht bereit sind, jeden beliebigen Preis zu zahlen. Der Gewinnspielraum wird durch die Konkurrenten eingeschränkt. So zwingt der Wettbewerb den Unternehmer, dem Kunden qualitativ gute Produkte zu günstigen Preisen anzubieten. Wirtschaftlicher Erfolg zeigt sich im Gewinn, Misserfolg in Form von Verlusten.

Gewinne sind die Grundvoraussetzung für den Bestand einer Firma:
- Gewinne sind die Voraussetzung für Erhaltungsinvestitionen (Maschinen, Gebäude, Fuhrpark …)
- Gewinne sind die Voraussetzung für Erweiterungsinvestitionen (Einstellung von neuen Mitarbeitern, mehr Maschinen, größere Betriebsfläche, mehr Firmen-LKWs …)
- Gewinne sind die Voraussetzung für Erneuerungsinvestitionen (neue Maschinen, Produktionsstraßen, neue Technologien …)
- Gewinne können auch zur Steigerung von Löhnen verwendet werden (Beteiligung der Arbeiter am Firmengewinn).

Fazit:
Die Unternehmer, der Staat, die Beschäftigten – allen Beteiligten am Produktionsprozess muss klar sein:
Ohne Gewinne kann eine Firma auf Dauer nicht bestehen, ohne Gewinne können die vorhandenen Arbeitsplätze nicht gesichert werden, ohne Gewinne kann kein Unternehmen neue Arbeitsplätze schaffen.

Arbeitsaufgaben:
1. Von welchen Rahmenbedingungen wird die Gewinnerzielung beeinflusst?
2. Was versteht man unter „Maximalprinzip", was unter „Minimalprinzip"?
3. Erkläre den Begriff „Lean Production"!
4. Woher kommt die Notwendigkeit der Automatisierung?
5. Erläutere die einfache Überschussrechnung!
6. Ein Unternehmen kann den Preis für eine Ware nicht willkürlich festsetzen. Warum nicht?
7. „Gewinne sind Voraussetzung für den Bestand eines Unternehmens." Erläutere diese Aussage!

Das Gewinnstreben – Grundlage jeder wirtschaftlichen Entwicklung

Eine amerikanische Restaurantbesitzerin fragte ihre Beschäftigten, wie viel Gewinn ihrer Ansicht nach der Betrieb abwerfe. Zwischen 45 und 75 Cent von jedem eingenommenen Dollar, lauteten die Schätzungen. Tatsächlich seien es aber nur acht Cent, eröffnete die Chefin ihren Mitarbeitern. „Also müssen wir fünf Steaks für 15 Dollar verkaufen, bis wir die sechs Dollar, die ein verbranntes Steak kostet, wieder hereingeholt haben?", wunderte sich der Chefkoch. „Genau", antwortete die Besitzerin. Jetzt hatten die Mitarbeiter verstanden; sie begannen ihre Arbeit auch unter kaufmännischen Gesichtspunkten zu betrachten und gingen sorgfältiger mit dem Inventar und weniger verschwenderisch mit den Lebensmitteln um. Einige Zeit später verkündete die Restaurantbesitzerin, nur noch diejenigen bekämen eine Lohnerhöhung, die auch die Firmenbilanz lesen könnten. Erstmals fuhr der Betrieb über zehn Prozent Gewinn ein.

Dass Firmen Gewinne erzielen wollen, wird immer noch von vielen Menschen kritisch bewertet. Dabei ist der Gewinn eine der wichtigsten Triebfedern unternehmerischen Handelns. Ohne Gewinn funktioniert die gesamte Marktwirtschaft nicht – nicht in Deutschland, nicht in Europa, nicht in den USA. Unternehmer können sich keine Verluste erlauben, sonst geht ihr Betrieb pleite. Und wenn ein Betrieb pleite geht, gehen Arbeitsplätze verloren. „Das schlimmste Verbrechen gegen die arbeitenden Menschen", hat ein Vertreter der Gewerkschaften einmal gesagt, „verübt ein Unternehmen, das keine Gewinne macht."

Um Gewinn zu erzielen, ergreift der Unternehmer Maßnahmen, die auf Steigerung der Produktivität, Kostenersparnis und Verbesserung der Marktstellung des Produkts abzielen. Ohne das Gewinnmotiv käme es nicht oder nicht so schnell zu organisatorischen Verbesserungen, zum Einsatz umweltschonender Rohstoffe, zu geringerem Materialverbrauch, zu kostensparenden Technologien, zur Entwicklung neuer Produkte – mit anderen Worten: Der Gewinn hat in der Marktwirtschaft die wichtigste Motivationsfunktion.

Der Gewinn hat auch eine Beschäftigungsfunktion: Er schafft Arbeitsplätze – und zwar über die Investitionen. Der frühere Bundeskanzler Helmut Schmidt hat dies so zusammengefasst: „Die Gewinne von heute sind die Investitionen von morgen und die Arbeitsplätze von übermorgen." Und nicht nur das: Nehmen wir das Beispiel Umweltschutz, auch hier reagiert die Marktwirtschaft flexibel, weil die Unternehmen, wenn sie Gewinne erwarten können, schnell aktiv werden. Und außerdem: Wo relativ hoher Wohlstand herrscht, können dem Einzelnen – und der Gesellschaft – eher finanzielle Opfer zugemutet werden. Steuerliche Anreize regen zur Herstellung umweltfreundlicher Produkte an. Die Umweltpolitik nutzt das Gewinnstreben für den Schutz der Natur.

Was der Gewinn möglich macht

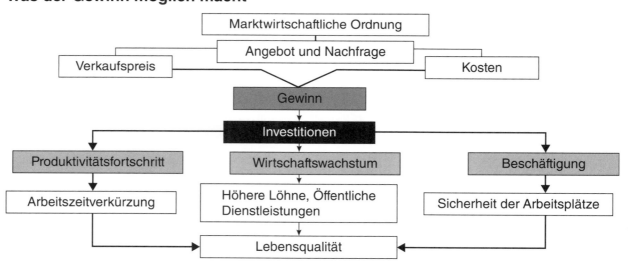

Arbeitsaufgaben:

1. Warum ist eine funktionierende Marktwirtschaft wie in der BRD darauf angewiesen, dass Betriebe Gewinne machen?
2. Worin besteht die Motivationsfunktion des Gewinns?
3. Erkläre, welche Bedeutung Altbundeskanzler Helmut Schmidt den Unternehmensgewinnen beimisst!

Otto Mayr: Arbeit und Arbeitswelt © Brigg Pädagogik Verlag GmbH, Augsburg

Umsatz nicht mit Gewinn verwechseln!

Im Handel bezeichnet man die Differenz zwischen Verkaufserlösen (Umsatz) und Einkaufspreisen einschließlich Mehrwertsteuer als Rohgewinn. Setzt man ihn in Beziehung zum Umsatz, erhält man die oft mit dem Gewinn verwechselte Handelsspanne, aus der das Handelsunternehmen seine Kosten für Personal, Miete, Abschreibungen usw. decken muss. Erst ein verbleibender Rest ist Gewinn.

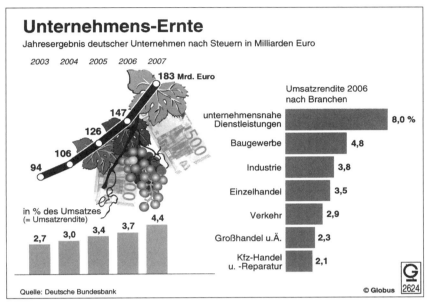

Statistische Angaben: Deutsche Bundesbank

Sprudelnde Gewinne

Die Gewinne der deutschen Unternehmen sind im Jahr 2007 kräftig gestiegen. Nach der jüngsten Auswertung der Bilanzen von rund 24 000 Unternehmen durch die Bundesbank stieg das Jahresergebnis von 147 Milliarden Euro im Jahr 2006 auf 183 Milliarden Euro 2007. Die Umsatzrendite nach Steuern erhöhte sich von 3,7 auf 4,4 Prozent. Für die Unternehmen blieben also von jedem umgesetzten Euro im Durchschnitt 4,4 Cent hängen. Auf Branchenebene liegen detaillierte Ergebnisse erst für das Jahr 2006 vor. Am besten schnitten die unternehmensnahen Dienstleistungen mit einer Rendite von acht Prozent ab.

Einen Gewinn zu erwirtschaften ist Aufgabe jedes Unternehmens. Allerdings ist dies nicht so einfach: die Gewinne der Unternehmen geraten von zwei Seiten unter Druck.
Auf der einen Seite können die Firmen höhere Preise heute nicht mehr so einfach durchsetzen – dafür sorgt die nationale und internationale Konkurrenz.
Auf der anderen Seite steigen die Kosten, die sich in vier Komponenten gliedern:

1. Einen erheblichen Kostenblock bilden die Materialkosten im weitesten Sinn, also alle Zulieferungen aus anderen Unternehmen – Rohstoffe, Werkstoffe, Energie, Dienstleistungen.
2. Die Personalkosten: Dazu gehören Löhne und Gehälter für geleistete Arbeit sowie die Personalzusatzkosten (Anteile der Arbeitgeber an den Versicherungszahlungen der Arbeitnehmer usw.).
3. Die Kapitalkosten, also Abschreibungen und Zinsen für geliehenes Geld.
4. Die Kostensteuern: Indirekte Steuern wie die Umsatzsteuer, die Mineralölsteuer und die Zölle.

Was vom Umsatz nach Abzug der Kosten übrig bleibt, ist der Gewinn – allerdings „vor Steuern". Kapitalgesellschaften (AG, GmbH) zahlen noch Körperschaftssteuer; dazu kommt die Gewerbesteuer. Wenn auch diese Steuern abgezogen sind, bleibt der „Gewinn nach Steuer".

Arbeitsaufgabe:
Beschreibe den Unterschied zwischen Umsatz und Gewinn!

Gewinne – das Ziel jeden Unternehmens

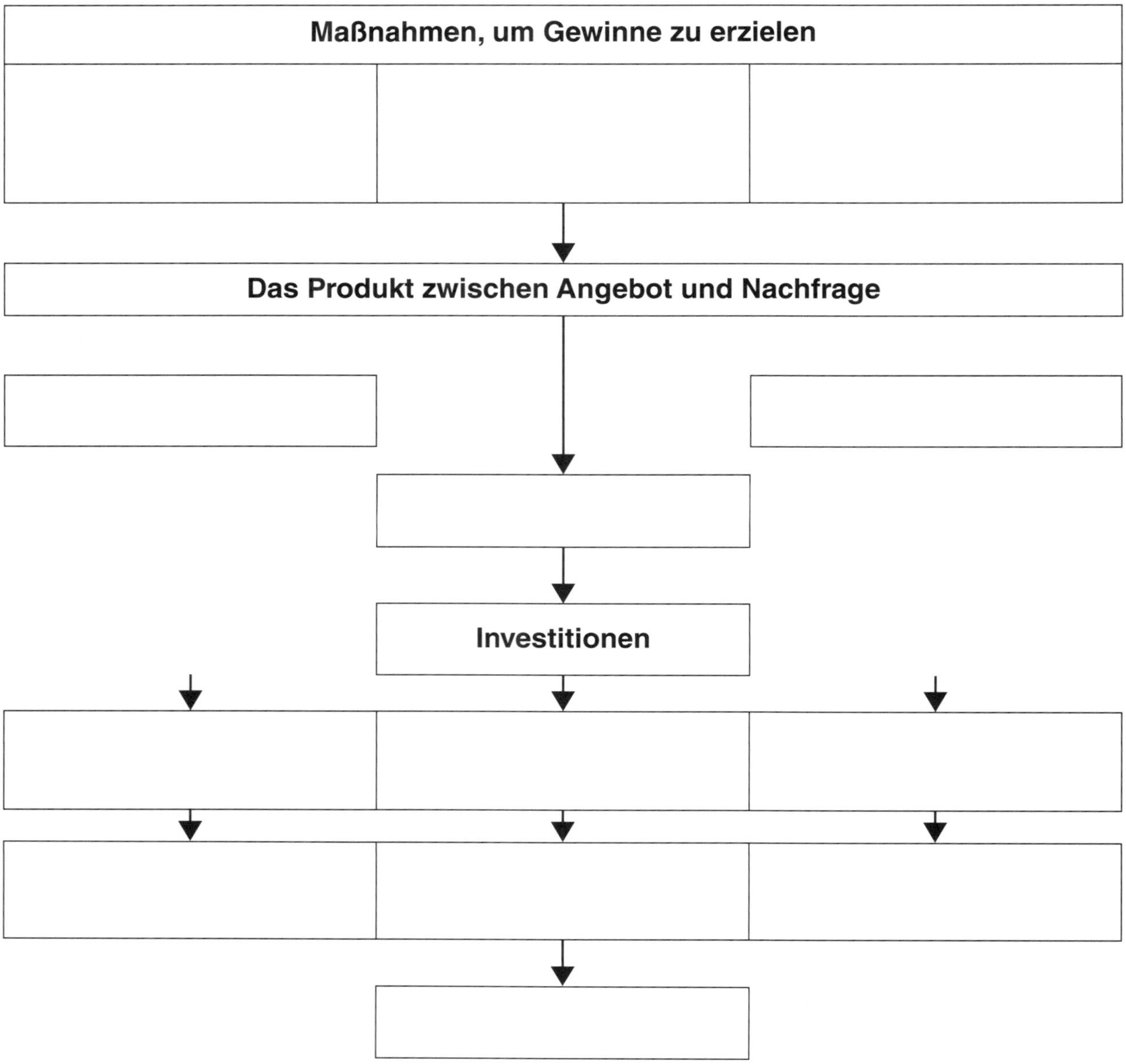

Maßnahmen, um Gewinne zu erzielen

↓

Das Produkt zwischen Angebot und Nachfrage

| | | |

↓

↓

Investitionen

↓ ↓ ↓

↓ ↓ ↓

↓

Trage die folgenden Begriffe in das Schema ein und begründe:

Verkaufspreis – Steigerung der Produktivität – Produktivitätsfortschritt – Kosten – Arbeitszeitabkommen – Beschäftigung – Gewinn – Wirtschaftswachstum – Kostenersparnis – Verbesserung der Marktstellung – Sicherung der Arbeitsplätze – Lebensqualität – höhere Löhne

Was vom Umsatz bleibt

Trage anteilmäßig ein, welche Positionen vom Umsatz noch abgezogen werden müssen, ehe ein Gewinn „nach Steuer" erzielt wird.

Gewinne – das Ziel jeden Unternehmens

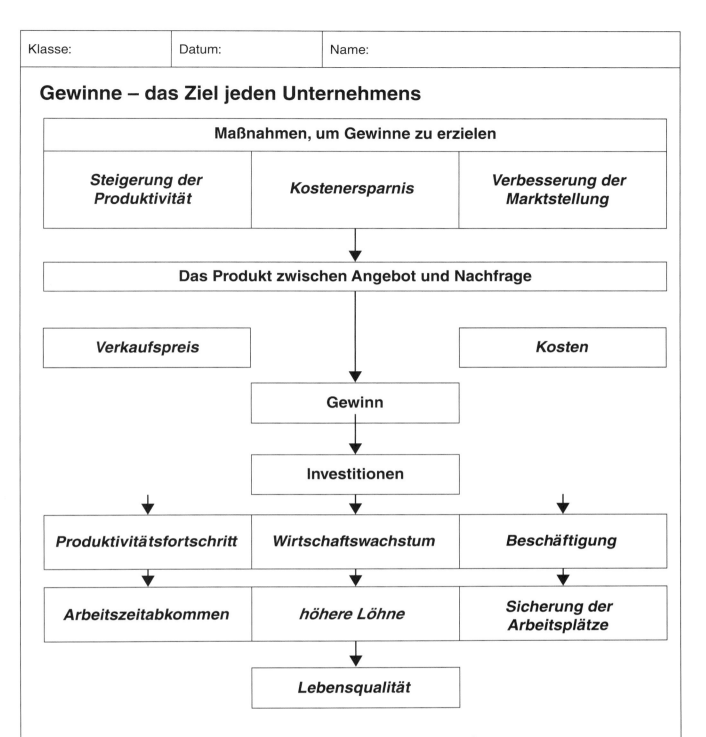

Maßnahmen, um Gewinne zu erzielen		
Steigerung der Produktivität	*Kostenersparnis*	*Verbesserung der Marktstellung*

Das Produkt zwischen Angebot und Nachfrage

Verkaufspreis	*Kosten*

Gewinn

Investitionen

Produktivitätsfortschritt	*Wirtschaftswachstum*	*Beschäftigung*

Arbeitszeitabkommen	*höhere Löhne*	*Sicherung der Arbeitsplätze*

Lebensqualität

Trage die folgenden Begriffe in das Schema ein und begründe:

Verkaufspreis – Steigerung der Produktivität – Produktivitätsfortschritt – Kosten – Arbeitszeitabkommen – Beschäftigung – Gewinn – Wirtschaftswachstum – Kostenersparnis – Verbesserung der Marktstellung – Sicherung der Arbeitsplätze – Lebensqualität – höhere Löhne

Was vom Umsatz bleibt

Trage anteilmäßig ein, welche Positionen vom Umsatz noch abgezogen werden müssen, ehe ein Gewinn „nach Steuer" erzielt wird.

Materialkosten	*Personalkosten*	*Kapitalkosten*	*Steuern*

Rechte und Pflichten des Arbeitgebers und des Arbeitnehmers

Im Arbeitsvertrag, der vor Berufsantritt geschlossen wird, regeln Arbeitgeber und Arbeitnehmer die gegenseitigen Pflichten im Beschäftigungsverhältnis. Grundsätzlich gilt, dass der AN eine Arbeitsleistung einbringt, die der AG in Form von Lohn und Gehalt bezahlt.

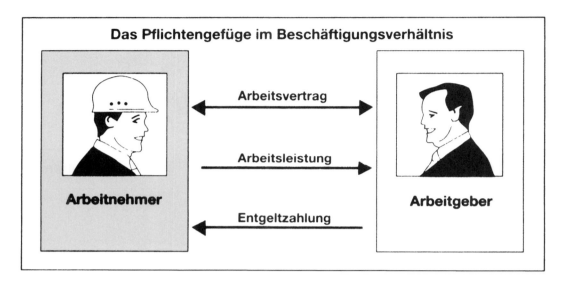

Weitere Pflichten des Arbeitgebers und des Arbeitnehmers ergeben sich aus dem Arbeitsvertrag. Die Treue- und Fürsorgepflicht erfordern ein gegenseitiges Vertrauensverhältnis, dem beide Vertragsparteien verpflichtet sind.

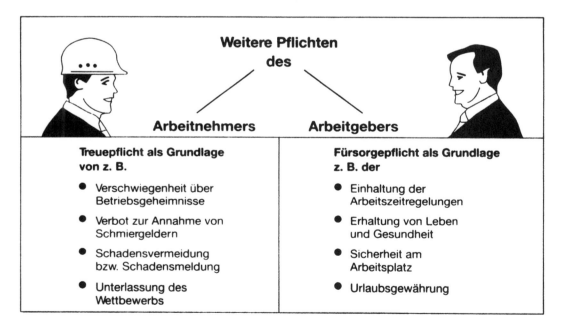

In den letzten 100 Jahren haben sich die früher harten Arbeitsbedingungen durch eine Vielzahl von Arbeitsschutzbestimmungen wesentlich verbessert. Bestimmte Arbeitnehmergruppen genießen zudem einen besonderen Schutz.

Die Arbeitsschutzbestimmungen lassen sich in folgende Schutzbereiche zusammenfassen:

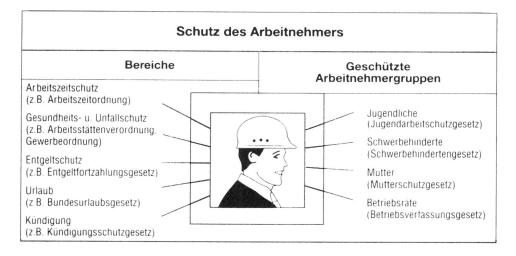

Arbeitgeber und Arbeitnehmer vertreten ihre Interessen in besonderen Zusammenschlüssen zur Wahrung der Arbeits- und Wirtschaftsbedingungen. Die Schutzorganisationen der Arbeitnehmer sind die **Gewerkschaften**. Hauptziel der Gewerkschaften ist es, die Lohn- und Arbeitsbedingungen zu verbessern und die Mitbestimmungsrechte der Arbeitnehmer zu stärken. Jeder Arbeitnehmer kann einer Gewerkschaft beitreten. Die Arbeitgeber sind in einer Vielzahl von Verbänden und Vereinigungen organisiert. Sie vertreten die Interessen der Arbeitgeber. Als Verhandlungspartner gegenüber den Gewerkschaften treten einzelne Arbeitgeber oder die Fachverbände der **Bundesvereinigung der Deutschen Arbeitgeberverbände** auf.

Der Aufbau des Deutschen Gewerkschaftsbundes (DGB)

DGB-Struktur

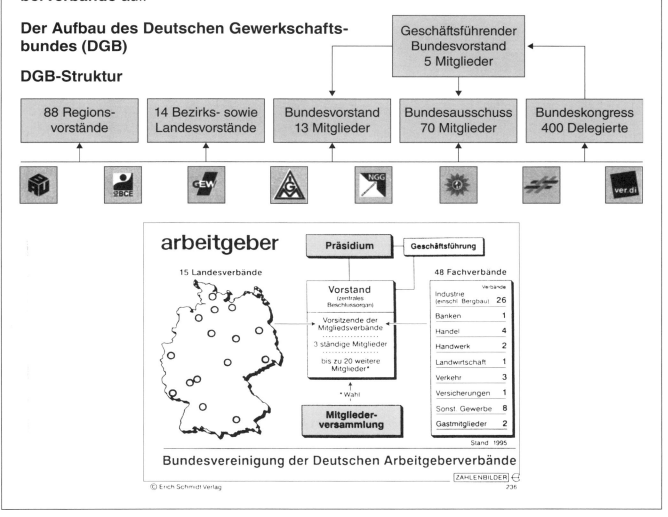

Tarifauseinandersetzungen

Eine angemessene Entlohnung ist für die Motivation und Leistungsbereitschaft der Arbeitnehmer von großer Bedeutung. Für die Unternehmen stellen Löhne aber vor allem einen Kostenfaktor dar, der sich auf die Konkurrenzfähigkeit am Markt, auf die Preise und damit auch auf die Kaufkraft der Haushalte auswirkt. Die Auseinandersetzung um die Löhne erfolgt vor allem durch die Tarifparteien (Arbeitgeber und Gewerkschaften). Durch das Tarifvertragsgesetz können bestimmte Branchen Tarifverträge vereinbaren, die dann bindend für die Mitglieder der vertraglichen Parteien sind.

Löhne und Arbeitszeiten sind die zentralen Themen der Tarifverhandlungen. Darüber hinaus sind auch Rationalisierungsschutz und Abfindungen, Maßnahmen zur Arbeitssicherheit, zur Qualifizierung und Weiterbildung Gegenstand der Verhandlungen.

Wenn die Gewerkschaften ihre Lohnforderungen stellen, orientieren sie sich dabei vor allem an drei Richtgrößen: Entwicklung der Produktivität, Preisniveau und Einkommensverteilung. Das Ergebnis der Verhandlungen wird allerdings von Rahmenbedingungen beeinflusst, die zu berücksichtigen sind. Dazu gehören die Entwicklung des Arbeitsmarktes und die Zukunftserwartungen der jeweiligen Branche.

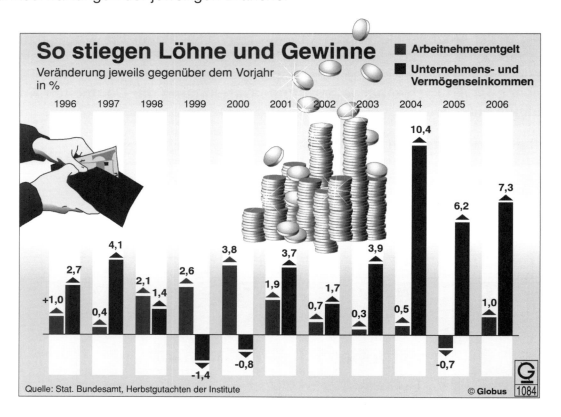

Arbeitskämpfe als allgemeine Arbeitsniederlegung sind das Druckmittel der Gewerkschaften, um ihren Forderungen Gewicht zu verleihen. Für die Arbeitgeber haben sie Produktionsausfälle zur Folge und bergen die Gefahr, dass die Kunden zur Konkurrenz abwandern. Arbeitskämpfe schwächen aber auch die Existenzgrundlage der Gewerkschaften, da Lohneinbußen der Arbeitnehmer sowie Beitragsausfälle zur sozialen Sicherung mit Geldern der Streikkasse ausgeglichen werden. Für die Streikenden bedeutet ein Arbeitskampf geringeres Einkommen, da die Streikkasse den Einkommensausfall nicht voll ausgleicht. Das Druckmittel der Arbeitgeber ist die Aussperrung, d. h., die nicht am Streik beteiligten Arbeitnehmer werden vorübergehend von der Arbeit ausgeschlossen und ihre Lohnzahlungen werden ausgesetzt.

In Deutschland verlaufen die Tarifauseinandersetzungen im Vergleich zu anderen Ländern eher friedlich ab. Nach Untersuchungen des Instituts der deutschen Wirtschaft gingen in Deutschland in der 90er-Jahren pro 1000 Beschäftigten nur 13 Tage durch Streik verloren, in Spanien und Griechenland waren es über 300 Tage.

Wenn ein Tarifvertrag gekündigt wird, werden Verhandlungen geführt, die entweder in einen neuen Tarifvertrag münden oder scheitern. Falls sie scheitern, wird nach Einigung beider Parteien auf einen neutralen Schlichter ein Schlichtungsverfahren durchgeführt. Das Ergebnis kann ein neuer Tarifvertrag sein. Scheitert auch das Schlichtungsverfahren kommt es erst zu einem Streik, wenn 75 Prozent der organisierten Arbeitnehmer in einer Urabstimmung für Streik stimmen. Doch auch während der Arbeitskämpfe werden die Verhandlungen so lange weitergeführt, bis in einer erneuten Urabstimmung 25 Prozent das Verhandlungsergebnis annehmen wollen. Dieser neu abgeschlossene Vertrag hat eine Laufzeit von einem Jahr.

Arbeitnehmerorganisationen in Deutschland

DGB Deutscher Gewerkschaftsbund
8 Einzelgewerkschaften mit 6,8 Mio Mitgliedern

Mitglieder in 1000
(Ende 2005)

IG Metall	2 376
Vereinte Dienstleistungsgewerkschaft ver.di	2 359
IG Bergbau, Chemie, Energie	749
IG Bauen - Agrar - Umwelt	392
Transnet	260
Gewerkschaft Erziehung und Wissenschaft	252
Gewerkschaft Nahrung - Genuss - Gaststätten	216
Gewerkschaft der Polizei	175

dbb – Beamtenbund und Tarifunion 1275

CGB Christlicher Gewerkschaftsbund 292

Deutscher Bundeswehr-Verband 212

ZAHLENBILDER

© Erich Schmidt Verlag

240 110

Arbeitsaufgaben:

1. Was versteht man unter „Tarifparteien"?
2. Was sind die zentralen Themen der Tarifverhandlungen?
3. Woran orientieren sich die Lohnforderungen der Gewerkschaften?
4. Mit welchen Druckmitteln arbeiten Arbeitgeber und Gewerkschaften?
5. Wie laufen Tarifverhandlungen ab?

Der Betrieb als wirtschaftliche Einrichtung

Die wichtigste Triebfeder unternehmerischen Handelns ist der _____.

Dieses Ziel dient dem Gesamtinteresse des Staates: Die professionelle Erstellung von

Gütern und Dienstleistung dient der _____ der Menschen, schafft

_____ und bringt _____ für den Staat.

Unternehmerisches Entscheiden und Handeln ist mit erheblichen Unsicherheiten und

Risiken verbunden. In diesem Zusammenhang kommt der _____-

_____ herausragende Bedeutung zu.

Drei Eigenschaften kennzeichnen den erfolgreichen Unternehmer besonders:

_____.

Wenn eine Firma erfolgreich sein will, muss sie vier Elemente beherrschen:

_____.

Für den Bestand einer Firma sind Gewinne die _____:
Sie sind Voraussetzung für

a) _____

b) _____

c) _____

d) _____

In Tarifverhandlungen stehen sich die sogenannten Tarifpartner (_____,

_____) gegenüber. Es sollte möglichst rasch ein

Kompromiss zwischen den beiden Tarifparteien erreicht werden.

Der Betrieb als wirtschaftliche Einrichtung

Die wichtigste Triebfeder unternehmerischen Handelns ist der _____*Gewinn*_____.

Dieses Ziel dient dem Gesamtinteresse des Staates: Die professionelle Erstellung von

Gütern und Dienstleistung dient der _____*Grundversorgung*_____ der Menschen, schafft

_____*Arbeitsplätze*_____ und bringt _____*Steuern*_____ für den Staat.

Unternehmerisches Entscheiden und Handeln ist mit erheblichen Unsicherheiten und

Risiken verbunden. In diesem Zusammenhang kommt der _____*Unternehmer*_____-

_____*persönlichkeit*_____ herausragende Bedeutung zu.

Drei Eigenschaften kennzeichnen den erfolgreichen Unternehmer besonders:

Wagemut, Innovations- und Kalkulationsfähigkeit .

Wenn eine Firma erfolgreich sein will, muss sie vier Elemente beherrschen:

Produktpolitik, Kommunikationspolitik, Preispolitik, Vertriebspolitik.

Für den Bestand einer Firma sind Gewinne die _____*Grundvoraussetzung*_____:
Sie sind Voraussetzung für

a) *Erhaltungsinvestitionen (Maschinen, Gebäude, Fuhrpark ...)*

b) *Erweiterungsinvestitionen (Einstellung von Mitarbeitern ...)*

c) *Erneuerungsinvestitionen (neue Maschinen und Technologien ...)*

d) *Lohnerhöhungen*

In Tarifverhandlungen stehen sich die sogenannten Tarifpartner (*Gewerkschaften*,

Arbeitgebervertreter) gegenüber. Es sollte möglichst rasch ein

Kompromiss zwischen den beiden Tarifparteien erreicht werden.

Vom Angestellten zum Firmen-Patriarchen

Berthold Leibinger formte aus dem Ditzinger Werkzeugbauer Trumpf den Weltmarktführer für Laser-Systeme.

Die Kontrollgremien spielen in den Konzernen eine wichtige Rolle. Die „Grauen Eminenzen" ziehen oft die Strippen im Hintergrund. Die BNN stellen die Chefs der Aufsichtsräte und
5 *Kontrollgremien wichtiger Unternehmen in Baden-Württemberg vor. Dazu gibt es einen Hintergrund mit Daten zum Unternehmen. In diesem Teil der Serie wird Berthold Leibinger, Vorsitzender der Aufsichtsgremien der*
10 *Firma Trumpf, porträtiert.*

Ditzingen.
Laute Töne sind seine Sache nicht, doch Aufmerksamkeit ist ihm immer sicher. Berthold Leibinger hat die Trumpf-Gruppe in Ditzingen
15 zu dem gemacht, was ihr rund um den Globus Ansehen, aber auch kräftige Geschäfte beschert. Der Maschinenbauer ist Weltmarktführer für industrielle Laser und Laser-Systeme. Das Unternehmen mit mehr als 8 000
20 Beschäftigten und einem Jahresumsatz von über zwei Milliarden Euro ist das Lebenswerk des 77-Jährigen. Erst vor kurzem wurde Leibinger mit dem Deutschen Gründerpreis ausgezeichnet.
25 Von 1978 bis 2005 führte Leibinger als Vorsitzender der Geschäftsführung das operative Geschäft der Firma Trumpf. Seitdem ist er Vorsitzender in den Aufsichtsgremien des Unternehmens, im Aufsichtsrat und im Ver-
30 waltungsrat. Im Letzteren hat nur die Familie das Sagen und dort fallen die Entscheidungen, auch wenn Trumpf einen paritätisch besetzten Aufsichtsrat hat.
Im Verwaltungsrat sitzen Familienmitglieder
35 oder Wirtschaftsgrößen, die das Vertrauen des studierten Maschinenbauers Leibinger haben. Bisher, das räumen selbst die Arbeitnehmervertreter im Aufsichtsrat ein, ist man mit „Leibingers Strategie nicht schlecht
40 gefahren". Immerhin kenne der Firmen-Patriarch den Laden und habe ihn Jahr für Jahr zu neuem Wachstum geführt. Bei der Belegschaft hat es bisher auch noch keine Diskussion darüber gegeben, dass die Familie den
45 Kurs bestimmt. Selbst der IG Metall ist das lieber als etwa Finanzinvestoren, „die eher

geneigt sind das eigene Interesse anstatt den langfristigen Erfolg des Unternehmens im Auge zu haben". Das operative Geschäft
50 von Trumpf liegt mittlerweile in Händen von Leibingers Tochter Nicola Leibinger-Kammüller. Dem Vorstandsteam gehört auch sein Sohn Peter an.
Berthold Leibinger wurde am 26. November
55 1930 in Stuttgart als Sohn eines Kunsthändlers für ostasiatische Antiquitäten geboren. An der Technischen Hochschule seiner Heimatstadt studierte er Maschinenbau. Später wurde er Leiter der Konstruktionsabteilung der
60 bis dahin kleinen Werkzeugfabrik in Stuttgart-Weilimdorf. Mehrere Patente dokumentieren seinen Erfindergeist. Nach und nach verkaufte der kinderlose Firmeninhaber Christian Trumpf sein Unternehmen an Leibinger.
65 Auch außerhalb des Unternehmens engagierte sich Leibinger. Von 1985 bis 1990 amtierte er als Präsident der Industrie- und Handelskammer Mittlerer Neckar in Stuttgart. Die deutschen Maschinenbauer wählten ihn
70 von 1989 bis 1992 zu ihrem Präsidenten, als Mitglied des Hauptvorstandes bringt er auch heute noch seine Erfahrung als global agierender Unternehmer ein. Außerdem leitete Leibinger 1992/93 die Zukunftskommission
75 des Landes und wurde 1994 Vorsitzender des Innovationsbeirats der Landesregierung. Der profunde Kenner Japans gehörte von 1995 bis 1998 dem Rat für Forschung, Technologie und Innovation des damaligen
80 Bundeskanzlers Helmut Kohl an.
Neben Wirtschaft und Politik ist Berthold Leibinger auch in der Kunst- und Kulturszene aktiv. Er ist Vorstandsvorsitzender der Internationalen Bach-Akademie und Vorsitzender
85 des Freundeskreises des Schiller-Nationalmuseums und des Deutschen Literaturarchivs. Im Dezember 2006 wurde Leibinger der renommierte Technikpreis Werner-von-Siemens-Ring verliehen.

Werner Scheib

(Aus: Badische Neueste Nachrichten, 20.08.2008)

Otto Mayr: Arbeit und Arbeitswelt © Brigg Pädagogik Verlag GmbH, Augsburg

AGCO-Manager: Jahrhundert-Chance vertan

Nach gescheiterten Verhandlungen: Wie geht es weiter? – Betriebsrat äußert sich nicht

Bäumenheim/Marktoberdorf (vit/wwi).
Die Spitze der Firma AGCO/Fendt sieht die Verhandlungen mit der Tarifkommission bezüglich der Werk-Erweiterungen in Asbach-Bäumenheim und Marktoberdorf als „endgültig gescheitert" an. Dies meldete das Unternehmen gestern in einer Pressemitteilung. Wie es nun weitergeht, ist mehr denn je ungewiss.

Für die Fendt-Fabriken in den beiden Orten sei es „eine Jahrhundert-Chance" gewesen, welche „die Arbeitnehmer und uneinsichtige Gewerkschaften nicht aufgegriffen haben", meinte enttäuscht Hermann Merschroth, Vize-Präsident und Sprecher der Geschäftsführung gegenüber unserer Zeitung. Die Tarifkommission – bestehend aus Vertretern der IG Metall und des Betriebsrats – wolle die einmalige Chance zur langfristigen Zukunftssicherung leider nicht aufgreifen. Wie bereits mehrfach berichtet, plant der AGCO-Konzern Investitionen bis zu 28 Millionen Euro, was auch zwischen 300 und 500 neue Arbeitsplätze zur Folge hätte, davon der Großteil in Bäumenheim. Bedingung dafür wäre eine Verlängerung der Wochenarbeitszeit von 35 auf 38,5 Stunden. Das Angebot der Gewerkschaft, die Angleichung der Löhne an die Gehälter hinauszuschieben, brächte dem Unternehmen zufolge zehn Millionen Euro auf vier Jahre verteilt bis 2009. Dies berücksichtige nicht die Notwendigkeit einer dauerhaften Kosten-Entlastung und die Chance einer nachhaltigen Standort-Sicherung der deutschen AGCO-Werke.

Merschroth droht nun: „Das Scheitern der Verhandlungen wird dazu führen, dass der Konzern kurzfristig für die geplanten Investitionen alternative Standorte sucht." Dennoch wolle die Geschäftsführung in den kommenden Tagen gemeinsam mit dem Aufsichtsrat und der Konzernspitze prüfen, ob ein Austritt aus dem Arbeitgeberverband VBM Erfolg versprechende neue Verhandlungen auf der Ebene Betriebsrat und Geschäftsführung ermöglichen könnte. Mit Spannung wird die Sitzung des Aufsichtsrats am Mittwoch, 1. Februar, erwartet, bei der auch AGCO-Präsident Martin Richenhagen anwesend sein wird. Die Pläne in Bäumenheim und Marktoberdorf basieren dem Vernehmen nach auf einer Idee des Konzern-Chefs (wir berichteten).

Der Bäumenheimer Betriebsrat-Vorsitzende Heinz Kühling wollte nach den gescheiterten Verhandlungen auf Anfrage der *DZ* keinerlei Kommentar abgeben: „Wir äußern uns momentan nicht dazu."

Angemerkt

Lebensversicherung

Bei einer solchen Nachricht müssten eigentlich alle jubeln: Ein Konzern will in Schwaben fast 30 Millionen Euro investieren und hunderte neuer Arbeitsplätze schaffen. Doch in Asbach-Bäumenheim und Marktoberdorf sorgt das geplante Ausbau-Konzept des AGCO-Konzerns für mächtig Zündstoff. Das Unternehmen will langfristig Kosten senken und die Wochenarbeitszeit auf 38,5 Stunden ausweiten, die Gewerkschaft blockt energisch ab und beharrt auf der 35-Stunden-Woche. Nun ist auch der zweite Versuch gescheitert, einen Kompromiss zu finden. Beide Seiten geben sich unnachgiebig und rasseln mit den Säbeln. Da stellt sich die Frage: Ist dies die heiße Phase eines Pokerspiels oder sind die so verlockenden Pläne bereits mehr oder weniger zu den Akten gelegt?

Sollte das der Fall sein, wäre es für den Standort Bäumenheim zweifellos eine bittere Pille. Denn eines muss man stets im Hinterkopf behalten: In Nordschwaben befindet sich „nur" ein Zweigwerk, in dem die Fahrerkabinen und Blechteile für die Fendt-Traktoren hergestellt werden. Die mögliche Konzentration dieser Produktion in Bäumenheim (mit den Kabinen auch für die Marken Massey-Ferguson und Valtra) wäre eine Art Lebensversicherung für die Fabrik.

Das wissen die hiesigen Beschäftigten. So stirbt die Hoffnung zuletzt, doch noch eine Einigung zu finden.

Von Wolfgang Widemann

„Das ist für die Region eine verlorene Perspektive"

Reaktionen auf Scheitern der AGCO-Verhandlungen

Donauwörth/Bäumenheim (wwi).
Die Gesichter sind angespannt und die Stimmung ist gedrückt. „Wir sind sehr enttäuscht", erklärt Heinz Kühling, Be-
5 *triebsrat-Vorsitzender des AGCO-Werks Bäumenheim, bei einer eilends einberu- fenen Pressekonferenz der IG Metall in Donauwörth zu den gescheiterten Ver- handlungen über den Ausbau der Fa-*
10 *brik.*
„Wir aus Bäumenheim waren diejenigen, die versucht haben, dass man sich doch wieder an einen Tisch setzt", betont Küh- ling. Wie bereits berichtet, waren die 740
15 Beschäftigten in Bäumenheim durchaus kompromissbereit, um eine Lösung zu finden. „Die Stimmung ist aber gekippt, als wir erfahren haben, dass die Arbeit- geber-Seite das angebotene Zehn-Milli-
20 onen-Euro-Geschenk nicht annimmt", so Kühling. Es sei einfach nicht vermittelbar gewesen, unbezahlte Mehrarbeit in einem Unternehmen einzuführen, in dem die Be- schäftigten seit Jahren mit der 35-Stun-
25 den-Woche zeigten, was sie zu leisten imstande seien.
„Unseren Mitarbeitern wird nichts ge- schenkt", stellt der Betriebsrat-Vorsitzen- de klar. In der Montage gebe es inzwi-
30 schen 48-Stunden-Schichtmodelle ohne jeglichen Zuschlag. Im vorigen Jahr habe die Belegschaft eine Takterhöhung um zehn Prozent mitgemacht: „Mittlerweile merken wir, dass die Leute da an eine
35 Grenze gestoßen sind."
Den Standpunkt der Gewerkschaft er- läutert nochmals Christiane de Santana,

Sekretärin der IG Metall und Mitglied im AGCO-Aufsichtsrat. Die erinnert daran,
40 dass Fendt ein hoch profitables Unter- nehmen sei und jedes Jahr würden vier Prozent Rationalisierungseffekte erreicht. Die Geschäftsführung habe gestern ver- sichert, dass weder eine Verlagerung der
45 Produktion noch ein Verkauf geplant sei- en. Jedoch könnte es im Konzern Bestre- bungen geben, die Fertigung von Dick- und Dünnblechteilen aus Bäumenheim abzuziehen, befürchtet Heinz Kühling. Der
50 glaubt aber trotz aller Emotionen, dass beide Seiten im guten Konsens auseinan- dergegangen sind. Die Zusammenarbeit solle wie bisher fortgeführt werden.
Entsetzt reagiert der bayerische Innen-
55 Staatssekretär Georg Schmid (Donau- wörth) auf das Scheitern der AGCO-Plä- ne: „Es wurde eine große Chance für die Region vertan. Das ist eine verlorene Per- spektive." Bis zuletzt habe er täglich Ge-
60 spräche über das Thema geführt – auch auf höchster politischer Ebene. Schmid will den Kampf für den Werk-Ausbau noch nicht aufgeben: „Es wird weitere Bemü- hungen geben." Sollten diese endgültig
65 scheitern, „dann muss jeder wissen, wel- che Verantwortung er auf sich geladen hat". Auch der Bäumenheimer Bürger- meister Otto Uhl zeigt sich enttäuscht: „Das ist für die ganze Region schlecht."
70 Er ist skeptisch, ob die beabsichtigten Investitionen von über 20 Millionen Euro doch noch im Werk verwirklicht werden: „Mir ist gesagt worden, das ist absolut gestorben."

Otto Mayr: Arbeit und Arbeitswelt © Brigg Pädagogik Verlag GmbH, Augsburg

Eurocopter schafft zusätzlich rund 40 Ausbildungsplätze

Lob für neues Modell mit drei Arbeitszeitkonten

Donauwörth (wwi).
„In ganz Schwaben derzeitig einzigartig"
ist nach Angaben des 1. Bevollmächtigten
der IG Metall Augsburg, Jürgen Kerner,
5 *das Arbeitszeitkonten-Modell, das seit*
1. Januar bei Eurocopter Deutschland gilt.
Nicht nur, dass die Mitarbeiter im Werk
Donauwörth nun Stunden für mögliche
Kapazitäts-Probleme ansammeln können
10 *und ein Lebensarbeitszeitkonto eingeführt*
wurde – Geschäftsführung und Betriebs-
rat schrieben auch eine fünfprozentige
Ausbildungsquote für das Unternehmen
fest.
15 Angesichts von rund 3600 Beschäftigten in der Fabrik in Donauwörth hat dies
erfreuliche Auswirkungen. Bislang habe
die Ausbildungsquote bei knapp vier
Prozent gelegen, berichtet Betriebsrat-
20 Vorsitzender Ottmar Hawliczek. Dies bedeutet, dass von September an schritt-
weise zusätzlich etwa 40 junge Leute eine
Lehrstelle finden werden – inklusive einer
Übernahme-Garantie bei erfolgreicher
25 Abschlussprüfung.
Das neue Arbeitszeit-Modell, das den
Namen ECFLEX (Eurocopter Flexibilisierung) trägt, sieht ein Drei-Konten-System
vor, über das wir bereits überregional be-
30 richteten. Neben dem normalen Arbeitszeitkonto (Grenzen: plus 100 Stunden beziehungsweise minus 50 Stunden) gibt es
ein sogenanntes Sicherheitskonto. Der
Firma zufolge wird dieses durch Stun-
35 denübertrag aus dem Arbeitszeitkonto

gespeist (bis zu 150 Stunden) und wird im
Falle eines nötigen Krisenmanagements
– wenn vorübergehend zu wenig Arbeit
vorhanden sein sollte – „angezapft".
40 Mit dem ebenfalls eingeführten Lebensarbeitszeitkonto können Beschäftigte laut
Hawliczek bis zu fünf Jahre früher ohne
finanzielle Nachteile aus dem Unternehmen ausscheiden. Geleistete Mehrarbeit
45 werde in finanziellen Gegenwert umge-
wandelt, in einen Fonds eingebracht und
verzinst. „Ich denke, wir haben da etwas
ganz Gutes hinbekommen", meint der
Betriebsrat-Vorsitzende. Man habe dafür
50 neun Monate lang intensiv verhandelt.
Der Eurocopter-Betriebsrat habe früh
Gespräche mit der Werkleitung über ein
Standort-Entwicklungsprogramm begonnen, stellt Hawliczek fest. Aus den vergan-
55 genen vier Jahren hebt er weitere Leistungen hervor, an denen der Betriebsrat
beteiligt gewesen sei. Beispielsweise habe
die Firma in Donauwörth während dieser
Zeit rund 1500 Mitarbeiter eingestellt. Ei-
60 nen hohen Stellenwert habe für das Gre-
mium die betriebliche Mobilität (dass ein
Mitarbeiter innerhalb des Werks wechseln
kann). Die Verantwortlichen schlossen
eine Vereinbarung über Altersteilzeit ab,
65 überarbeiteten die betriebliche Altersversorgung und achteten darauf, dass keine Leistungs- und Verhaltenskontrollen
der Beschäftigten über die EDV erfolgen
können.

IG Metall droht mit Streik

Verhandlungen abgebrochen – 2000 Beteiligte gestern bei Kundgebung der IG Metall

Donauwörth (flm). Nachdem die Arbeitgeber auch in der fünften Verhandlungsrunde kein für die IG Metall akzeptables Angebot haben, steuert die Metall- und Elektroindustrie auf einen unbe-
5 fristeten Streik zu. In Donauwörth gingen gestern zirka 2000 Arbeiter/-innen auf die Straße, um ihren Forderungen nach fünf Prozent mehr Lohn Nachdruck zu verleihen und auf die gescheiterten Verhandlungen aufmerksam zu machen.
10 Von zwei Startpunkten in der Stadt zogen Beschäftigte von Eurocopter, Valeo (Wemding), AGCO (Bäumenheim), Fendt Caravan (Bäumenheim), Grenzebach (Hamlar), Bühler (Monheim) und Schwaben Präzision (Nördlingen) zum Fischerplatz
15 im Ried, wo die zentrale Kundgebung stattfand. Bernd Schneid, Betriebsrat bei Valeo und Mitglied der Tarifverhandlungskommission, berichtete von den bisherigen Verhandlungen, die am Mittwoch nach nicht einmal einer Stunde beendet gewesen
20 und einstimmig für gescheitert erklärt worden seien, nachdem sich die Unternehmer nicht bewegt hätten.
Jürgen Kerner, erster Bevollmächtigter der IG Metall Augsburg, stellte klar, dass die Gewerkschaft
25 nach wie vor bereit sei, am Verhandlungstisch zu akzeptablen Lösungen im Bereich der Löhne und Gehälter inklusive der Themen Qualifizierung, Innovation und einem neuen Tarifvertrag für vermögenswirksame Leistungen zu kommen. Er kritisier-
30 te die Haltung der Arbeitgeber, die weiterhin keine Bereitschaft erkennen ließen, die Forderungen der IG Metall anzuerkennen. Sollte bis zum Ablauf des Montags, 24. April, kein Verhandlungsergebnis erzielt worden sein, werde der Bezirk Bayern beim

35 Vorstand der IG Metall beantragen, das Scheitern der Verhandlungen festzustellen und die Durchführung einer Urabstimmung über eine Arbeitsniederlegung zu beschließen.
Es sei nicht zu dulden, so der Gewerkschaftsfüh-
40 rer, dass in Betrieben, die volle Auftragsbücher und Arbeit ohne Ende hätten, die Belegschaft mit 1,2 Prozent Lohnerhöhung abgespeist werde, was nicht einmal der Teuerungsrate entspräche. Für die Arbeitnehmer bleibe eine „Schale Reis und Cham-
45 pagner und Kaviar für die Damen und Herren der Chefetage". Die Gewerkschaft wolle nur erreichen, was den Arbeitern zustehe und sie scheue sich deshalb nicht vor einem Arbeitskampf.

Rund um die Uhr ...

50 Eugen Walter, stellvertretender Betriebsrat von Eurocopter, schilderte den Anwesenden die Situation der Beschäftigten des Luft- und Raumfahrtkonzerns. So stünden Arbeit rund um die Uhr, auch an Sonn- und Feiertagen an der Tagesord-
55 nung. „Es kann nicht sein, dass immer mehr von den Arbeitern gefordert und dabei weniger gezahlt wird", so der Betriebsrat. Zum Schluss schossen Gewerkschafter und Betriebsräte auf eine Torwand mit einem großen fünf Prozent Loch in der
60 Mitte, das aber den meisten Probleme bereitete. Jürgen Kerner schoss gar über die Torwand hinaus, was die Metaller sichtlich amüsierte. Bruno Schönherr von der Vereinten Dienstleistungsgewerkschaft ver.di wünschte der IG Metall
65 viel Erfolg bei dem sich abzeichnenden Arbeitskampf ehe die Arbeiter mit Bussen wieder zurück in ihre Betriebe fuhren.

Thema 10: Wirtschaftsstandort Deutschland

Lernziele

1. Die Schüler sollen den Wirtschaftsstandort Deutschland kennenlernen.
2. Die Schüler sollen erkennen, welche Standortfaktoren über Investitionen entscheiden.
3. Die Schüler sollen Daten, Fakten und Meinungen über die Zukunft des Wirtschaftsstandorts Deutschland werten.

Medien

Medien: Folie, Informationsblätter, Arbeitsblatt

Einstieg in das Thema

Karikatur Wirtschaftsstandort Deutschland (Folie S. 174)

Erarbeitung

Wirtschaftsstandort Deutschland (Info-Blätter S. 175)
Die Wirtschaftspolitik und ihre Bedeutung für den Standort Deutschland (Info-Blätter S. 177)
Zauberformel Innovation (Info-Blatt S. 179)
Industriestandort Deutschland (Info-Blatt S. 180)
Globalisierung – geht uns die Arbeit aus? (Info-Blätter S. 181)
Demografie – Tropfen auf den heißen Stein (Info-Blatt S. 183)
Standortfaktoren entscheiden über Investitionen (Info-Blatt S. 184)
Wirtschaftsstandort Deutschland – Zahlen, Daten, Fakten (Info-Blatt S. 185)
Freaks statt Muffel (Info-Blatt S. 186)
Wirtschaftsstandort Deutschland (Arbeitsblatt S. 187)

Wirtschaftsstandort Deutschland

Wirtschaftsstandort Deutschland

Als drittstärkste Volkswirtschaft der Welt nimmt Deutschland mit seiner wirtschaftlichen Gesamtleistung international eine führende Position ein. Mit dem höchsten Bruttosozialprodukt und der größten Einwohnerzahl in der Europäischen Union ist es der wichtigste Markt in Europa. Im Welthandel mit Waren- und Dienstleistungen liegt die Bundesrepublik auf dem zweiten Platz hinter den USA.

Deutschland zeichnet sich als Wirtschaftsstandort aus durch innovative und international agierende Unternehmen, qualifizierte und motivierte Arbeitnehmer, ein international anerkanntes Ausbildungssystem, eine hervorragend entwickelte Infrastruktur sowie Spitzenleistungen in Forschung und Entwicklung. Durch seine zentrale geografische Lage ist Deutschland zugleich auch Schnittstelle zu den neuen Märkten Süd- und Osteuropas auch über die neuen EU-Außengrenzen hinaus.

Soziale Marktwirtschaft

Die deutsche Wirtschaftsordnung ist nach dem Prinzip der „sozialen Marktwirtschaft" organisiert. Zwar schreibt das deutsche Grundgesetz keine bestimmte Wirtschaftsordnung fest, doch durch die Verankerung des Sozialstaatsprinzips schließt es eine reine „freie Marktwirtschaft" aus. Das Konzept der sozialen Marktwirtschaft, das auf den ersten Wirtschaftsminister der Bundesrepublik und späteren Bundeskanzler Ludwig Erhard zurückgeht, wird durch die Flankierung der Marktkräfte mit sozialpolitischen Maßnahmen gesichert.

Mit dem Modell der sozialen Marktwirtschaft soll innerhalb bestimmter Grenzen das freie Spiel der Kräfte auf dem Markt ermöglicht und unsoziale Auswüchse des Marktgeschehens verhindert werden. Das Angebot an Gütern wird gesteigert und differenziert, die Anbieter werden zu Innovationen motiviert, Einkommen und Gewinne nach individueller Leistung verteilt. Zugleich verhindert die soziale Marktwirtschaft eine übermäßige Ansammlung von Marktmacht, sichert die Beteiligung der Beschäftigten an wirtschaftlichen Grundentscheidungen und damit ihre Teilhabe an gesellschaftlichen Errungenschaften.

Die Aufgabe von Staat und Politik ist es dabei, den Rahmen für einen funktionierenden Wettbewerb zu schaffen und die unterschiedlichen Interessen zu moderieren. Gleichzeitig muss er die Bereitschaft und die Fähigkeit der Menschen zu eigenverantwortlichem Handeln und mehr Selbstständigkeit fördern.

Exportweltmeister

Wie in kaum einem anderen großen Industrieland ist das Wirtschaftsleben in Deutschland international geprägt. Jeder dritte Euro wird im Export erwirtschaftet; nahezu jeder vierte Arbeitsplatz hängt vom Außenhandel ab. Mit einem Exportwert von 969 Milliarden Euro und einem Handelsüberschuss in Höhe von 199 Milliarden Euro ist Deutschland 2007 wieder Exportweltmeister.

Die hohe internationale Wettbewerbsfähigkeit Deutschlands zeigt sich am deutlichsten im hohen und rasch wachsenden Warenexport. Auch der Anstieg der Direktinvestitionen internationaler Unternehmen in Deutschland unterstreicht die gute Position der deutschen Wirtschaft.

Die wichtigsten Handelspartner Deutschlands sind die westlichen Industrieländer. Die engsten Handelsbeziehungen bestehen dabei mit den Mitgliedern der Europäischen Union, mit denen Deutschland mehr als die Hälfte seines Außenhandelsumsatzes erzielt. Nahezu 72 Prozent der deutschen Ausfuhren verbleiben im europäischen Raum; 71 Prozent der deutschen Einfuhren stammen ebenfalls aus Europa. Wichtigster Handelspartner blieb auch im Jahre 2007 Frankreich. Bei den Einfuhren folgten die Niederlande und die USA. Hauptabnehmer deutscher Waren und Dienstleistungen sind nach Frankreich die USA und Großbritannien. Eine wachsende Bedeutung im deutschen Außenhandel nehmen auch die Staaten Mittel- und Osteuropas – insbesondere Polen, die Tschechische Republik und Ungarn – ein.

Internationale Spitzenposition

Deutschland gehört zu den führenden Industrieländern der Welt. Die deutsche Industrie konnte in den letzten Jahren ihre Wettbewerbsfähigkeit beträchtlich steigern und ihre führende Position auf den internationalen Märkten weiter ausbauen.

Auch im europäischen Vergleich behauptet die deutsche Industrie ihre starke Stellung. So stieg zwischen 1995 und 2001 der deutsche Anteil an der EU-Produktion in der Automobilindustrie von 48,2 Prozent auf 52,6 Prozent, im Maschinenbau 42,3 Prozent auf 44,4 Prozent und im Bereich der Herstellung von Büromaschinen und Datenverarbeitungsgeräten von 24,9 Prozent auf 29,7 Prozent.

Zwischen 1991 und 2002 stieg das Bruttoinlandsprodukt (der Wert aller erzeugten Waren und Dienstleistungen) von 1.710 Milliarden Euro auf 1.984 Milliarden Euro. Die weltweite Konjunkturschwäche führte dazu, dass sich das Wachstum im Jahr 2002 verlangsamte. Mit seiner wirtschaftlichen Gesamtleistung steht Deutschland dennoch international an dritter Stelle.

Branchen und Sektoren

Wichtigster Wirtschaftszweig Deutschlands mit einem traditionell sehr hohen Anteil an der gesamtwirtschaftlichen Produktion ist die Industrie. Die 49 000 deutschen Industriebetriebe beschäftigen fast 6,4 Millionen Mitarbeiter. Zusammen erzielen sie einen

Umsatz von mehr als 1,3 Billionen Euro. 98 Prozent aller deutschen Industrie-Unternehmen gehören mit 500 und weniger Mitarbeitern dem Mittelstand an, der ca. 33 Prozent des Industrieumsatzes erwirtschaftet.

Neben der Industrie spielt auch der Dienstleistungssektor eine herausragende Rolle und hat inzwischen nahezu die Größe der Industrie erreicht. Eine deutsche Besonderheit und traditionelles Herzstück des Wirtschaftslebens ist das Handwerk. Mit seinen rund 863 000 Betrieben ist es der vielseitigste Wirtschaftsbereich Deutschlands, in dem 14 Prozent aller 36 Millionen Beschäftigten arbeiten.

Die deutsche Industrie weist ein sehr breites Spektrum auf und hat in vielen Branchen weltweit eine Spitzenstellung inne. Deutschland ist der drittgrößte Automobilproduzent der Welt, mehr als 70 Prozent der hier produzierten Fahrzeuge sind für den Export bestimmt. Auch der Maschinen- und Anlagenbau, dem die meisten Betriebe der deutschen Industrie angehören, ist von herausragender internationaler Bedeutung.

Weltweit führend ist Deutschland auch in der chemischen Industrie. Zu den innovativsten deutschen Branchen mit überdurchschnittlichen Wachstumsraten zählen darüber hinaus die Technologien zur Nutzung erneuerbarer Energien sowie die Informations- und Biotechnologie.

Messeplatz Deutschland

Die Messewirtschaft gehört zu den führenden Dienstleistungsbranchen der deutschen Wirtschaft. In der Durchführung internationaler Messen ist der Messeplatz Deutschland weltweit die Nummer eins. Von den global führenden Messen der einzelnen Branchen finden rund zwei Drittel in Deutschland statt – darunter die Hannover Messe als die größte weltweite Industriemesse, die Frankfurter Buchmesse, die Computermesse CeBIT oder die Internationale Automobilausstellung (IAA) in Frankfurt. Auch haben fünf der zehn umsatzmäßig größten Messeveranstalter der Welt ihren Sitz in Deutschland.

Die 15 wichtigsten Handelspartner Deutschlands im Jahr 2007

Bestimmungs- beziehungsweise Ursprungsland	2007[1]	2006
	Milliarden Euro	
Ausfuhr insgesamt	969,0	893,0
darunter:		
Frankreich	93,9	85,0
Vereinigte Staaten	73,4	78,0
Vereinigtes Königreich	71,0	64,7
Italien	65,1	59,3
Niederlande	62,4	56,5
Österreich	52,8	49,5
Belgien	51,4	46,7
Spanien	48,2	41,8
Schweiz	36,4	34,8
Polen	36,1	29,0
China	29,9	27,5
Russland	28,2	23,4
Tschechische Republik	26,0	22,5
Schweden	21,7	18,8
Ungarn	17,3	16,0

Bestimmungs- beziehungsweise Ursprungsland	2007[1]	2006
	Milliarden Euro	
Einfuhr insgesamt	772,5	734,0
darunter:		
Frankreich	64,9	62,1
Niederlande	64,3	60,7
China	54,6	50,0
Vereinigte Staaten	45,6	49,2
Italien	44,3	41,5
Vereinigtes Königreich	43,4	40,8
Belgien	38,8	33,4
Österreich	32,8	30,3
Schweiz	29,8	25,2
Russland	28,8	30,0
Tschechische Republik	26,2	21,9
Polen	24,1	21,2
Japan	24,1	24,0
Spanien	21,1	19,8
Ungarn	18,1	15,7

[1] Vorläufige Ergebnisse.

Statistisches Bundesamt Deutschland, 17.3.2008

Die Wirtschaftspolitik und ihre Bedeutung für den Standort Deutschland

Die Wirtschaftspolitik muss die Voraussetzungen dafür schaffen, dass sich Wirtschaft und Gesellschaft flexibel an Veränderungen anpassen können, damit gesamtgesellschaftliche Ziele dauerhaft erreicht werden können: dynamisches Wachstum, Vollbeschäftigung, sozialer Ausgleich, soziale Sicherheit – kurz: Pluspunkte für den Standort Deutschland zu sammeln.

Grundlegende **Reformen in der Steuerpolitik** müssen Anreize setzen für Firmen, die in Deutschland investieren wollen. Im internationalen Vergleich liegen die deutschen Steuersätze jetzt im mittleren Bereich. Ein hohes Steuergefälle zum Ausland ist investitions- und beschäftigungsfeindlich und muss deshalb vermindert werden.

Bildungspolitische Reformen werden für die Zukunft eine zentrale Rolle spielen. Eine Bildungspolitik, die den Ansprüchen einer modernen Gesellschaft genügen will, muss auch den Anforderungen einer modernen Berufswelt gerecht werden. Wir brauchen verbesserte Chancen und Angebote für Aus- und Weiterbildung, die ein lebenslanges Lernen ermöglichen. Kürzere Ausbildungszeiten, vor allem an den Universitäten, verbessern die Wettbewerbschancen deutscher Absolventen und somit auch der Firmen.

Auf internationaler Ebene ist es Aufgabe der deutschen Politik, dafür zu sorgen, dass ausländischen Investoren in einzelnen Staaten nicht so hohe Steuervorteile eingeräumt werden, dass die Wettbewerbsbedingungen innerhalb der Europäischen Union zum Nachteil Deutschlands verzerrt werden.

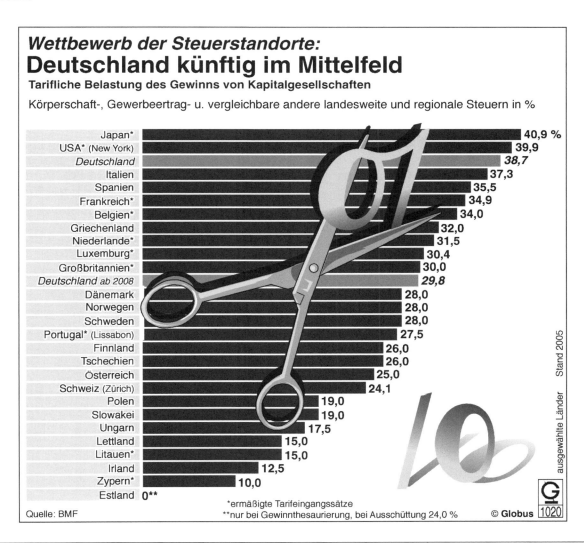

Wettbewerb der Steuerstandorte:
Deutschland künftig im Mittelfeld
Tarifliche Belastung des Gewinns von Kapitalgesellschaften

Körperschaft-, Gewerbeertrag- u. vergleichbare andere landesweite und regionale Steuern in %

Land	%
Japan*	40,9 %
USA* (New York)	39,9
Deutschland	*38,7*
Italien	37,3
Spanien	35,5
Frankreich*	34,9
Belgien*	34,0
Griechenland	32,0
Niederlande*	31,5
Luxemburg*	30,4
Großbritannien*	30,0
Deutschland ab 2008	*29,8*
Dänemark	28,0
Norwegen	28,0
Schweden	28,0
Portugal* (Lissabon)	27,5
Finnland	26,0
Tschechien	26,0
Österreich	25,0
Schweiz (Zürich)	24,1
Polen	19,0
Slowakei	19,0
Ungarn	17,5
Lettland	15,0
Litauen*	15,0
Irland	12,5
Zypern*	10,0
Estland	0**

Stand 2005
ausgewählte Länder

Quelle: BMF
*ermäßigte Tarifeingangssätze
**nur bei Gewinnthesaurierung, bei Ausschüttung 24,0 %
© Globus 1020

Ein **freies Unternehmertum** trägt entscheidend zum Prinzip der sozialen Marktwirtschaft und somit zum Wohl der Bevölkerung bei. Dieses Prinzip wird auch dadurch gefördert, dass in Deutschland unternehmerische Kultur jungen Menschen als ein erstrebenswertes Ziel dargestellt wird. Dazu bedarf es nach einer gesellschaftlichen Wertschätzung unternehmerischer Tugenden und Tätigkeiten auch ausreichender wirtschaftlicher Anreize, also Hilfen für Existenzgründer: Schaffung eines Kapitalmarkts für Existenzgründer, eine Beschränkung der rechtlichen Auflagen auf das wirklich Notwendige und ein Bildungswesen, das auch die Fähigkeit zur Selbstständigkeit besser fördert.

Diese Kultur der Selbstständigkeit wird auch dadurch gefördert, dass die Rahmenbedingungen für die Schaffung von neuem produktiven Wissen und dessen marktfähiger Anwendung vorteilhaft ausgestaltet werden. So ist es beisspielsweise in den zurückliegenden Jahren gelungen, durch die „Bio-Regio"-Initiative einen Prozess der Unternehmensgründungen im Bereich der Biotechnologie auszulösen, bei dem sich die Zahl der Biotechnologieunternehmen von 73 im Jahre 1993 auf 220 im Jahre 1988 erhöhte und Deutschland in diesem Bereich nach Großbritannien an die zweite Stelle in Europa rücken ließ.

Wettbewerb der Steuerstandorte:
Deutschland künftig im Mittelfeld
10.11.2006 (vgl. Tabelle S. 177)

Neben vielen anderen Standortfaktoren wie etwa Lohnnebenkosten, Kündigungsschutz, Mitbestimmungsregelungen und Verkehrsanbindungen spielt die Besteuerung der Unternehmen eine entscheidende Rolle bei der Ansiedlung ausländischer Betriebe und der Höhe der Direktinvestitionen. Bislang präsentiert sich Deutschland hier im internationalen Vergleich als Hochsteuerland; nirgendwo in Europa ist die tarifliche Belastung der Unternehmensgewinne höher als hier zu Lande. Kein Wunder, dass dem nach Wirtschaftskraft vergleichsweise kleinen Irland mit 34,3 Milliarden Euro im Jahr 2003 fast gleich hohe ausländische Direktinvestitionen zuflossen wie der größten Volkswirtschaft Europas mit 36,1 Milliarden Euro. Die Regierungskoalition hat sich nun jedoch auf einen Reformentwurf verständigt, der eine Senkung der Steuerlast von derzeit 38,7 auf unter 30 Prozent vorsieht. Hierzu wird die Körperschaftssteuer von 25 auf 15 Prozent und die Messzahl für die Berechnung der Gewerbesteuer gesenkt. Die geplante Steuersenkung sowie die ab 2009 folgende neue Abgeltungssteuer von 25 Prozent auf Kapitalerträge kostete den Staat 29 Milliarden Euro. Da aber rund 25 Milliarden Euro durch eine breitere Steuerbasis gegenfinanziert werden, liegt die Nettoentlastung bei maximal fünf Milliarden Euro. Vom niedrigeren Steuersatz sollen auch große Personalgesellschaften profitieren, falls die der Einkommensteuer unterliegenden Inhaber die Gewinne nicht ausschütten, sondern für Investitionen oder die Stärkung der Eigenkapitalbasis im Unternehmen belassen.

Arbeitsaufgaben:

1. Welche Aufgabe hat grundsätzlich die Wirtschaftspolitik?
2. Warum nützt ein funktionierendes Wirtschaftssystem allen Bürgern? Erkläre die Begriffe!
3. Erläutere die vier hier angeführten Aufgabenfelder der Wirtschaftspolitik!

Zauberformel Innovation

Innovationen, also Erneuerungen, neue Ideen und deren Umsetzung, sind wichtige Motoren der wirtschaftlichen und gesellschaftlichen Entwicklung. Ohne innovative Köpfe, die sich begeistert in die Forschung stürzten oder mutig eine Idee zu einem Produkt führten, hätten wir heute kein Handy, keine Eisenbahn, keine Antibiotika, keine Verhütungsmittel. Natürlich bringen Innovationen immer auch Kritiker auf den Plan. Und das ist auch wichtig, denn nicht alle Innovationen bedeuten einen Fortschritt für uns Menschen. Auch im wirtschaftlichen Bereich sollten uns neben wirtschaftlichen Gesichtspunkten ebenso ethische Kriterien Orientierung geben. Aus diesem Grund stehen z. B. der Biotechnologie manche Menschen negativ oder äußerst kritisch gegenüber.
Wichtig ist es, an diese Fragen differenziert und nicht „verbohrt" heranzugehen:
Einerseits schafft z. B. die Biotechnologie neue Arbeitsplätze und verhilft Deutschland zum Anschluss an die internationale Forschung. Andererseits sind bestimmte Bereiche der Biotechnologie evtl. mit Gefahren verbunden, mit denen unsere Enkelkinder zurechtkommen müssen. Einerseits ist es wichtig, keine technikfeindlichen Ansichten aufkommen zu lassen, andererseits dürfen Risiken für den Einzelnen und für die Gesellschaft nicht übersehen werden.

Innovationen spielen sich aber nicht nur im technologischen Bereich ab. Sie zeigen sich auch im Aufspüren und Besetzen neuer Märkte. Hier lauten die Forderungen der Zauberformel Innovation: Preisstärke oder Technologiestärke, begleitet von Faktoren wie Qualität, Service oder Design.
Letztlich wird der Industriestandort Deutschland nur eine Chance haben, wenn ein hohes Innovationstempo vorhanden ist.

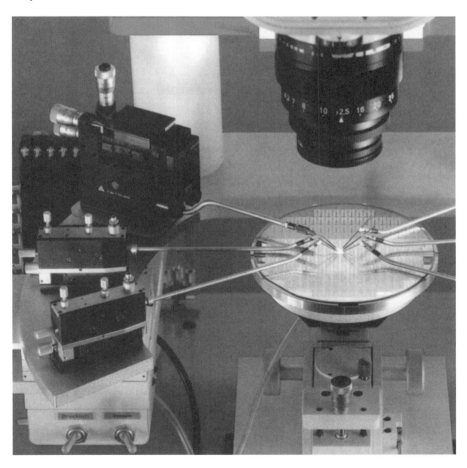

Auch in Mittelfranken bedeutet die Mikroelektronik eine wichtige Wachstumsstütze.

Industriestandort Deutschland

Allen Diskussionen über Produktionsverlagerungen ins Ausland zum Trotz gehört die Bundesrepublik nach wie vor zu den wichtigsten Industriestandorten der Welt.
Im Jahr 2004 erwirtschafteten die hier ansässigen Unternehmen des produzierenden Gewerbes eine Bruttowertschöpfung (= Produktionsleistung abzüglich der Zulieferungen) von rund 710 Milliarden Dollar. Damit lag Deutschland in der Weltrangliste klar vor Großbritannien, Frankreich und Italien.

Auf Platz 1 standen die USA mit einer Bruttowertschöpfung von etwa 2.500 Milliarden Dollar – das Dreieinhalbfache des deutschen Wertes. Platz 2 ging an Japan. Die Japaner konnten ungefähr eine doppelt so hohe Bruttowertschöpfung erzielen. China lag auf dem dritten Rang.

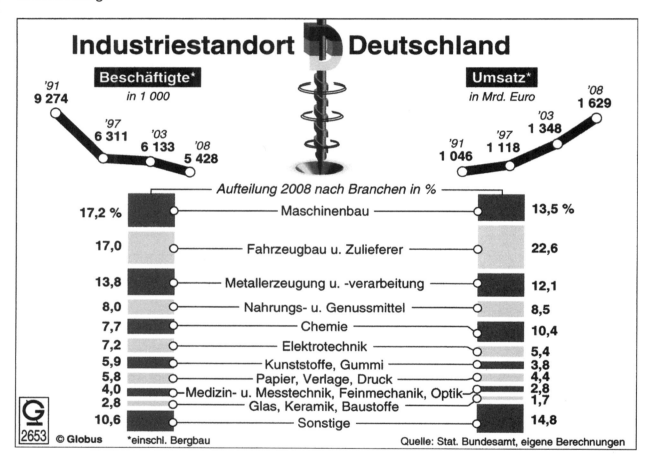

Immer mehr Umsatz mit immer weniger Beschäftigten – so lässt sich die wirtschaftliche Entwicklung in der deutschen Industrie in aller Kürze beschreiben. Von 1991 bis 2008 kletterten die Umsatzerlöse um mehr als die Hälfte auf 1 629 Milliarden Euro. Im selben Zeitraum sank jedoch die Zahl der Mitarbeiter von rund 9,3 auf 5,4 Millionen; das ist ein Rückgang von mehr als 40 Prozent. Der Maschinenbau ist mit 17,2 Prozent der Beschäftigten der größte Arbeitgeber 2008 am Industriestandort Deutschland, dicht gefolgt vom Fahrzeugbau und den Zulieferern, die 17 Prozent der Industrie-Beschäftigten in Lohn und Brot hielten und mit ihrer Arbeitskraft 368 Milliarden Euro Umsatz erwirtschafteten.

Otto Mayr: Arbeit und Arbeitswelt © Brigg Pädagogik Verlag GmbH, Augsburg

Globalisierung – geht uns die Arbeit aus?

Die Vermutung, dass durch die Globalisierung das Ende der Erwerbstätigkeit in Deutschland angebrochen ist, begleitet so manche Denkrichtung, die die Zukunft der Arbeit zum Inhalt hat. Diese Vermutung widerspricht aber den Erfahrungen in anderen Ländern.
So sind in den Industriestaaten seit 1985 – also in einer Phase der zunehmenden Globalisierung – rund 76 Millionen neue Arbeitsplätze entstanden. Das entspricht einem Zuwachs von rund 23 Prozent. Deutschland konnte dabei einen Zuwachs von knapp 11 Prozent erreichen, die USA dagegen 32 Prozent.

Der Blick auf europäische Länder wie die Niederlande, Dänemark oder Schweden beweist, dass die Zahl der Arbeitslosen von den Rahmenbedingungen für Investitionen und Beschäftigung abhängt. Es ist also zu schaffen, auf die Herausforderungen einer stärkeren Konkurrenz aus dem Ausland – vor allem aus den Niedriglohnländern – erfolgreich zu antworten. Ein hoher Anstieg der Billigimporte geht eben nicht automatisch mit hoher Arbeitslosigkeit einher.

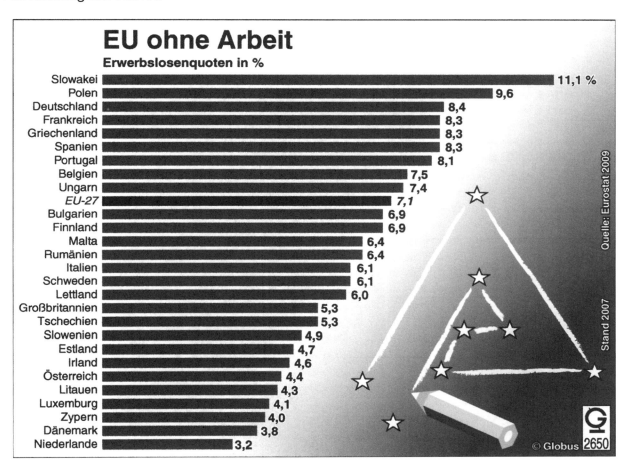

EU ohne Arbeit
Erwerbslosenquoten in %

Slowakei	11,1 %
Polen	9,6
Deutschland	8,4
Frankreich	8,3
Griechenland	8,3
Spanien	8,3
Portugal	8,1
Belgien	7,5
Ungarn	7,4
EU-27	7,1
Bulgarien	6,9
Finnland	6,9
Malta	6,4
Rumänien	6,4
Italien	6,1
Schweden	6,1
Lettland	6,0
Großbritannien	5,3
Tschechien	5,3
Slowenien	4,9
Estland	4,7
Irland	4,6
Österreich	4,4
Litauen	4,3
Luxemburg	4,1
Zypern	4,0
Dänemark	3,8
Niederlande	3,2

Quelle: Eurostat 2009 · Stand 2007 · © Globus 2650

Die Erfolgsformel heißt Strukturwandel, denn Tatsache ist: In den Industrieländern werden Arbeitsplätze im Niedriglohnbereich abgebaut oder ins billigere Ausland verlagert.
Auf der anderen Seite entsteht bei hinreichend flexiblen Arbeits- und Produktmärkten aber auch neue Beschäftigung vor allem in wissens- und technologieintensiven Branchen. Hier können aufgrund höherer Produktivität auch höhere Löhne gezahlt werden. Um die nächsten Sprossen der Technologieleiter erklimmen zu können, ist es für Deutschland und andere Industrienationen entscheidend, die Bildung der Bevölkerung auf höchstem Niveau zu halten. Die schlechten deutschen PISA-Ergebnisse sind in dieser Hinsicht ein gefährliches Warnzeichen.

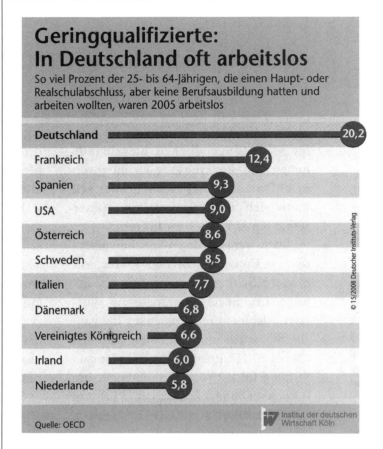

Geringqualifizierte: In Deutschland oft arbeitslos

So viel Prozent der 25- bis 64-Jährigen, die einen Haupt- oder Realschulabschluss, aber keine Berufsausbildung hatten und arbeiten wollten, waren 2005 arbeitslos

Deutschland	20,2
Frankreich	12,4
Spanien	9,3
USA	9,0
Österreich	8,6
Schweden	8,5
Italien	7,7
Dänemark	6,8
Vereinigtes Königreich	6,6
Irland	6,0
Niederlande	5,8

© 15/2008 Deutscher Instituts-Verlag

Quelle: OECD

Institut der deutschen Wirtschaft Köln

Richtig ist auch: Nicht alle Geringqualifizierten werden es schaffen, sich in hinreichendem Maß auf die neuen Aufgaben der Wissensgesellschaft einzustellen. Doch auch für sie entstehen bei geeigneten Arbeitsmarktbedingungen Arbeitsplätze.

So etwa bei denjenigen Dienstleistungen, die nicht einem hohen internationalen Wettbewerbs- oder Rationalisierungsdruck ausgesetzt sind – etwa in den Zukunftsbranchen Freizeit und Gesundheit, die naturgemäß an den Standort Deutschland gebunden sind.

Dass uns im Zuge der Globalisierung die Arbeit nicht ausgeht, zeigt auch die positive Bilanz der EU-Erweiterung. Die Bundesrepublik hat im Jahr 2005 mit den damals zehn neuen EU-Staaten einen Exportüberschuss von 8,2 Milliarden im Handel erzielt – das schlägt sich auch in Arbeitsplätzen, Steuern und Sozialbeiträgen nieder.

Der Außenhandel boomt, im Hamburger Hafen werden täglich riesige Gütermengen umgeschlagen. Containerschiff der „China Shipping Line"

Demografie – Tropfen auf den heißen Stein

Bis zum Jahr 2050 wird in Deutschland die Zahl der potenziellen Arbeitskräfte voraussichtlich um rund 11 Millionen abnehmen. Dieser Rückgang hat vielfältige Auswirkun-
5 **gen – nicht zuletzt auf die Sozialsysteme und das Wirtschaftswachstum. Mit verschiedenen Maßnahmen kann dem Schwund entgegengesteuert werden – aufhalten lässt er sich jedoch kaum.**

10 Die Deutschen bekommen immer weniger Nachwuchs. Gegenwärtig werden rund 1,3 Kinder pro Frau geboren. In den fünfziger und sechziger Jahren waren es noch deutlich mehr als zwei. Somit sinkt nach Berechnungen der Vereinten
15 Nationen bei konstanter Geburtenrate die Bevölkerung Deutschlands trotz Zuwanderung bis 2050 von gegenwärtig knapp 83 auf 72 Millionen Menschen.

Diese Entwicklung wäre an sich keine Katastro-
20 phe, würden nicht die geburtenstarken Jahrgänge wie ein Berg durch die Alterspyramide geschoben. Das Problem wird akut, wenn die Babyboomer in Rente gehen, weil die nachfolgende Generation bereits deutlich ausgedünnt ist. Dann nämlich
25 stehen die umlagefinanzierten Sozialsysteme vor unlösbaren Aufgaben.

Diese missliche Lage ließe sich selbst dann nicht mehr verhindern, wenn die Frauen plötzlich wieder so viele Sprösslinge bekämen wie vor
30 30 Jahren:

Gegenwärtig kommen 28 Personen im Rentenalter auf 100 Personen im erwerbsfähigen Alter. Im Jahr 2050 stünden letztlich 44 Rentner einem Aktiven gegenüber.

35 Eine solche Geburtenwende – die überdies nur ein Tropfen auf den heißen Stein wäre – ist jedoch nicht in Sicht. Um die demografischen Folgen für den Arbeitsmarkt anderweitig aufzufangen, müssten schon folgende drei Maßnahmenbün-
40 del komplett umgesetzt werden – was kaum zu bewerkstelligen ist:

- **Zuwanderung:** Alle Projektionen zur Bevölkerungsentwicklung gehen davon aus, dass unter dem Strich jährlich mindestens 100 000 Men-
45 schen nach Deutschland kommen. Es müssten jedoch 300 000 Zuwanderer einreisen, damit zusammen mit den anderen Maßnahmen die sinkende Zahl der Erwerbspersonen kompensiert werden kann (Grafik).
50 Noch illusorischer ist es, zur Rettung der Sozialsysteme allein auf Zuwanderung zu setzen. Um das Verhältnis von Erwerbsfähigen zu Rentnern konstant zu halten, müssten bis 2050 insgesamt über 188 Millionen Menschen
55 ins Land strömen – das würde die soziale und finanzielle Integrationskraft der Bundesrepublik überfordern.

Bevölkerungsentwicklung: Wege aus der Demografiefalle
Bevölkerung im Alter von 20 bis 65 Jahren in Millionen

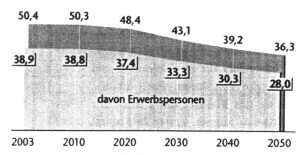

Annahmen: Nettozuwanderung 100000 pro Jahr, konstante Erwerbsquote

Um die sinkende Zahl der Erwerbspersonen zu kompensieren, müssten zahlreiche Maßnahmen ineinandergreifen – was zum Teil illusorisch ist. Im Jahr 2050 gäbe es so viele Millionen Erwerbspersonen zusätzlich, wenn ab sofort …

… 300 000 statt 100 000 Ausländer im Jahr zuwandern würden 6,1

… das Rentenzugangsalter von 65 auf 70 Jahre angehoben würde 3,7

… die Erwerbsquote von 77 auf 80 Prozent steigen würde 1,0

© 5/2006 Deutscher Institut-Verlag

Erwerbsquote: Beschäftigte und Erwerbslose in Prozent der erwerbsfähigen Bevölkerung
Ursprungsdaten: Statistisches Bundesamt, UNO

Außerdem ist es fraglich, ob es überhaupt gelingt, so viele Arbeitskräfte ins Land zu locken.
60 Denn die bedeutendsten Herkunftsländer der vergangenen Jahre – die Staaten Osteuropas – haben noch geringere Geburtenraten als Deutschland vorzuweisen.

- **Höhere Erwerbsbeteiligung:** Noch immer blei-
65 ben viele Frauen aus den unterschiedlichsten Gründen zu Hause. Und viele Arbeitnehmer gehen schon vor dem 65. Lebensjahr in Ruhestand. Dementsprechend stehen derzeit nur noch 27 Prozent der 60- bis 65-Jährigen dem Ar-
70 beitsmarkt zur Verfügung. Würde man allein an diesen beiden Rädchen drehen – sprich die durchschnittliche Erwerbsquote um 3 Punkte erhöhen –, könnte zusätzlich rund 1 Million Arbeitskräfte mobilisiert werden.

75 - **Längere Lebensarbeitszeit:** Würde darüber hinaus das gesetzliche Rentenzugangsalter bis zum Jahr 2050 von derzeit 65 auf 70 Jahre heraufgesetzt, dann wäre das Arbeitskräftepotenzial in Deutschland noch einmal um knapp
80 3,7 Millionen Personen größer.

Standortfaktoren entscheiden über Investitionen

Kein Unternehmer kommt einfach so und sagt: „Hier baue ich jetzt eine Fabrik!" Bevor eine Firma sich an einem bestimmten Ort niederlässt, müssen eine Menge Fragen geklärt werden. Eine der wichtigsten aber ist die Standortfrage: „Suchen wir uns hier einen Produktionsstandort – welche Gründe sprechen dafür?"
Folgende Faktoren spielen eine entscheidende Rolle:

1. Wie verlaufen die Transportwege für die Zulieferer? Wie kurz sind die Wege zu den Kunden?
2. Wo treffe ich auf die am besten qualifizierten Arbeitskräfte?
3. Gibt es einen Forschungs- und Technologiestützpunkt in der Nähe, Universitäten, Fachhochschulen …?
4. Welche Subventionen zahlt mir das Land, die Kommune, die Stadt (Subventionen = staatlicher zweckgebundener Zuschuss)?
5. Wie werde ich von meinem Umfeld behandelt (Proteste der Anlieger, Verfahren gegen Produktionsanlagen ...)?
6. Wie lange dauern die Genehmigungsverfahren bei den Behörden (Umweltschutzauflagen, Lärmeinschränkungen)?
7. Ist die Infrastruktur (Straßen, Energieanschlüsse) vorhanden oder muss sie noch angelegt werden? Wie preisgünstig sind Wasser, Fernwärme, Strom, Gas?
8. Entsorgung: Ist eine ordnungsgemäße Beseitigung der anfallenden Müll- und Ausschussmengen gewährleistet?
9. Ist Wohnraum für Mitarbeiter vorhanden?
10. Wie ist das örtliche Angebot an Schulen, Freizeiteinrichtungen, Vereinen?
11. Bin ich mit meinem Unternehmen in der jeweiligen Kommune (Dorf, Stadt) willkommen? Sind politische Schwierigkeiten zu erwarten (gegensätzliche Meinungen der einzelnen Parteien im Gemeinderat, im Stadtrat …)?

Arbeitsaufgaben:

Beurteile deine Kommune hinsichtlich der Standortfaktoren bei einer möglichen Ansiedelung

– eines Industriebetriebs
– eines Elektrofachmarkts
– eines Logistikunternehmens
– eines Verbrauchermarkts!

Welche Standortfaktoren spielen hier die Hauptrolle? Welche Steuern bekommt die Gemeinde?

Otto Mayr: Arbeit und Arbeitswelt © Brigg Pädagogik Verlag GmbH, Augsburg

Wirtschaftsstandort Deutschland – Zahlen, Daten, Fakten

Paradiese für Investoren

Die 25 unternehmerfreundlichsten Länder*

1 Singapur
2 Neuseeland
3 USA
4 Kanada
5 Hongkong
6 Großbritannien
7 Dänemark
8 Australien
9 Norwegen
10 Irland
11 Japan
12 Island
13 Schweden
14 Finnland
15 Schweiz
16 Litauen
17 Estland
18 Thailand
19 Puerto Rico
20 Belgien
21 Deutschland
22 Niederlande
23 Südkorea
24 Lettland
25 Malaysia

Stand 2006

Quelle: Weltbank

© Globus

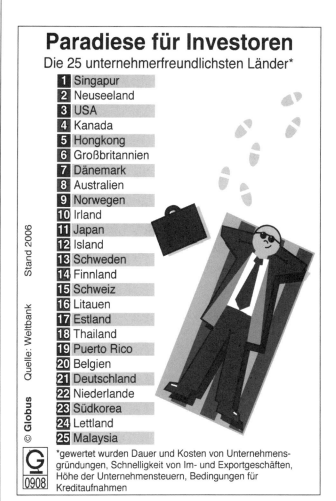

0908

*gewertet wurden Dauer und Kosten von Unternehmensgründungen, Schnelligkeit von Im- und Exportgeschäften, Höhe der Unternehmensteuern, Bedingungen für Kreditaufnahmen

Paradiese für Investoren 15.09.2006

Singapur ist dem „Doing Business"-Bericht der Weltbank und ihres Privatsektorarms IFC zufolge das Unternehmerparadies schlechthin. Der asiatische Stadtstaat tauschte die Plätze mit Neuseeland, das 2005 noch die Bestenliste anführte. Es folgen die USA, Kanada und Hongkong. Deutschland rangiert auf Platz 21 und hat damit seit dem vergangenen Jahr zwei Plätze verloren. In Singapur dauert es nach der Studie durchschnittlich sechs Tage, um eine Firma zu gründen (Deutschland: 24). Die Steuern machen in dem asiatischen Stadtstaat 28,8 Prozent des Gewinns aus (Deutschland: 57,1) und es dauert 30 Stunden im Jahr (Deutschland: 105 Stunden), um die Formalitäten rund um die Steuern zu erledigen. Größter Schwachpunkt Deutschlands ist der Studie zufolge weiter die geringe Flexibilität des Arbeitsmarktes (Rang 129). Auch beim Investorenschutz bleibt Deutschland im Mittelfeld (Rang 83). Bestens werden dagegen die Leichtigkeit der Kreditaufnahme (Rang 3) und die Außenhandelsbedingungen (Rang 7) beurteilt.

Wettbewerb der Standorte

Lohnstückkosten (Kosten je produzierte Einheit) in der Industrie

Deutschland = 100

Dänemark	107
Großbritannien	107
Italien	102
Frankreich	101
Deutschland	**100**
Belgien	98
Norwegen	97
USA	94
Schweden	92
Niederlande	89
Taiwan	78
Japan	75
Südkorea	72

Stand 2005   Quelle: iw   © Globus   0911

Wettbewerb der Standorte 22.09.2006

Deutschland gehört zu den produktivsten Ländern der Welt. Im Vergleich mit dem Durchschnitt aus den führenden Industrieländern beträgt der Produktivitätsvorsprung 15 Prozent. Dieser Vorteil reicht jedoch nicht aus, die Belastung mit hohen Arbeitskosten auszugleichen, wie das Institut der deutschen Wirtschaft in seinen neuesten Berechnungen ausführt. Denn neben der Produktivität, die misst, wie viel beispielsweise in einer Arbeitsstunde produziert wird (wie hoch also die Wertschöpfung ist), sind diese Kosten als weiterer Faktor für die internationale Wettbewerbsfähigkeit entscheidend. Bezieht man sie in die Berechnung mit ein, dann erhält man die sogenannten Lohnstückkosten. Nur Dänemark, Großbritannien, Italien und Frankreich haben ein höheres Lohnstückkostenniveau als Deutschland; andere Konkurrenten wie USA oder Japan haben dank niedrigerer Lohnstückkosten einen erheblichen Wettbewerbsvorteil.

Freaks statt Muffel

Den Deutschen wird oft nachgesagt, sie stünden neuen Techniken übertrieben kritisch gegenüber. Mit diesem Vorurteil räumt eine aktuelle Umfrage der EU-Kommission auf. Danach sagen 79 Prozent der Bundesbürger, dass die heimische Wirtschaft nur durch den Einsatz hoch entwickelter Technologien wettbewerbsfähig sein könne. Ein derart großes Vertrauen in Hightech fanden die Brüsseler sonst nirgendwo in der EU. Auch in ihrem Alltag zeigen die Nachfahren von Planck und Heisenberg ein lebhaftes Interesse an Naturwissenschaft und Technik:

Gut zwei Drittel informieren sich regelmäßig bzw. gelegentlich in Zeitungen, Zeitschriften sowie im Internet über wissenschaftlich-technische Erkenntnisse. Jeder Fünfte hat 2004 zudem ein Wissenschaftsmuseum besucht. Das im EU-Vergleich überdurchschnittliche Faible für Physik und Co. zahlt sich aus: Bei einem Quiz der EU-Kommission bewiesen 70 Prozent der deutschen Teilnehmer ein gutes naturwissenschaftliches Allgemeinwissen – Platz sechs unter den 25 EU-Ländern. Im europäischen Schnitt glänzten lediglich 66 Prozent der Befragten.

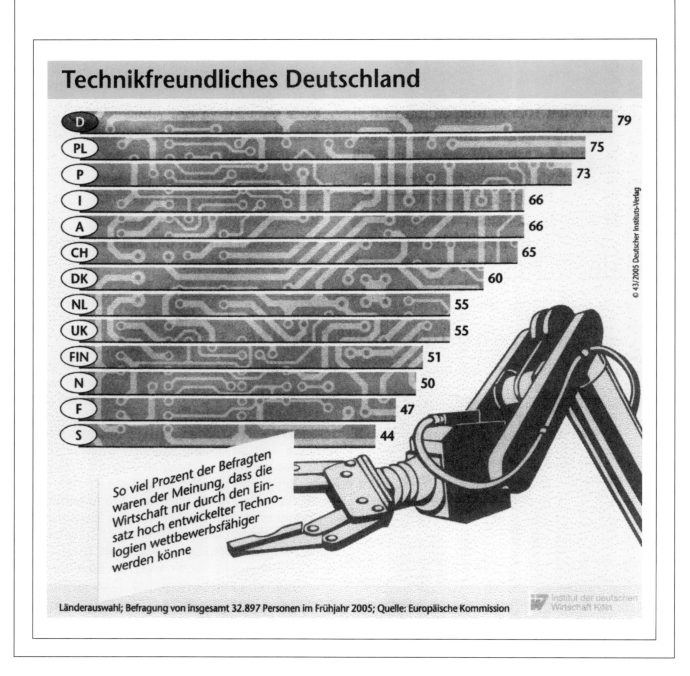

Technikfreundliches Deutschland

Land	Prozent
D	79
PL	75
P	73
I	66
A	66
CH	65
DK	60
NL	55
UK	55
FIN	51
N	50
F	47
S	44

So viel Prozent der Befragten waren der Meinung, dass die Wirtschaft nur durch den Einsatz hoch entwickelter Technologien wettbewerbsfähiger werden könne

Länderauswahl; Befragung von insgesamt 32.897 Personen im Frühjahr 2005; Quelle: Europäische Kommission

© 43/2005 Deutscher Instituts-Verlag

Institut der deutschen Wirtschaft Köln

Wirtschaftsstandort Deutschland

Folgende Faktoren sind für die Attraktivität des Standorts Deutschland aus der Sicht der Unternehmer entscheidend:

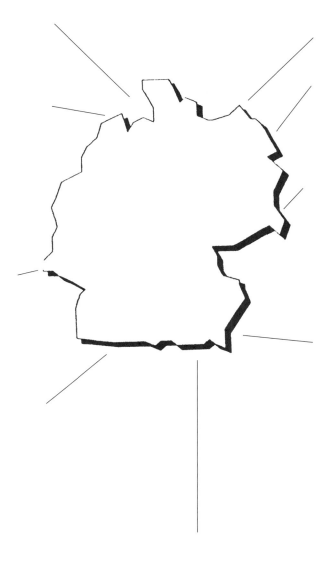

Deutschland als Wirtschaftsstandort profitiert von dem optimalen Zusammenwirken von _____

Wirtschaftsstandort Deutschland

Folgende Faktoren sind für die Attraktivität des Standorts Deutschland aus der Sicht der Unternehmer entscheidend:

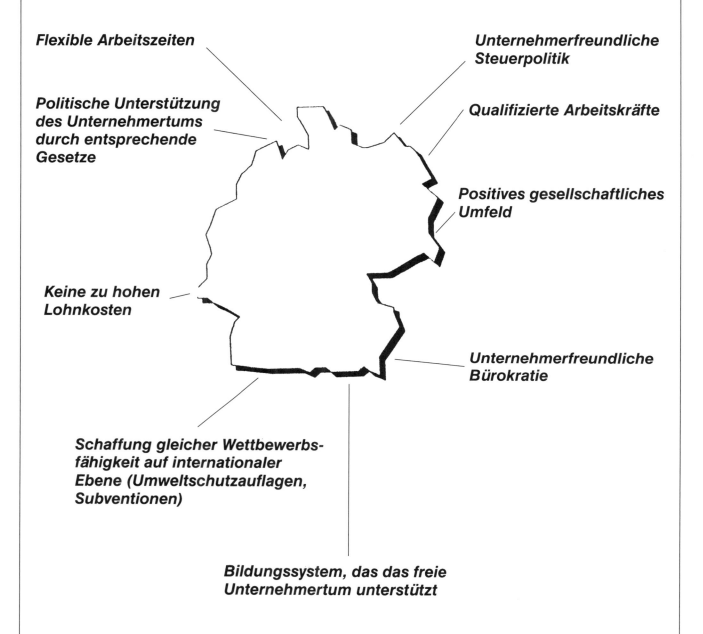

Flexible Arbeitszeiten

Politische Unterstützung des Unternehmertums durch entsprechende Gesetze

Keine zu hohen Lohnkosten

Schaffung gleicher Wettbewerbsfähigkeit auf internationaler Ebene (Umweltschutzauflagen, Subventionen)

Unternehmerfreundliche Steuerpolitik

Qualifizierte Arbeitskräfte

Positives gesellschaftliches Umfeld

Unternehmerfreundliche Bürokratie

Bildungssystem, das das freie Unternehmertum unterstützt

Deutschland als Wirtschaftsstandort profitiert von dem optimalen Zusammenwirken von **Unternehmen, Gesellschaft und Staat.**

Otto Mayr: Arbeit und Arbeitswelt © Brigg Pädagogik Verlag GmbH, Augsburg

Thema 11: Betriebserkundung (Projekt)

Lernziele

1. Die Schüler sollen einen Ablaufplan zur Betriebserkundung erstellen.
2. Die Schüler sollen einen Fragenkatalog zur Betriebserkundung erstellen.
3. Die Schüler sollen anhand des Fragenkatalogs die Betriebserkundung durchführen.
4. Die Schüler sollen über das Verhalten im Betrieb informiert werden.
5. Die Schüler sollen eine Arbeitsplatzanalyse erstellen.

Medien

Medien: Folie, Informationsblätter, Arbeitsblätter

Einstieg in das Thema

Betriebserkundung (Folie S. 190)

Vorbereitung des Themas

– Information über die Firma (Zeitung, Homepage, Arbeitsamt, Mitarbeiter)
– Referat eines Schülers
– Aufstellen eines Fragenkatalogs
– Berufe des Betriebs kennenlernen
– Ausbildungsberufe des Betriebs kennenlernen
– Fachbegriffe klären
– Gruppeneinteilung
– Verhaltensregeln
– Unfallverhütungsmaßnahmen

Durchführung des Themas

– Fragenkatalog zur Betriebserkundung – Verhalten im Betrieb (Info-Blätter S. 191)
– Arbeitsplatzanalyse (Arbeitsblatt S. 193)
– Wir analysieren Arbeitsplätze (Arbeitsblatt S. 194)

Auswertung des Themas

– Darstellen der Ergebnisse auf Plakatkarton (o.Ä.)

Betriebserkundung

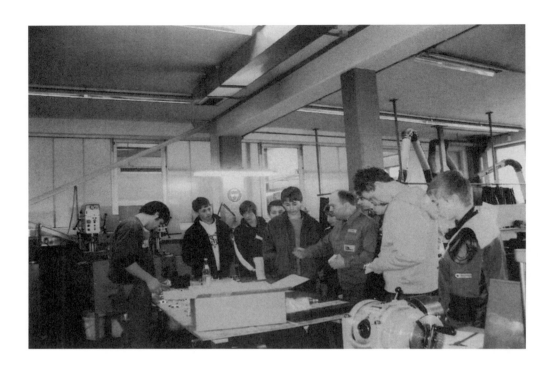

Fragenkatalog zur Betriebserkundung – Verhalten im Betrieb

Betrieb:

1. Zu welchem Wirtschaftsbereich gehört der Betrieb? (Urproduktion, Handwerk, Industrie, Dienstleistung)

2. Wie ist der Betrieb gegliedert? (Verwaltung: Einkauf, Verkauf, Rechnungsstelle, … Produktion: Materialprüfung, Vorfertigung, Produktion, Lager …)

3. Wie viele Mitarbeiter sind hier jeweils beschäftigt?

4. Wie groß ist der Anteil der Arbeiter/Angestellten?

3. Wie bekommt die Firma ihre Aufträge? Welche Rolle spielt die Werbung?

4. Produktpalette: Was wird produziert, welche Mengen, für welche Abnehmer, wie groß ist die Auslastung des Betriebs, welches Material wird verarbeitet?

5. Welche Fertigungsverfahren werden angewandt? (Fließfertigung, Fließbandfertigung, Reihenfertigung, Werkstattfertigung, Gruppenarbeit, Inselfertigung)

6. Marktlage: Welche Rolle spielt die Firma in diesem Marktsegment? Wie sehen die Zukunftsperspektiven aus? Umsatz? Gewinn?

7. Wie ist der Absatz der Firma organisiert? Gibt es Vertriebsgruppen, wie funktioniert die Auslieferung der Waren?

8. Wie haben neue Technologien die Produktion verändert?

9. Was gibt es zum Thema Umweltschutz zu sagen?

10. Welche Rolle spielt das Thema „Arbeitssicherheit" im Betrieb?

11. Gibt es eine spezielle Forschungs- und Entwicklungsabteilung? Wie groß ist sie, wie hoch ist der finanzielle Aufwand?

12. Gibt es derzeit marktwirtschaftliche Probleme? (Nachfrage, Konkurrenz …)

Arbeitsplätze:

1. Beschreibe einzelne Arbeitsplätze!
   - Raum, Beleuchtung, Lärm, Geruch, Ausstattung, Umfeld, Gefahren ...
   - erforderliche Körperhaltung, Gruppenarbeit, Einzelarbeit, Akkord, Schichtarbeit,
   - Verantwortlichkeiten, Qualitätskontrolle,
   - betriebliche Arbeitszeit, Schichtarbeit, Nacht- und Wochenend-Arbeit.

Ausbildungsberufe:

1. Welche Berufe werden ausgebildet?
2. Welche Anforderungen stellen diese Berufe (Schulabschluss, körperliche, geistige, soziale Voraussetzungen, Schlüsselqualifikationen)?
3. Wie ist die Ausbildung geregelt (Ausbildungswerkstätte, Berufsschulbesuch, innerbetriebliche Schulungsmaßnahmen, Blockunterricht ...)?
4. Führt der Betrieb Eignungstests durch?
5. Wie lange dauert die Ausbildung?
6. Wie viele Auszubildende werden jährlich eingestellt – in welchen Bereichen?

Berufliche Möglichkeiten:

1. Welche Weiterbildungsmöglichkeiten gibt es (Spezialisierung, innerbetrieblicher Aufstieg, Kurse ...)?
2. Wie sind die Zukunftsaussichten?

Verhalten im Betrieb

- *Du bist Gast, halte die Betriebsordnung ein!*
- *Folge den Anweisungen des Betreuers!*
- *Pünktlichkeit, Höflichkeit, Hilfsbereitschaft, ... sind selbstverständlich!*
- *Sorgfalt im Umgang mit Waren und Geräten!*
- *Halte dich an die Vorschriften zur Vermeidung von Unfällen!*

Otto Mayr: Arbeit und Arbeitswelt © Brigg Pädagogik Verlag GmbH, Augsburg

Arbeitsplatzanalyse

Wo befindet sich der Arbeitsplatz?

_____

_____

_____

*Mit welchen Betriebsmitteln
(Maschinen, Werkzeug, Computer …)
wird gearbeitet?*

_____

_____

Mit welchem Material wird gearbeitet?

_____

_____

_____

*Welche Arbeiten sind zu verrichten
(Arbeitsablauf, Tätigkeiten)?*

_____

_____

_____

_____

_____

_____

_____

Welche Schlüsselqualifikationen spielen hier eine Rolle?			
	hoch	mittel	gering
Zuverlässigkeit			
Lern- und Leistungsbereitschaft			
Ausdauer			
Durchhaltevermögen			
Belastbarkeit			
Sorgfalt			
Gewissenhaftigkeit			
Konzentrationsfähigkeit			
Verantwortungsbereitschaft			
Selbstständigkeit			
Fähigkeit zur Selbstkritik			
Kreativität			
Flexibilität			
Kooperationsbereitschaft			
Teamfähigkeit			
Höflichkeit			
Freundlichkeit			
Konfliktfähigkeit			
Toleranz			
Grundkenntnisse in Englisch			
Logisches Denken			
Selbstständiges Arbeiten			
Initiative			

*Mit wem arbeitet man zusammen? Welche
Informationen sind nötig? Wer gibt die Informationen, wem gehen weitere Informationen zu?*

_____

_____

_____

Wir analysieren Arbeitsplätze

Beruf	Arbeitsort	Material	Betriebsmittel	Tätigkeit(en)				

Wie könntest du die Betriebserkundung dokumentieren?

- Karteikarte
- Notizzettel
- Beobachtungsbogen
- Fragebogen
- Medien (Video, CR usw.)
- Interview
- Befragung

Plane eine für deine Klasse interessante Präsentation deiner Informationen:

- Wandzeitung
- Collage
- Bericht
- Bildausstellung
- Übersicht
- Info-Tafel
- …

Otto Mayr: Arbeit und Arbeitswelt © Brigg Pädagogik Verlag GmbH, Augsburg

Thema 12: Wir produzieren für einen Markt (Projekt)

Lernziele

1. Die Schüler sollen das Projekt planen und durchführen.
2. Die Schüler sollen Verantwortung übernehmen und sich aktiv in die Arbeit einbringen.
3. Die Schüler sollen das Projekt im Anschluss analysieren und kritisch werten.
4. Die Schüler sollen Schlüsselqualifikationen entwickeln.

Medien

Folie, Informationsblätter

Einstieg in das Thema

Wir produzieren für einen Markt (Folie S. 196)

Erarbeitung

Ablaufplan (Info-Blätter, S. 197)

Wir produzieren für einen Markt

 Otto Mayr: Arbeit und Arbeitswelt © Brigg Pädagogik Verlag GmbH, Augsburg

Projekt: Wir produzieren für einen Markt – Ablaufplan

1. Produktentscheidung:

- Themenvorschläge diskutieren
- Eine Umfrage in der Schule durchführen
- Eltern befragen
- Mit dem Klassenlehrer/Fachlehrer besprechen
- Anlass der Herstellung, Bedarfsanalyse, Marktchancen
- Vorschläge auswerten und entscheiden

2. Produktionsplanung:

- Was kosten die benötigten Materialien?
- Ist es (technisch) machbar?
- Wie lange brauchen wir für die Herstellung?
- Haben wir das dafür notwendige Können?
- Haben wir die dafür notwendigen Hilfsmittel (Werkzeuge, Computer …)?
- In welcher Weise kann die ganze Klasse mitarbeiten?
- Welchen Preis können wir für das Produkt verlangen?
- Welchen Umsatz können wir erzielen?
- Können wir mit diesen Vorgaben, bei realistischer Einschätzung, einen Gewinn erzielen?

3. Produktion:

- Fertigungsverfahren bestimmen
- Tätigkeiten in einzelne Arbeitsschritte zerlegen
- Teams bilden
- Arbeitsplätze zuordnen
- Absprache mit Fachlehrern treffen
- Zeitplan erstellen (Produktion, Lieferzeiten, Verkaufstermin, Anlass)
- Material kaufen
- Produktion
- Endkontrolle

4. Marketing/Verkauf:

- Plakate und Plakatwände erstellen
- Einen Stand aufbauen (bei entsprechendem Anlass)
- Anzeigen in der örtlichen Presse oder am Schwarzen Brett
- Hinweis auf der Schulhomepage
- Fachlehrer einbinden (Kunst-, Werkunterricht)
- Verkaufsgespräche planen (Deutschunterricht)
- Verhalten und Kleidung dem Verkaufsanlass anpassen!
- Verkaufen!

5. Auswertung:

- Analyse: Was ist gut gelaufen, was nicht?
- Warum ist etwas nicht so gelaufen, wie es geplant war?
- Wie können wir die Fehler beim nächsten Mal vermeiden?
- Was hätte man noch bedenken sollen?
- Was war nicht vorauszusehen?
- Die zentrale Frage: Haben wir einen Gewinn erzielt?
- Verbesserungsvorschläge diskutieren!
- Abschließende Gruppenbewertung für die einzelnen Bereiche: Finanzen, Produktion, Zeiteinteilung, Werbung, Verkauf, Teamarbeit

6. Präsentation:

- Bericht für die Lokalzeitung
- Projektablauf auf Plakatwänden
- Wandzeitung
- Artikel in der Schülerzeitung/im Jahresbericht
- Bericht für die Schulhomepage
- Power-Point-Präsentation
- Referat (in einzelnen Klassen, am Elternabend, vor dem Schulforum …)

Otto Mayr: Arbeit und Arbeitswelt © Brigg Pädagogik Verlag GmbH, Augsburg

Thema 13: Wir gründen eine Schülerfirma (Projekt)

Lernziele

1. Die Schüler sollen mit allen Anforderungen an die Gründung einer Schülerfirma vertraut gemacht werden.
2. Die Schüler sollen ermuntert werden, in einem solchen Projekt mitzuarbeiten.
3. Die Schüler sollen wirtschaftliche Erfahrungen machen, die sie später in eine Bewerbung oder in einen Beruf einbringen können.

Medien

Folie, Info-Blätter

Einstieg in das Thema

Schülerfirma (Folie S. 200)

Erarbeitung

Was ist eine Schülerfirma? (Info-Blatt S. 201)
Die Geschäftsidee (Info-Blatt S. 202)
Rechtliche Fragen (Info-Blatt S. 203)
Name und Logo der Schülerfirma (Info-Blatt S. 204)
Die Rechtsform der Schülerfirma (Info-Blatt S. 205)
Startkapital, Geld- und Sachmittel (Info-Blatt S. 206)
Aufgaben der Verwaltung (Info-Blatt S. 207)
Aufbau einer funktionierenden Organisation (Info-Blatt S. 208)
Kontoführung – Umsatz – Gewinn – Verlust (Info-Blatt S. 209)
Mustervertrag (Info-Blätter S. 210)

Schülerfirma

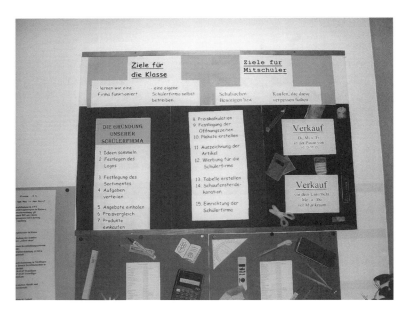

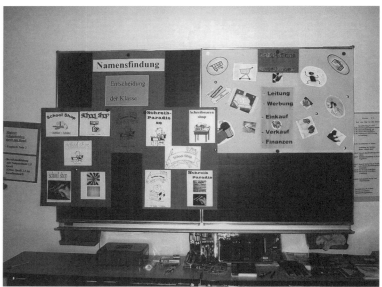

Was ist eine Schülerfirma?

Schülerfirmen produzieren und verkaufen Sachgüter und/oder Dienstleistungen.
Der Aufbau einer Schülerfirma bedeutet eine Chance, eine eigene Geschäftsidee fast wie erwachsene Existenzgründer umzusetzen und Fähigkeiten zu erwerben, die bei einer anstehenden Bewerbung und im späteren Berufsleben von Nutzen sein werden.
Die Tätigkeit in einer Schülerfirma fördert Eigeninitiative und Teamfähigkeit und gibt am praktischen Beispiel Einblick in wirtschaftliche Zusammenhänge.

Betriebliche Grundfunktionen und Anforderungen an ein Schülerunternehmen

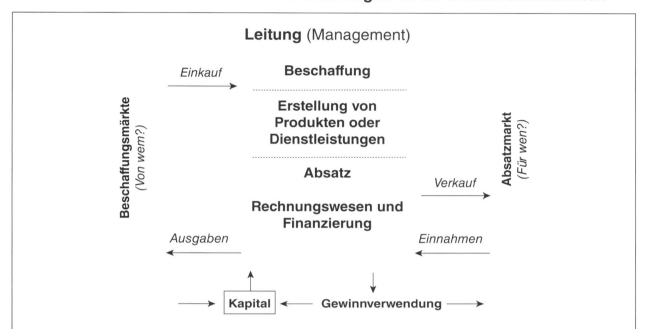

Vieles von dem, was für ein Unternehmen auf dem freien Markt gilt, gilt auch für ein Schülerunternehmen:

Erstens: Man braucht ein **Produkt oder eine Dienstleistung**, für die es – mit einiger Wahrscheinlichkeit – genügend kaufkräftige Nachfrager gibt.

Zweitens: Man braucht die **Mittel und die Leute**, um dieses Produkt oder diese Dienstleistung herstellen zu können, denn sonst ist die schönste Geschäftsidee wertlos:

- **Kapital** (eigene Geldmittel oder Kredite), um damit Beschaffung, Produktion, Werbung etc. so lange vorfinanzieren zu können, bis dem Unternehmen die entsprechenden Einnahmen aus dem Verkauf zurückfließen. Einem Schülerunternehmen steht günstigenfalls ein nur sehr geringes Kapital zur Verfügung.
- **Räumlichkeiten**, in denen die Produkte oder die Dienstleistungen erstellt und verkauft werden, in denen Materialien gelagert werden etc. An unserer Schule ist Raum knapp, aber mit Fantasie lassen sich manche Probleme lösen.
- **Mitarbeiter** mit bestimmten Fähigkeiten: Man muss das können und das wollen, was man herstellen und verkaufen will. Das gilt auch für Schüler-Unternehmer.
- **Zeit**, die auch in einem Schülerunternehmen ein knappes Gut ist. Nur etwa die Hälfte der prinzipiell möglichen Unterrichtsstunden steht für die Aktivitäten des Schülerunternehmens zur Verfügung.

Drittens: braucht man eine gute **Organisation**. Man muss wissen, wer für was zuständig ist, was bis wann erledigt sein muss etc.

Die Geschäftsidee

Wenn sich Schüler zusammengefunden haben, die ernsthaft und dauerhaft an dem Konzept der Schülerfirma mitarbeiten wollen, muss zunächst die Kernfrage geklärt werden: Für welche Geschäftsidee entscheiden wir uns?

Die Beantwortung dieser Frage setzt eine ausführliche Diskussion voraus, in der die folgenden Aspekte berücksichtigt werden sollten:

1. Was soll unser Kerngeschäft sein (z. B. Verkauf von Schreibwaren)?
2. Wer ist unsere Zielgruppe? Wer sind unsere Kunden?
3. Besteht Nachfrage für unser Produkt?
4. Gibt es im Umfeld unmittelbare Konkurrenten?
5. Welche räumlichen Voraussetzungen brauchen wir?
6. Welche finanziellen Voraussetzungen brauchen wir?
7. Können wir diese räumlichen Voraussetzungen schaffen?
8. Wo nehmen wir das nötige Kapital her?
9. Wie hoch ist das Risiko? Wie groß sind die Erfolgschancen?
10. Wir groß ist der Zeitbedarf?
11. Wie groß ist der Personalbedarf?
12. Können wir die anstehende Arbeit bewältigen?
13. Wollen wir die anstehende Arbeit auf uns nehmen?
14. Welche rechtlichen Fragen müssen wir beachten?
15. Welche organisatorischen Aufgaben müssen wir bewältigen?
16. Wie rechnen wir unsere Arbeit ab?
17. Was machen wir mit entstehenden Gewinnen?
18. Welche „Belohnung" gibt es für die Mitarbeiter?

Ideen, die immer wieder zur Gründung von Schülerfirmen führen:

- Handel: Verkauf von Heften, Mappen, Bleistiften (keine Lebensmittel!)
- Produktion: Verkauf von selbst hergestelltem Spielzeug (Verbindung zum Werkunterricht)
- Dienstleistungen allgemeiner Art: Angebote rund um die Pflege von Autos, von Fahrrädern; Botengänge
- Lernstudio: Nachhilfe für Schüler/-innen der eigenen Schule
- Secondhandshop: An- und Verkauf gebrauchter Kleidung
- Schülercafé: Mittagessen für Schüler, Einsatz bei Schulfeiern usw.

   Otto Mayr: Arbeit und Arbeitswelt © Brigg Pädagogik Verlag GmbH, Augsburg

Rechtliche Fragen

Grundvoraussetzung für das Gelingen eines solchen Projekts ist die Unterstützung durch den Schulleiter. Er wird als Repräsentant der Schule bestrebt sein, im Rahmen einer vertrauensvollen Zusammenarbeit Hilfe zu leisten, darf aber vor allem die rechtlichen Aspekte nicht übersehen. Folgende rechtliche Fragen müssen abgeklärt werden:

- Eine Aufsichtsführung durch einen Lehrer ist erforderlich. Der Schulleiter kann in Absprache mit dem Lehrer einen geeigneten Schüler beauftragen; dieser Schüler muss jedoch das 16. Lebensjahr vollendet haben. Die Erziehungsberechtigten müssen der Beauftragung zustimmen.
- Die Eltern sollten über das Projekt informiert werden.
- Probleme sollten bereits im Vorfeld vermieden werden. Wenn der Bäcker um die Ecke durch die Schülerfirma Konkurrenz bekommt, können Konflikte entstehen, die vermeidbar sind.
- Zur Abwicklung der Geldangelegenheiten muss ein eigenes Geschäftskonto eröffnet werden. Eine praktische Möglichkeit besteht darin, ein Konto auf den Namen der Firma zu eröffnen und zu vereinbaren, dass ein Lehrer und ein Schüler gemeinsam unterschriftsberechtigt sind. Damit ist die Forderung erfüllt, dass der Inhaber des Kontos volljährig ist.
- Wenn der Jahresumsatz kleiner als 30 000 € ist, muss keine Umsatzsteuer gezahlt werden (Dies ist wohl der Normalfall!).
- Wenn der Reingewinn kleiner als 3 835 € ist, muss keine Körperschaftssteuer gezahlt werden (Dies ist wohl auch hier der Normalfall.). Darauf sollte man achten!
- Die Notwendigkeit, ein Schülerunternehmen in das Handelsregister einzutragen, besteht nicht.
- Eine zwingende Anmeldepflicht für ein Schülerunternehmen beim Gewerbeaufsichtsamt besteht nicht.
- Für den Abschluss gültiger Rechtsgeschäfte braucht der Schülervertreter der Firma eine für das Rechtsgeschäft ausgestellte Vollmacht eines Erwachsenen.
- Eine Versicherung der Ausrüstungsgegenstände (u. Ä.) der Schülerfirma ist nicht nötig, wenn diese als Schuleigentum ausgewiesen sind.

Name und Logo der Schülerfirma

Bei der Namensgebung solltet ihr auf folgende Punkte achten:

- Der Name sollte kurz und unkompliziert auszusprechen sein, damit sich die Kunden den Namen innerhalb kürzester Zeit merken können.
- Der Firmenname sollte einen Bezug zur Geschäftsidee erkennen lassen.
- Ein origineller Name kann schneller Interesse wecken.
- Vermeidet Missverständnisse: Verwendet keine Abkürzungen!
- Keine gängigen oder bekannten Markennamen verwenden, da die Unternehmen dafür ein Patent angemeldet haben!

Zu einem Firmennamen gehört auch ein Firmenzeichen, das sogenannte „Logo":

- Das Logo sollte einen Bezug zum Firmennamen erkennen lassen.
- Es sollte für den Kunden verständlich und einprägsam sein.
- Einfache und klare Linien sind für das Auge schneller zu erfassen.

Deshalb:

- Das Logo solltet ihr so einfach wie möglich gestalten!
- Keine Formen und Farben verwenden, die in ähnlicher Art bereits in anderen Firmenlogos verwendet wurden. Diese Logos sind bereits geschützt.

Otto Mayr: Arbeit und Arbeitswelt © Brigg Pädagogik Verlag GmbH, Augsburg

Die Rechtsform der Schülerfirma

Eine Schülerfirma sollte sich an den Rechtsformen der Unternehmen orientieren, damit hier die Zusammenhänge wirtschaftlichen Handelns deutlich zum Ausdruck kommen. Für eine Schülerfirma bieten sich die Rechtsformen der Kapitalgesellschaften „Gesellschaft mit beschränkter Haftung" (GmbH) oder „Aktiengesellschaft" (AG) an, weil die Kapitalbeschaffung im Vordergrund steht und die Haftung auf die Einlage beschränkt ist.

Die Bedingungen der Rechtsformen des realen Geschäftslebens gelten für die Schülerfirma nicht. Aber die Firma kann nach den gleichen Prinzipien arbeiten. Das bedeutet, dass beispielsweise bei einer GmbH 50 € Startkapital anstelle der ansonsten benötigten 25 000 € genügen.

Bei einer AG sind mehr Schüler/-innen beteiligt als bei anderen Unternehmensformen. Die Mitglieder werden in aktive und passive unterteilt. Die aktiven Mitglieder wirken als Mitarbeiter im Unternehmensgeschehen mit, die passiven sind als Aktionäre (Anteilseigner) über den Kauf von Aktien am Unternehmen beteiligt.
Wenn die Aktiengesellschaft zahlreiche Aktionäre besitzt, kann sie schnell ein höheres Startkapital auf die Beine stellen als eine GmbH, wo sich nur die mitwirkenden, aktiven Schüler als Gesellschafter einbringen können.

Damit keine Verwechslungen und Missverständnisse auftauchen, müssen der Firmenname und die Angabe der Rechtsform durch eine zusätzliche Bezeichnung ergänzt werden, die auf eine Schülerfirma schließen lässt.
Als Abgrenzung zu anderen Unternehmen bieten sich z. B. die Bezeichnungen „Schülerfirma Mannsfeld GmbH", „Mannsfeld-Schüler-GmbH" oder „Mannsfeld-S-GmbH" an, wobei das „S" für Schüler steht.

Ob eine Schülerfirma in dieser Form betrieben werden soll, hängt natürlich von dem bereits zu Beginn besprochenen Konzept ab.

Startkapital, Geld- und Sachmittel

Eine Schülerfirma sollte sich an den Strukturen orientieren, die im realen Geschäftsleben gegeben sind. So ist zu Beginn der Firmengründung genau zu überlegen, was an Geld- und Sachmitteln benötigt wird.
Eine tabellarische Übersicht leistet gute Dienste:

Was benötigen wir? (exakte Bezeichnung)	finanzieller Aufwand	Priorität (sehr hoch +++ hoch ++ niedrig +)

Für die Finanzierung und Sachmittelbeschaffung bieten sich folgende Möglichkeiten an:

- Erwerb von Sachmitteln durch Haushaltsauflösungen, Suche in Kellern …
- Unterstützung durch die Schule (Benutzung von Telefon, Kopierer …)
- Unterstützung seitens der Eltern (Hilfe bei der Einrichtung …)
- Sponsoring von Unternehmen
- Einnahmen durch Werbung
- Einnahmen durch besondere Aktionen (Tag der offenen Tür …)
- Spenden

Aufgaben der Verwaltung: Dokumente und Unterlagen – Sitzungen

Dokumente und Unterlagen:

Notwendig für eine zielorientierte Arbeit ist eine Satzung, in der folgende Punkte enthalten sein sollen:

- Name, Adresse der Schülerfirma
- Gegenstand der Firma (z. B. Verkauf von …)
- Unternehmensform (sofern nötig!)
- Stammkapital
- Hauptversammlung
- Mitgliedschaft
- Jahresabschluss/Gewinn

Unbedingt erforderlich ist ein Kassenbuch, in dem Einnahmen und Ausgaben eingetragen werden. Wichtig ist außerdem ein Ordner, in dem der gesamte Schriftverkehr abgeheftet wird.
Der E-Mailverkehr der Schülerfirma sollte auch immer sofort auf dem Computer in Ordnern gespeichert werden. Besonders wichtige E-Mails werden ausgedruckt. Nicht vergessen: Digitale Dokumente, E-Mails müssen regelmäßig (am besten an einem bestimmten Tag) z. B. auf einem USB-Stick gesichert werden!

Sitzungen:

Den größten Teil ihrer Zeit für die Schülerfirma werden die Mitarbeiter aufbringen, um ihre Produkte/Dienstleistungen zu organisieren, herzustellen und zu verkaufen. Über diese Arbeit hinaus muss in regelmäßigen Abständen die Gelegenheit sein, sich gegenseitig umfassend zu informieren und in offener Diskussion die weiteren Vorgehensmaßnahmen zu entwickeln.

Für den Ablauf einer Sitzung sind einige Dinge zu beachten:

- Gesprächsleiter festlegen
- Tagesordnung festlegen
- Protokollführer bestimmen
- Sitzungsregeln entwickeln und einhalten
- Klare Absprachen über Beschlüsse:

Hier gilt das Mehrheitsprinzip: Was die Mehrheit will, wird beschlossen. Wichtig ist: Was einmal beschlossen wurde, kann bis zur nächsten Sitzung nicht geändert werden. Auch wer gegen den Beschluss war, muss sich daran halten.

Achtung: Keine Diskussion ohne Zusammenfassung und Ergebnis – immer Termin und Verantwortliche (Protokoll) festlegen.
Ein Beschluss ist nichts wert, wenn nicht klar ist, wer wofür bis wann verantwortlich ist.

Aufbau einer funktionierenden Organisation

Ein Geschäftsablauf kann in einer Firma nur reibungslos funktionieren, wenn organisatorische Strukturen vorhanden sind. Dazu gehört die durchdachte Festlegung von Arbeitsteilungen, sodass sich jeder Mitarbeiter seinen speziellen Aufgaben widmen kann. In Abhängigkeit von Art und Größe des Unternehmens werden Abteilungen aufgebaut. Dabei ist es wichtig darauf zu achten, dass diese klare Aufgabengebiete erhalten und sich in ihren Aufgabenfeldern nicht überschneiden.

Weiterhin muss geklärt werden, wer die Geschäftsführerin/der Geschäftsführer sein soll, wie diese/dieser bestimmt wird. Die Geschäftsführung leitet die Firma und vertritt sie nach außen. Soll außerdem eine Geschäftsleitung mit mehreren Verantwortlichen aufgebaut werden? Die Geschäftsleitung besteht meist aus der Geschäftsführung, gewählten Abteilungsleitern und dem betreuenden Lehrer.

Die Grundstruktur einer Firma lässt sich allgemein in folgender Weise veranschaulichen:

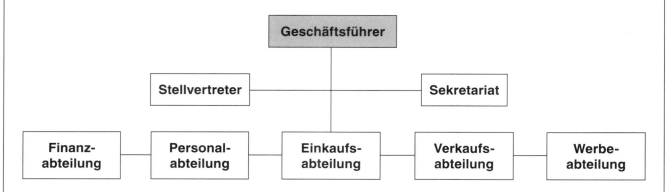

Um einen reibungslosen Geschäftsablauf zu ermöglichen, müssen Absprachen getroffen werden. In einer ersten Versammlung beschließen die Mitwirkenden der Schülerfirma die Grundsätze ihrer Arbeit. Die Voraussetzungen für diese erste gemeinsame, grundlegende Sitzung:

- Die Firmenversammlung ist die Zusammenkunft der Arbeitsgemeinschaft „Schülerfirma". Alle mitwirkenden Schüler/-innen nehmen daran teil.
- Bei der Beschlussfassung stimmen alle ab. Stimmenthaltung ist nicht möglich. Der beratende Lehrer hat ein Veto-Recht.

In einem Unternehmen wird die Geschäftätigkeit in Geschäftsjahre eingeteilt. Bei einer Schülerfirma bietet sich die Einteilung nach Schuljahren an, eine Einteilung nach Kalenderjahren ist nicht so günstig.

In einem Geschäftsjahr findet mindestens ein Treffen statt, in dem die Firma bzw. die Geschäftsleitung Rechenschaft über ihre Arbeit ablegt. Ein solches Treffen wird „Hauptversammlung" genannt.

Auf der Hauptversammlung stellen die Schüler Ideen und Vorhaben für das kommende Jahr vor, diskutieren darüber, fällen grundlegende Entscheidungen. Auch die Frage, was die Firma mit anfallenden Gewinnen macht, wird hier besprochen. Schließlich werden Mitglieder in die Leitungsfunktionen gewählt oder wieder in ihren Funktionen bestätigt.

Otto Mayr: Arbeit und Arbeitswelt © Brigg Pädagogik Verlag GmbH, Augsburg

Kontoführung – Umsatz – Gewinn – Verlust

Buchführung

Sie ist die lückenlose Erfassung der Geschäftsfälle eines Unternehmens.
Die Buchführung dient

- der Information der Schüler,
- der Rechnungslegung gegenüber den Gesellschaftern,
- als Besteuerungsgrundlage (bei Schülerfirma wohl unnötig!).

In einem Konto müssen alle Einnahmen und Ausgaben gegenübergestellt werden, damit man feststellen kann, ob mit Geschäften Gewinne oder Verluste erwirtschaftet wurden. Als gute Möglichkeit erweist sich ein Tabellenkalkulationsprogramm am PC.

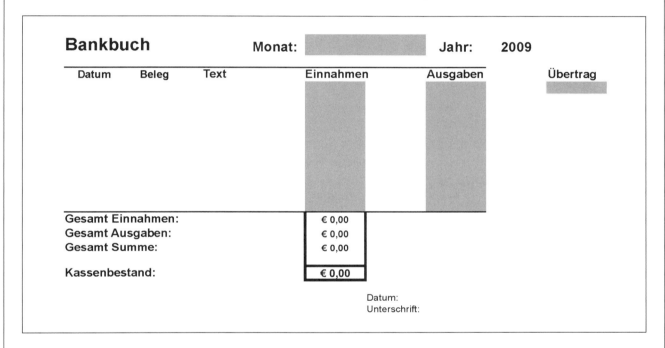

Umsatz und Gewinn/Verlust

Die Bank führt für die Schülerfirma ein Girokonto, auf dem alle Buchungen (Einzahlungen und Auszahlungen) erfolgen. Dies kann auf dem Kontoauszug überprüft werden. Der Saldo weist entweder ein Guthaben oder eine Belastung aus. Um den Gewinn oder Verlust eines Monats auszurechnen, kann eine tabellarische Gegenüberstellung der Gesamteinnahmen und Gesamtausgaben verwendet werden.

Wenn die Firma im Laufe eines Jahres erfolgreich gearbeitet hat und einen Gewinn erwirtschaften konnte, bieten sich mehrere Möglichkeiten an, was die Firma mit dem Gewinn unternimmt:

- Zahlung von Prämien an die Mitarbeiter
- Reinvestition (zusätzliche Geräte, modernere Geräte kaufen)
- Gemeinsame Unternehmung finanzieren
- Spenden
- Kombination aus verschiedenen Möglichkeiten.

Wie ein Gewinn verwendet wird, sollte bereits zu Beginn des Geschäftsjahres geklärt werden, um anschließend unangenehme Diskussionen zu vermeiden.

Mustervertrag zur Gründung einer Schülerfirma

Vereinbarung zur Gründung einer Schülerfirma

Zwischen der Schule _____ vertreten durch

Herrn/Frau _____ (Schulleiter) und der

Schülerfirma _____ vertreten durch

Herrn/Frau _____ (Geschäftsführer) wird folgende

Vereinbarung beschlossen:

Inhalt und Grundsätze:

Diese Vereinbarung regelt das Innenverhältnis zwischen der Schule und der Schülerfirma im Rahmen der Durchführung des Projekts. Die Gründung und Betreibung der Schülerfirma ist ein von der Schule und der Lehrerkonferenz/dem Schulforum befürwortetes Projekt, das über einen Zeitraum von mindestens einem Schuljahr durchgeführt wird.

Das Projekt zielt neben einer Orientierung der beteiligten Schüler/-innen auf Ausbildung und Beruf insbesondere auf die Entwicklung unternehmerischen Handelns.

Vereinbarung:

1. Die Schülerfirma wird in Verantwortung der beteiligten Schüler/-innen betrieben, soweit dies rechtlich möglich ist. Als Projektbetreuer steht den Schülern/-innen in beratender Funktion Herr/Frau _____ zur Seite.

2. Die beteiligten Schüler/-innen informieren ihre Eltern über ihre Mitarbeit in der Schülerfirma.

_____

3. Die Schülerfirma darf folgende Räumlichkeiten unendgeltlich nutzen:

_____

Der Schülerfirma wird zu folgenden Bedingungen ein Schlüssel übergeben:

_____

Die Reinigung der Räumlichkeiten erfolgt durch

_____

4. Die Versicherung des Inventars erfolgt durch _____

_____

5. Die Schülerfirma richtet ein Girokonto ein, zu dem grundsätzlich Herr/Frau
_____ (Schüler) sowie Herr/Frau _____
(Lehrer/-in) gemeinsam zugangsberechtigt sind. Für das Konto wird kein Dispositions-
kredit beantragt.

6. Über die o. g. Unterstützung hinaus stellt die Schule der Schülerfirma keine/folgende
finanzielle oder sonstigen Mittel zur Verfügung:

_____

7. Die Geschäftsführung der Schülerfirma ist berechtigt, Geschäfte und Verträge mit einem
jährlichen Gesamtumsatz bis zu einer maximalen Höhe von
_____ € abzuschließen. Der Umsatz muss durch ein Kassenbuch nachgewiesen werden.

8. Die Schülerfirma macht bei allen Geschäften und Verträgen mit ihren Partnern deutlich,
dass es sich um eine **Schülerfirma** und damit um ein Projekt der Schule handelt.

9. Die Schule stellt allen Schülern/-innen, die mindestens _____ Monate in der Schülerfirma aktiv tätig und zum Gelingen der Firma beigetragen haben, ein Zertifikat über ihre
Teilnahme aus, das auch den persönlichen Bewerbungsunterlagen beigefügt werden
kann.

10. Die Vereinbarung wird auf unbefristete Zeit geschlossen und endet _____

_____

Datum, Unterschriften

_____   _____

(Schulleiter/-in)   (Geschäftsführer/-in Schülerfirma)